本书系国家社科基金青年项目"行政公益诉讼中检察机关权力运行机制研究"(18CFX030)成果

本书出版获得重庆工商大学法学与社会学学院法律系经费资助

行政公益诉讼中检察机关权力运行机制研究

胡婧 著

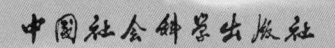

中国社会科学出版社

图书在版编目(CIP)数据

行政公益诉讼中检察机关权力运行机制研究 / 胡婧著. -- 北京：中国社会科学出版社, 2024. 7. -- ISBN 978-7-5227-3970-0

Ⅰ. D926.3

中国国家版本馆 CIP 数据核字第 2024JG3485 号

出 版 人	赵剑英	
责任编辑	郭如玥	
责任校对	李　锦	
责任印制	郝美娜	

出　　版	中国社会科学出版社	
社　　址	北京鼓楼西大街甲 158 号	
邮　　编	100720	
网　　址	http://www.csspw.cn	
发 行 部	010-84083685	
门 市 部	010-84029450	
经　　销	新华书店及其他书店	

印刷装订	北京君升印刷有限公司
版　　次	2024 年 7 月第 1 版
印　　次	2024 年 7 月第 1 次印刷

开　　本	710×1000　1/16
印　　张	15
插　　页	2
字　　数	267 千字
定　　价	88.00 元

凡购买中国社会科学出版社图书，如有质量问题请与本社营销中心联系调换
电话：010-84083683
版权所有　侵权必究

目　录

绪　论 …………………………………………………………………… (1)
  第一节　研究背景 …………………………………………………… (1)
    一　完善与疏漏 …………………………………………………… (1)
    二　丰富与偏废 …………………………………………………… (3)
  第二节　研究现状 …………………………………………………… (6)
    一　试点期间 ……………………………………………………… (7)
    二　入法以来 ……………………………………………………… (10)
  第三节　研究内容 …………………………………………………… (16)
    一　研究思路 ……………………………………………………… (16)
    二　研究框架 ……………………………………………………… (16)
  第四节　研究方法 …………………………………………………… (18)
  第五节　研究创新及不足 …………………………………………… (20)
    一　研究创新 ……………………………………………………… (20)
    二　研究不足 ……………………………………………………… (21)
第一章　行政公益诉讼中检察机关的功能定位与权能配置 ………… (22)
  第一节　作为统摄功能的法律监督：法律监督之原旨回归 ……… (22)
    一　"法律监督"的概念逻辑与表达 ……………………………… (23)
    二　权力抑或功能："法律监督"分野归位 ……………………… (29)
  第二节　法律监督抑或公益维护：行政公益诉讼功能之
　　　　　正本清源 ………………………………………………… (33)
    一　始终贯彻法律监督功能：行政公益诉讼功能之确定 ……… (34)
    二　监督与维护动态平衡：行政公益诉讼功能之实现 ………… (38)
  第三节　功能统辖下行政公益诉讼检察权能逻辑体系之
　　　　　类分建构 ………………………………………………… (42)
    一　行政公益诉讼检察权能的构成 ……………………………… (43)

二　行政公益诉讼检察权能之间逻辑关系的确立…………(47)
　本章小结………………………………………………………(49)
第二章　立案阶段检察机关履职发现机制检视……………(52)
　第一节　行政公益诉讼立案管辖之优化………………………(53)
　　一　行政公益诉讼检察机关立案管辖的现实图景…………(54)
　　二　检察机关立案管辖难以契合行政公益诉讼案件特点…(60)
　　三　行政公益诉讼检察机关立案管辖规则的优化建构……(61)
　第二节　行政公益诉讼案件线索来源之整合…………………(65)
　　一　行政公益诉讼案件线索来源的实践逻辑………………(66)
　　二　案件线索来源难以实现行政法律监督功能……………(70)
　　三　围绕行政法律监督功能整合案件线索来源……………(73)
　第三节　行政公益诉讼案件线索评估标准之重塑……………(75)
　　一　行政公益诉讼案件线索评估标准的现实镜像…………(76)
　　二　行政公益诉讼案件线索评估标准的制度基础…………(85)
　　三　行政公益诉讼案件线索评估标准的规则构造…………(87)
　本章小结………………………………………………………(90)
第三章　诉前阶段检察机关督促履职机制检视……………(92)
　第一节　设置诉前督促程序之逻辑前提………………………(93)
　　一　价值逻辑：谦抑与协同…………………………………(93)
　　二　实践逻辑：程序独立……………………………………(95)
　第二节　行政法律监督权启动条件之确立路径………………(97)
　　一　行政法律监督权启动条件的演进………………………(97)
　　二　行政法律监督权启动条件的缺失………………………(108)
　　三　围绕逻辑前提确立行政法律监督权启动条件…………(113)
　第三节　行政公益诉讼检察建议权运行之优化方向…………(118)
　　一　行政公益诉讼检察建议权的功能定位…………………(119)
　　二　行政公益诉讼检察建议权的运行缺失…………………(122)
　　三　围绕功能定位优化行政公益诉讼检察建议权运行……(129)
　本章小结………………………………………………………(132)
第四章　诉讼阶段检察机关保障履职机制检视……………(134)
　第一节　设置诉讼保障程序之逻辑前提………………………(135)
　　一　价值逻辑：谦抑、协同与有限司法……………………(135)

二　实践逻辑：程序保障……………………………………（137）
　第二节　检察机关提起行政公益诉讼条件之重构……………（139）
　　一　行政公益诉讼起诉条件的规范表达及其适用……………（139）
　　二　行政公益诉讼起诉条件的缺失……………………………（150）
　　三　围绕逻辑前提重构行政公益诉讼起诉条件………………（156）
　第三节　审判过程中行政公益诉权运行条件之重塑…………（161）
　　一　撤回起诉权运行条件的重塑………………………………（161）
　　二　上诉权运行条件的重塑……………………………………（173）
　本章小结……………………………………………………………（182）

第五章　行政公益诉讼调查核实权运行机制检视………………（183）
　第一节　行政公益诉讼调查核实权的制度基础………………（184）
　　一　以行政法律监督功能为基础………………………………（184）
　　二　以行政公益诉讼"阶段构造"为基础……………………（185）
　第二节　行政公益诉讼调查核实权的现实逻辑和理论反思…（187）
　　一　行政公益诉讼调查核实权的现实景象……………………（188）
　　二　行政公益诉讼调查核实权的现实缺失……………………（194）
　　三　围绕制度基础建构行政公益诉讼调查核实权……………（198）
　本章小结……………………………………………………………（203）

代结语　通往行政公益诉讼检察权能一体化运行之路………（204）
　第一节　制定《行政公益诉讼法》满足现实需求………………（205）
　　一　制定《行政公益诉讼法》解决规则供给问题………………（205）
　　二　制定《行政公益诉讼法》回应实际需求……………………（209）
　第二节　制定《行政公益诉讼法》应该处理好内外关系………（211）
　　一　制定《行政公益诉讼法》应该处理好外部关系……………（211）
　　二　制定《行政公益诉讼法》应该处理好内部关系……………（213）

参考文献……………………………………………………………（216）
附件1　28个省级行政区有关公益诉讼受保护领域情况一览………（230）
**附件2　2017—2021年各省级行政区行政公益诉讼一审判决案件
　　　　数量统计**……………………………………………………（232）
**附件3　2017—2021年各省级行政区行政公益诉讼一审裁定案件
　　　　数量统计**……………………………………………………（234）

绪　论

第一节　研究背景

为推进国家治理体系现代化，党的十八届四中全会通过《中共中央关于全面推进依法治国若干重大问题的决定》，明确提出"探索建立检察机关提起公益诉讼制度"新要求，强调通过制度创新，优化检察权能配置，提供保证公正司法、提高司法公信力的"中国方案"。2015年7月，全国人大常委会发布《关于授权最高人民检察院在部分地区开展公益诉讼试点工作的决定》（以下简称《试点工作决定》），授权北京、内蒙古、吉林等13个省、自治区、直辖市根据最高人民检察院的具体部署，在特定领域开展行政公益诉讼试点工作。自2015年至今，检察机关通过排他提起行政公益诉讼，充分发挥行政法律监督功能[①]，督促行政机关纠正违法行政行为，在补强行政行为合法性，维护国家利益和社会公共利益方面，取得显著成效。但是，由于立法供给不足、检察实践片面，检察机关提起行政公益诉讼仍存在制度供给不足的现象。

一　完善与疏漏

自试点开始至今，根据"中央—地方—中央"的发展规律，我国中央国家机关首先通过颁行一般性规则的形式，原则性地规定检察机关享有

[①] 理论界和实务界存在"行政法律监督""行政检察监督""公益诉讼检察"的概念。为免与确定的"四大检察"相混淆，同时兼顾宪定"国家的法律监督机关"的表达，本书分别采用"行政法律监督"和"行政法律监督权"的概念。前者强调法律监督功能在行政公益诉讼中的体现，用以指代检察机关通过督促负有监督管理职责的行政机关依法履职，达到维护公共利益的效果；后者指代行政公益诉讼检察权能组成部分，以行政公益诉讼检察建议权为主要表现形式，但并不否认其他表现形式。

提起行政公益诉讼的权力。地方国家机关根据中央部署,通过制定本地有关公益诉讼的专项决定等规范性文件的形式,细化检察机关权力运行机制,并反哺中央立法。中央和地方主要在立法性质和立法内容两方面,不断完善检察机关在行政公益诉讼中享有的权能类型,明确不同阶段不同权能的运行机制,呈现一定特征。

第一,在立法性质方面,由程序法规定向实体法规定延伸。2017年6月,全国人大常委会通过修改增补《行政诉讼法》第25条第4款,规定检察机关在特定领域享有排他提起行政公益诉讼的权力。首次以程序性法律的形式赋予检察机关享有提起行政公益诉讼的权力。自2019年以降,为贯彻落实党的十九届四中全会关于"拓展公益诉讼案件范围"之新部署,我国地方27个[①]省级人大常委会通过出台《关于加强检察公益诉讼工作的决定》,或者出台《关于加强新时代人民检察院法律监督工作的决定》等地方性法规,积极稳妥地拓展检察机关监督领域,保障检察机关权力运行,并反哺中央制定实体性法律。自2019年至今,全国人大常委会先后通过《未成年人保护法》《军人地位和权益保障法》《安全生产法》等法律,明确检察机关享有提起行政公益诉讼的权力。

第二,在立法内容方面,由一般性的、原则性的规定,向具体的、特别的规定发展。试点期间,最高人民检察院颁行《人民检察院提起公益诉讼试点工作实施办法》(以下简称《试点工作实施办法》),分别从案件范围、立案管辖、诉前督促和提起诉讼四个方面,临时性地、原则性地规制检察机关提起行政公益诉讼。为巩固试点成果,2017年6月,全国人大常委会修改《行政诉讼法》,明确规定行政公益诉讼条款。修改的《行政诉讼法》仅以一个条款之形式,从诉权主体、案件领域和程序规则三个方面简单地框定检察机关排他提起行政公益诉讼的范围。为保障行政公益诉讼检察权能运行,最高人民检察院先后颁行三个重要规则,作出相对具体的、特别的规定。首先,最高人民检察院和最高人民法院于2018年2月联合发布《关于检察公益诉讼案件适用法律若干问题的解释》(以

[①] 截至2022年9月30日,按照颁布时间先后,制定《关于加强检察公益诉讼工作的决定》的省、自治区、直辖市分别是黑龙江、湖北、吉林、内蒙古、广西、河南、河北、云南、辽宁、青海、陕西、重庆、新疆、浙江、宁夏、上海、广东、甘肃、海南、安徽、江苏、山西、四川、江西,制定《关于加强新时代人民检察院法律监督工作的决定》的省份分别是山东、湖南、福建,共计27个。

下简称《公益诉讼解释》），分别从案件范围、程序性规定、提起诉讼三个方面作出细化规定。其次，最高人民检察院于2018年3月发布《检察机关行政公益诉讼案件办案指南（试行）》（以下简称《办案指南》），不仅对立案、诉前督促、提起诉讼三个方面作出一般性规定，同时，还针对环境保护、食品药品安全等法定案件领域的重点程序问题，分别作出特别规定。最后，最高人民检察院于2021年6月公布《人民检察院公益诉讼办案规则》（以下简称《办案规则》），分别从一般规定和特别规定两方面，明确行政公益诉讼检察权能行使的具体方式，不仅在程序设定方面继承原有规定，同时，还对立案管辖、案件线索来源途径等具体问题作出增补规定，弥补立法空白。

综上，虽然有关规制检察机关提起行政公益诉讼的规则体系日趋完备。但是，一方面，在形式上，由于缺乏有关检察行政公益诉讼的专门立法，缺乏有关行政公益诉讼检察权能配置与运行的专门规则，散见于不同位阶规范中的规则相互之间存在张力，既直接影响检察权能一体化运行，又间接影响法制统一；另一方面，在内容上，由于缺乏对行政公益诉讼检察权能构成及其逻辑关系作一体化界定，缺乏对实体法赋权作标准化规定，模糊检察机关在行政公益诉讼中的功能定位，导致各地各级检察机关在理解适用相关规则时存在冲突，检察机关享有的权能类型及其具体运行呈现出地域特色有余，但规范性、统一性不足的现象。

二　丰富与偏废

自检察机关排他享有提起行政公益诉讼之权力至今，检察机关办理的行政公益诉讼案件逐年递增，通过督促行政机关依法行政，有效维护国家利益和社会公共利益。在肯定办案质效之余，由于检察实践在办案领域、适用程序、行使权力规范性等方面有所偏废，从而影响行政公益诉讼制度整体效能发挥。

第一，办案数量逐年递增，但办案领域有限。自2015年至2021年，检察机关办理行政公益诉讼案件数量逐年递增，充分发挥行政法律监督功能，有效督促行政机关纠正违法行政行为，维护公共利益。但是，办案范围主要集中在法定环境保护领域和食品药品安全领域，占比超过75%，其余数量案件散见于国有财产保护、国有土地使用权出让等法定领域以及未成年人保护、安全生产、野生动物保护、个人信息保护等新增领域，从

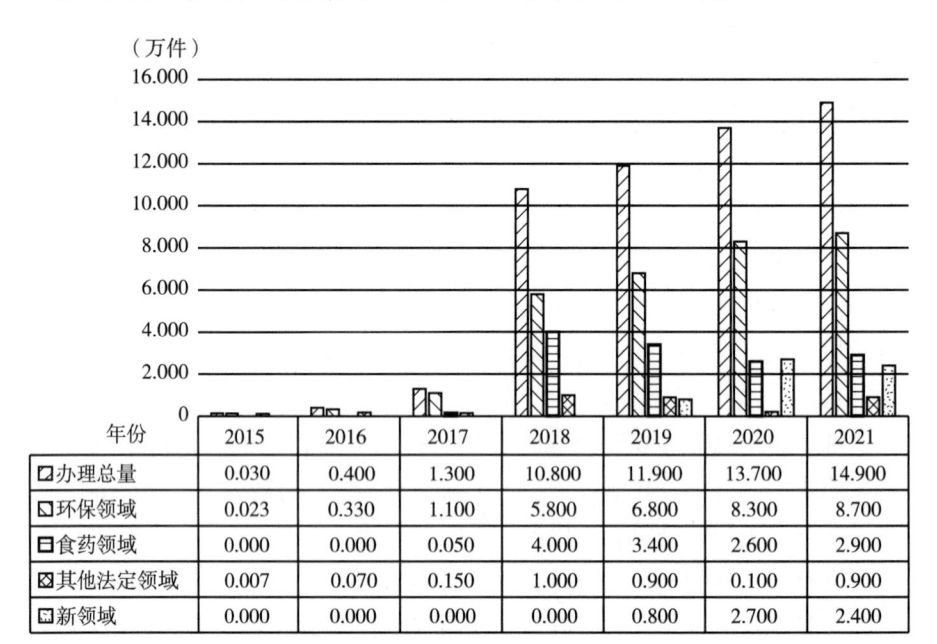

而阻碍行政公益诉讼制度效能之充分发挥。(详见图0-1)。

年份	2015	2016	2017	2018	2019	2020	2021
办理总量	0.030	0.400	1.300	10.800	11.900	13.700	14.900
环保领域	0.023	0.330	1.100	5.800	6.800	8.300	8.700
食药领域	0.000	0.000	0.050	4.000	3.400	2.600	2.900
其他法定领域	0.007	0.070	0.150	1.000	0.900	0.100	0.900
新领域	0.000	0.000	0.000	0.000	0.800	2.700	2.400

图0-1 行政公益诉讼办案领域基本情况

资料来源：根据最高人民检察院2016—2022年度工作报告、公益诉讼的专项报告整理得出。

第二，诉前督促结案率高，但对立案程序和诉讼程序重视不够。检察机关办理行政公益诉讼案件，偏好适用诉前督促，积极促进绝大多数问题在诉前得以解决，占办案总数的92%以上。[①] 虽然检察机关保持履职谦抑，充分尊重行政机关履行监督管理职责，但是，却因此混淆立案程序，弱化诉讼程序，阻碍充分发挥行政法律监督功能。其中，在适用立案程序方面，检察机关常常混淆立案评估标准和诉前督促程序启动标准，消解立案程序的分流作用。在适用诉讼程序方面，检察机关往往在办案数量和检察机关诉讼主体资格两方面，弱化诉讼程序的作用。其中，在办案数量方面，检察机关向人民法院提起行政公益诉讼的案件数量整体偏少，且偶有回落（详见图0-2）；在检察机关诉讼主体资格方面，检察机关混用"原告""公益诉讼人""公益诉讼起诉人""行政公诉人"等称谓，虽然在

---

① 相关数据系笔者根据最高人民检察院2016—2022年公布的工作报告以及专项报告整理得出。

形式上是规范表达的选择问题，实则却是对检察机关公益诉权享有与实际运行认识不清的问题。

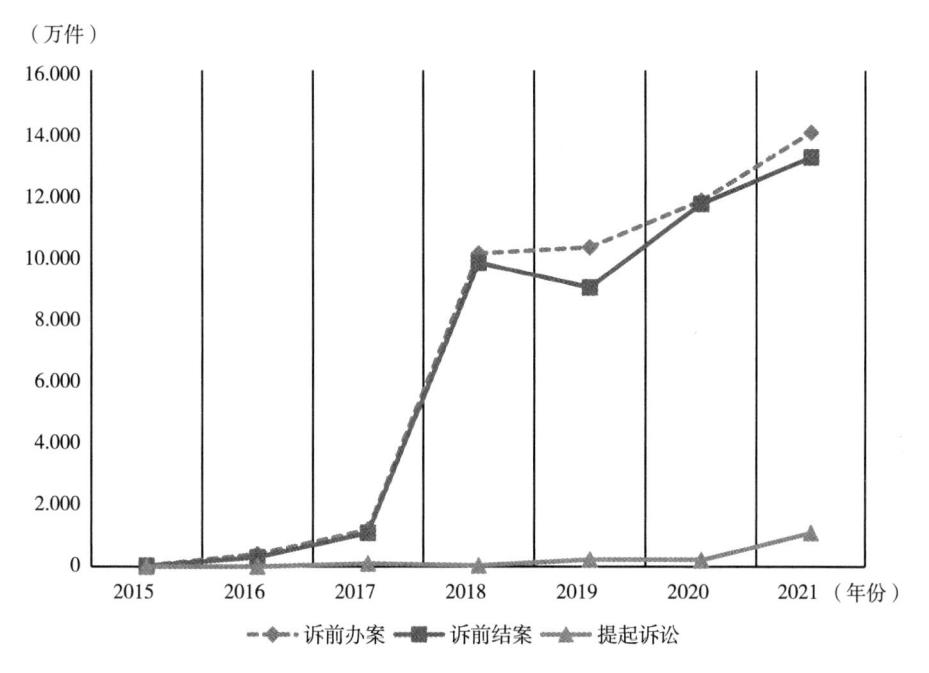

(万件)

图 0-2　行政公益诉讼诉前和诉讼办案数量对比

资料来源：根据最高人民检察院 2016—2022 年度工作报告、公益诉讼工作通报以及调研整理得出。

第三，诉前督促效能发挥充分，但规范性不足。检察机关通过督促行政机关自行纠正违法行为，行政机关回复率及整改率平均超过 85%[①]，有效维护公共利益。仅 2021 年全年，检察机关通过诉前督促查处假冒伪劣食品 48 万千克、假药劣药 1448 千克；推动修缮烈士纪念设施 9400 处；督促修复被损毁耕地、林地、草原 43 万亩，督促修复被污染土壤 47.8 万亩，[②] 在多领域实现国家治理领域的"双赢多赢共赢"。但是，诉前督促行政机关依法履职，侧重维护公益的实效性，却忽略了权力行使的规范性。从长远来看，影响了诉前督促程序长效机制的效能发挥。这主要表现

[①] 相关数据系笔者根据最高人民检察院 2016—2022 年公布的工作报告整理得出。

[②] 张军：《最高人民检察院工作报告——2022 年 3 月 8 日在第十三届全国人民代表大会第五次会议上》，https://www.spp.gov.cn/spp/gzbg/202203/t20220315_549267.shtml，2022 年 4 月 7 日。

在启动条件不明和检察建议权运行不统一两方面。其中，在启动条件方面，行政机关违法履职判断标准、公益遭受侵害判断标准、行政行为违法性与公益遭受侵害性之间的关系认定标准，尚未统一，启动条件不明。在检察建议权运行方面，既缺乏对检察建议权的功能作统一定位，亦缺乏对检察建议内容的详略作标准化规定，因此，检察建议权运行缺乏统一性。

综上，虽然检察机关提起行政公益诉讼积累了大量办案经验，为补强依法行政，维护公共利益作出显著贡献，成为促进我国国家治理体系现代化、法治化的重要一环。但是，由于该项制度确立时间不长，仍有一些关键理论尚未厘清，在立法安排和检察实践供给方面存在一定缺失，因此，有必要就优化行政公益诉讼制度作系统研究。在检察机关排他享有提起行政公益诉讼权能的前提下，为充分挖掘行政公益诉讼制度"富矿"，发挥行政公益诉讼制度效能，笔者选取"行政公益诉讼中检察机关权力运行机制"这一议题，以检察机关为研究对象，在厘清检察机关功能定位的基础上，根据"立案—诉前—诉讼"的阶段设计，按照全场景、关联程序的整体性、系统性逻辑，反思不同阶段中对应检察权能的具体运行方式，以及关联阶段之间不同检察权能运行的关联性，区别检察机关内部不同权能之间，以及外部不同国家权力之间的界限，提出优化行政公益诉讼检察权能配置，保障各项权能一体化运行的对策，以期提供国家治理能力现代化的"中国方案"。

第二节 研究现状

现代公益诉讼制度始于法国大革命，外国学界开展广泛研究始于20世纪50年代。学者聚焦环境公益保护领域，发展出"私人检察总长"[1]"公益信托"[2]等理论，并从理论分析和规范解释中确定多元诉讼主体，认为公民、社会团体是公益诉讼中的中坚力量，检察机关只起辅助作用。虽然肯认检察公益诉讼的国家均确认诉前程序是公益诉讼的必经程序，并发展出法国越权诉讼模式、德国公益代表人模式、英美私人检察总

---

[1] William B. Rubenstein, "On What a 'Private Atorney General' is and Why it Maters", *Vanderbilt Law Review*, Vol. 57, No. 6, 2004, pp. 2129-2133.

[2] Joseph L. Sax, "The Public Trust Doctrine in Natural Resource Law: Effective Judicial Intervention", *Michigan Law Review*, Vol. 68, No. 3, 1970, pp. 771-780.

长模式，保护相对广泛的公共利益。但是，检察机关在国外通常被界定为行政机关，与我国检察机关的性质和地位有质的区别，因此，有关检察行政公益诉讼制度的研究，我们主要聚焦国内，寻求检察理论和实践的内生发展。

新中国成立初期，我国学者就对检察机关同行政公益诉讼之间的关系作了初步探讨，但因缺乏理论和实践支撑，检察行政公益诉讼并未引起重视。直到21世纪初，行政公益诉讼研究才在我国掀起热潮。研究初期，学者以引介国外经验为主，在与国际接轨的基础上，结合我国国家机构设置，阐明我国建立行政公益诉讼制度的必要性[1]，分析行政公益诉讼的特殊性[2]，并从主体资格、前置程序、受案范围、举证责任等方面，论证建构中国特色行政公益诉讼制度的可行性[3]。2015年以来，研究由理论侧重转向理论与实践并重，学者以立法安排和检察实践为研究对象，围绕检察机关提起行政公益诉讼的不同阶段，分门别类总结相关法律制度的基本逻辑，分析其中不足。根据规则颁行、政策出台以及检察实践着墨，试点期间和入法以来，研究重点有所区别。

一　试点期间

为贯彻落实十八届四中全会"探索建立检察机关提起公益诉讼制度"的部署，全国人大常委会根据《立法法》之规定，以试点形式授权特定地区开展行政公益诉讼制度。作为一项新兴制度，学者在制度试点期间，主要从应然角度分析行政公益诉讼制度的必要性和可行性，在证成该项制度正当性的基础上，分别从主体资格以及制度运行两方面作一般性的、"元命题"式的理论探讨。

第一，证成行政公益诉讼制度的正当性。一方面，学者多从制度功能

---

[1] 王太高：《公益诉讼：中国行政诉讼的新课题》，《扬州大学学报》（人文社会科学版）2002年第5期；姜明安：《行政诉讼中的检察监督与行政公益诉讼》，《法学杂志》2006年第2期。

[2] 于安：《行政诉讼的公益诉讼和客观诉讼问题》，《法学》2001年第5期；颜运秋：《论公益诉讼对传统诉讼的挑战》，《湘潭大学社会科学学报》2003年第3期。

[3] 王太高：《论行政公益诉讼》，《法学研究》2002年第5期；史玉成：《环境公益诉讼制度构建若干问题探析》，《现代法学》2004年第3期；黄学贤：《行政公益诉讼若干热点问题探讨》，《法学》2005年第10期。

和逻辑角度作出肯认,认为行政公益诉讼制度可以救济遭受损害的公共利益、矫正行政监管"失灵"、促进相关政策之实现,故而有建制之必要。① 另一方面,通过对检察机关开展行政公益诉讼实践探索的认可,借鉴国际经验,论证我国行政公益诉讼制度的可行性。②

第二,探讨诉讼主体资格。在证成行政公益诉讼制度正当性的基础上,学者分别根据政策依据和宪定功能,探讨提起行政公益诉讼的有权主体,发展出否定检察机关诉讼主体资格和肯定检察机关诉讼主体资格两种学说。其中,持否定说的学者在借鉴国外经验基础上,根据机关属性定位,认为检察机关既不隶属于行政机关,又不能代表公共利益,因此,缺乏提起行政公益诉讼的制度基础。③ 持肯定说的学者根据享有主体资格是否唯一,细化提出检察机关享有排他诉讼主体资格,以及与其他主体分享诉讼主体资格两种观点。其中,主张排他观点的学者,一方面,根据实用主义,否定赋予公民、法人和其他组织享有提起行政公益诉讼的权利;另一方面,根据政策依据以及法律监督功能,认为检察机关能够更好地履行行政公益诉讼职能,提起行政公益诉讼是行政法律监督的当然选择。④ 主张分享观点的学者,根据制度功能之要义和公共信托理论,认为公益诉讼既是公众参与的体现,又为公众实现参与国家事务管理提供司法保障,主张检察机关与监察机关、私人、非政府组织等,分享提起行政公益诉讼之权力(利)。⑤

第三,分析检察机关在行政公益诉讼中的地位。在明确检察机关排他享有提起行政公益诉讼权力的基础上,学者根据诉讼构造以及功能适当原

---

① 颜运秋、张金波、李明耀:《环境行政公益诉讼的逻辑和归位》,《环境保护》2015 年第 Z1 期。

② 邓思清:《我国检察机关行政公诉权的程序构建——兼论对我国〈行政诉讼法〉的修改》,《国家检察官学院学报》2011 年第 4 期;吕天奇:《检察机关公益诉讼制度基本问题研究》,《社会科学研究》2016 年第 6 期。

③ 杨秀清:《我国检察机关提起公益诉讼的正当性质疑》,《南京师大学报》(社会科学版)2006 年第 6 期;章礼明:《检察机关不宜作为环境公益诉讼的原告》,《法学》2011 年第 6 期。

④ 姜涛:《检察机关提起行政公益诉讼制度:一个中国问题的思考》,《政法论坛》2015 年第 6 期;刘华英:《检察机关提起民事公益诉讼的制度设计》,《当代法学》2016 年第 5 期。

⑤ 颜运秋:《公益诉讼理念与实践研究》,法律出版社 2019 年版,第 47 页;沈岿:《检察机关在行政公益诉讼中的请求权和政治责任》,《中国法律评论》2017 年第 5 期。

则,分析检察机关在行政公益诉讼中的地位,发展出"原告""法律监督者""公益代表人""公诉人"四种观点。其中,持"原告"观点的学者,根据行政诉讼与行政公益诉讼之间一般与特别之关系,依托行政诉讼一般构造,主张检察机关当然地处于原告地位,享有行政诉讼原告享有的权利,履行原告履行的义务。同时,肯认检察机关在行政公益诉讼中的特殊性,认为检察机关实则是处于程序意义上的原告,豁免诉讼结果承担。① 持"法律监督者"观点的学者,根据宪法功能适当原则之要义,一方面,从价值理性方面,肯定检察机关对实施法律的行政机关享有当然的监督权力;② 另一方面,从工具理性方面,肯定检察机关有能力且有条件通过行政公益诉讼监督行政机关履职。③ 持"公益代表人"观点的学者,一方面,采用正向路径,通过参考行政公益诉讼的目的以及办理诉讼监督案件的经验,肯认检察机关天然享有维护公益的职责,符合行政公益诉讼的本质;④ 另一方面,采用反向路径,通过否定原告学说和公诉人学说,认为检察机关能够平衡诉讼结构,弥补作为原告或作为公诉人的缺失,反向证成检察机关公益代表人地位。⑤ 持"公诉人"观点的学者,在肯认检察机关代表公共利益的基础上,主张还应该根据检察机关提起诉讼的性质,将提起行政公益诉讼的检察机关定位为行政公诉人。⑥

第四,探讨行政公益诉讼制度运行。有关行政公益诉讼制度的具体运行,学界主要围绕是否有必要设立必经的诉前督促程序展开讨论。一方面,学者多根据权力分工原则和国际经验,主张检察机关提起行政公益诉

---

① 张式军:《环境公益诉讼原告资格研究》,山东文艺出版社2012年版,第268页;范明志、韩建英、黄斌:《〈人民法院审理人民检察院提起公益诉讼案件试点工作实施办法〉的理解与适用》,《法律适用》2016年第5期。

② 袁本朴:《检察机关提起行政公益诉讼刍议》,《人民检察》2015年第3期。

③ 郭雪慧:《论公益诉讼主体确定及其原告资格的协调——对〈民事诉讼法〉第55条的思考》,《政治与法律》2015年第1期。

④ 郑新俭:《检察机关提起公益诉讼的若干问题》,《人民检察》2016年第20期;刘艺:《检察公益诉讼的司法实践与理论探索》,《国家检察官学院学报》2017年第2期。

⑤ 姜涛:《检察机关提起行政公益诉讼制度:一个中国问题的思考》,《政法论坛》2015年第6期。

⑥ 朱全宝:《论检察机关提起行政公益诉讼:特征、模式与程序》,《法学杂志》2015年第4期;胡卫列、田凯:《检察机关提起行政公益诉讼试点情况研究》,《行政法学研究》2017年第2期。

讼应该秉承"行政优先",在充分保证行政机关行使行政权,保持检察谦抑的前提下,设定诉前督促程序为行政公益诉讼制度运行的必经程序;①更有甚者,还主张增加诉前附加程序,避免因程序低效造成无法挽回的重大损失。②另一方面,有学者以实效主义作为判断标准,主张针对已造成严重损害且无法挽回,或者行政机关依法履职已没有意义的案件,可以不适用诉前督促程序,确立以诉前督促为原则,以不经诉前督促程序为例外的运行机制。③

二 入法以来

2017年,全国人大常委会通过修改《行政诉讼法》增补行政公益诉讼条款;2018年,"两高"颁行《公益诉讼司法解释》细化行政公益诉讼运行机制;2019年,党中央提出"拓展公益诉讼案件范围"新要求,学界根据法律法规之规定以及检察实践,结合政策要求开展研究,研究可以分成两个阶段。其中,自2017年制度入法,尤其自2018年颁行《公益诉讼司法解释》至2019年党中央作出新部署作为第一阶段,学界研究内容主要关注诉前督促程序运行,研究领域主要限于环境保护领域。自2019年党中央作出新部署以来作为第二阶段,学界侧重检察权能类型化研究以及类案研究,研究领域从环境保护领域向新领域扩展。

(一) 2017—2019年:偏重诉前督促程序和环保领域研究

2017—2019年,学界根据法律法规之规定,结合检察实践,运用法解释学,主要集中分析诉前督促程序的一般性问题,研究集中在环境保护领域,同时,散见分析案件线索来源问题和提起诉讼的一般性标准。

第一,侧重分析诉前督促程序的一般性问题,主要探讨制度逻辑、权力配置以及违法行政行为判断标准。首先,针对制度逻辑,学者多根据功能主义和诉讼结构分析认为,诉前督促程序具有独立的、促使行政机关自

---

① 胡卫列、田凯:《检察机关提起行政公益诉讼试点情况研究》,《行政法学研究》2017年第2期;沈开举、邢昕:《检察机关提起行政公益诉讼诉前程序实证研究》,《行政法学研究》2017年第5期。

② 薛志远、王敬波:《行政公益诉讼制度的新发展》,《法律适用》2016年第9期。

③ 王春业:《行政公益诉讼"诉前程序"检视》,《社会科学》2018年第6期。

我追责的功能。① 其次，针对权力配置，学者集中讨论行政公益诉讼检察建议权的性质与表达。在检察建议权性质认定方面，学者根据检察机关的地位，发展出请求权、法定诉讼实施权和强势刚性权三种学说。其中，持请求权说的学者主张，检察机关进入诉前督促程序，其首要身份就是公益诉讼人，履行的是请求权，应从请求权的构成要素出发，规制权力运行。② 持法定诉讼实施权说的学者认为，诉前督促程序中，检察机关公益诉讼人身份是宪法上法律监督权的自然延伸，是经法律赋权给予检察机关享有诉讼实施权。③ 持强势刚性权说的学者，在区别司法建议的基础上，主张行政公益诉讼检察建议因有诉讼以及调查核实权作保障，具有刚性。④ 在检察建议权表达方面，学者分别根据成本效益和实证主义，针对检察建议权的内容表达作截然不同的主张，发展出检察建议内容不宜过细⑤和检察建议内容应该具有明确指向性⑥两种观点。最后，针对违法行政行为判断标准，学者发展出形式判断标准和实质判断标准两种观点。其中，持形式判断标准的学者根据制度逻辑以及行为和救济公益之间的表里关系，结合环境保护领域典型案例，主张只要具备行政机关违法履职的形式条件，即可启动诉前督促程序。⑦ 持实质判断标准的学者，根据制度效用，主张不仅需要具备形式条件，而且还应该具备公共利益遭受侵害的实质标准，才可以启动诉前督促程序。⑧

第二，散见探讨案件线索来源问题，主要分析案件线索来源途径。学者集中解读《行政诉讼法》"履行职责中发现"之规定，发展出狭义学说和广义学说两种观点。持狭义学说的学者按照严格文义解释，认为只能根

---

① 张鲁萍：《检察机关提起环境行政公益诉讼功能定位与制度建构》，《学术界》2018年第1期；张锋：《检察环境公益诉讼之诉前程序研究》，《政治与法律》2018年第11期。

② 沈岿：《检察机关在行政公益诉讼中的请求权和政治责任》，《中国法律评论》2017年第5期。

③ 刘艺：《检察公益诉讼的司法实践与理论探索》，《国家检察官学院学报》2017年第2期。

④ 卢超：《从司法过程到组织激励：行政公益诉讼的中国试验》，《法商研究》2018年第5期。

⑤ 王春业：《行政公益诉讼"诉前程序"检视》，《社会科学》2018年第6期。

⑥ 王万华：《完善检察机关提起行政公益诉讼制度的若干问题》，《法学杂志》2018年第1期。

⑦ 刘超：《环境行政公益诉讼诉前程序省思》，《法学》2018年第1期。

⑧ 刘艺：《构建行政公益诉讼的客观诉讼机制》，《法学研究》2018年第3期。

据《人民检察院组织法》之规定，检察机关在履行公诉、批捕、自侦等职责过程中发现的案件线索，才可成为行政公益诉讼案件来源。[①] 持广义学说的学者认为，根据法律监督的题中之义，以及当时案件线索来源单一的劣势，认为宜扩大解释"履行职责发现"，主张不仅应当通过履行法定职责获取案件线索，还应包括其他机关移送的以及公民、法人或其他组织控告申诉中发现的线索。[②]

第三，散见探讨诉讼程序运行问题，主要分析违法行政行为判断标准、举证责任分配和证明标准设定。首先，针对判断标准问题，学者集中解读"不依法"和"履行职责"两方面内容，确定是否提起诉讼。在违法性判断方面，学者多肯定判断行政机关违法的依据仅限于法律法规以及不违反上位法的规章，否定检察建议作为判断依据。[③] 在履行职责判断方面，学者发展出行为标准、结果标准和复合性标准三种学说。其中，持行为标准说的学者根据公益诉讼的目的和功能，认为检察机关应秉承行政行为审查，公益获得救济是履职到位自然而然发生的结果。[④] 持结果标准说的学者根据制度效能，主张只要存在危害的状态，就应该断定行政机关尚未完成履职。[⑤] 持复合性标准说的学者主张，既要审查行政行为本身，又要审查行为效果。[⑥] 其次，针对举证责任分配问题，学者在分析检察机关是否承担举证责任以及承担何种举证责任的基础上，发展出否定学说和肯定学说两种观点。其中，持否定学说的学者根据成本效益，认为为了减少交易成本，应该由法院承担举证责任。[⑦] 持肯定学说的学者，分别根据法

[①] 刘艺：《构建行政检察监督机制的意义、方法和重点》，《人民检察》2016年第16期。

[②] 李成、赵维刚：《困境与突破：行政公益诉讼线索发现机制研究》，《四川师范大学学报》（社会科学版）2018年第4期。

[③] 王春业：《行政公益诉讼"诉前程序"检视》，《社会科学》2018年第6期；张晋：《论检察建议的监督属性——以行政公益诉讼中行政机关执行检察建议为视角》，《四川师范大学学报》（社会科学版）2018年第6期。

[④] 刘超：《环境行政公益诉讼诉前程序省思》，《法学》2018年第1期。

[⑤] 刘艺：《构建行政公益诉讼的客观诉讼机制》，《法学研究》2018年第3期。

[⑥] 王清军：《环境行政公益诉讼中行政不作为的审查基准》，《清华法学》2020年第2期。

[⑦] 王玎：《行政公益诉讼证据制度建构——以法经济学为分析视角》，《青海社会科学》2018年第3期。

制统一和实效主义,主张分别适用"举证责任倒置"[1]"谁主张、谁举证"[2]和适用综合规则[3]的观点。最后,针对证明标准问题,学者多主张在区别检察权运行阶段和证明对象的基础上,根据证据强度,确定具有梯度关系的证明标准。[4]

(二) 2019年至今:侧重类型化和新领域拓展研究

2019年,党的十九届四中全会提出"拓展公益诉讼案件范围"新要求,结合行政公益诉讼全面实施两周年的实践经验,最高人民检察院提出深化行政公益诉讼理论研究和制度运行研究的新要求。学界以新政策、新要求为导向,结合检察实践,调整研究侧重,由一般性问题的研究向行政公益诉讼制度类型化、权力类型化以及案件类型化研究过渡。同时,拓展诉讼程序运行机制的研究视野,分析起诉期限、败诉承担等细则问题。

第一,探讨行政公益诉讼制度类型化发展。有学者在区别诉讼目的和功能的基础上,主张不得模糊检察机关法律监督机关的宪法定位,行政公益诉讼只能围绕督促行政机关依法履职展开类型化研究。[5]有学者在反思法律规定和检察实践的基础上,区别主观诉讼和客观诉讼,主张类分主观行政公益诉讼和客观行政公益诉讼,认为类型化发展是行政公益诉讼的必经之路。[6]

第二,探讨行政公益诉讼检察权类型化配置问题,主要分析诉权结构、检察建议权优化以及辅助性权力配置。首先,针对诉权结构问题,有学者在反思《行政诉讼法》主观诉讼趋向带来困境的基础上,主张明确诉权结构,赋予检察机关正当的、客观的、实质化的公益诉权。[7]其次,针对检察建议权优化配置问题,学者在前期研究基础上,分别就检察建议

---

[1] 黄学贤:《行政公益诉讼回顾与展望——基于"一决定三解释"及试点期间相关案例和〈行政诉讼法〉修正案的分析》,《苏州大学学报》(哲学社会科学版) 2018年第2期。

[2] 章剑生:《论行政公益诉讼的证明责任及其分配》,《浙江社会科学》2020年第1期。

[3] 林仪明:《我国行政公益诉讼立法难题与司法应对》,《东方法学》2018年第2期。

[4] 张硕:《论行政公益诉讼证明标准》,《哈尔滨工业大学学报》(社会科学版) 2018年第4期;洪浩、朱良:《论检察公益诉讼的证明标准》,《山东社会科学》2019年第7期。

[5] 潘剑锋、郑含博:《行政公益诉讼制度目的检视》,《国家检察官学院学报》2020年第2期。

[6] 薛刚凌:《行政公益诉讼类型化发展研究——以主观诉讼和客观诉讼划分为视角》,《国家检察官学院学报》2021年第2期。

[7] 刘艺:《检察公益诉讼的诉权迷思与理论重构》,《当代法学》2021年第1期。

援引法律①、检察建议与诉讼请求的衔接②、检察听证机制③等问题作类型化研究。最后,针对辅助性权力配置问题,学者主要探讨调查核实权配置。学者多根据功能适当原则和制度逻辑,分析调查核实权力结构,④证成该项权力。⑤在分析调查核实权非强制属性的基础上,发展出增补具有直接强制力和具有间接强制力⑥调查核实手段的主张,以补强调查核实的权力属性。

第三,探讨行政公益诉讼案件类型化拓展,主要根据公益类型、监督行政机关及其履行监督管理职责的类型作拓展分析。其中,在公益类型拓展方面,学者分别根据价值理性⑦和民主程序安排⑧,论证公共利益判断标准,不仅研究环境保护⑨和食品药品安全⑩等法定领域行政公益诉讼类型化保护问题,还拓展探讨饮用水⑪、个人信息保护⑫、土地⑬、特殊群体⑭等领域行政公益诉讼类型化保护的可行性。在监督对象拓展方面,学者主要通过实证方法确定行政机关以及"监督管理职责"之范围,拓展监督对象。⑮

第四,细化探讨诉讼程序中检察权力运行问题,主要分析起诉期限问

---

① 关保英:《行政公益诉讼中检察建议援用法律研究》,《法学评论》2021年第2期。
② 封蔚然:《行政公益诉讼检察建议的制度完善》,《江西社会科学》2020年第8期。
③ 关保英:《检察机关在行政公益诉讼中应享有取证权》,《法学》2020年第1期。
④ 刘加良:《检察公益诉讼调查核实权的规则优化》,《政治与法律》2020年第10期。
⑤ 张晓飞、潘怀平:《行政公益诉讼检察建议:价值意蕴、存在问题和优化路径》,《理论探索》2018年第6期。
⑥ 曹建军:《论检察公益调查核实权的强制性》,《国家检察官学院学报》2020年第2期。
⑦ 关保英:《行政公益诉讼中的公益拓展研究》,《政治与法律》2019年第8期。
⑧ 曹明德:《检察院提起公益诉讼面临的困境和推进方向》,《法学评论》2020年第1期。
⑨ 张翔:《关注治理效果:环境公益诉讼制度发展新动向》,《江西社会科学》2021年第1期。
⑩ 刘艺:《我国食药安全类行政公益诉讼制度实践与理论反思》,《南京工业大学学报》(社会科学版)2021年第3期。
⑪ 杨建顺:《拓展检察行政公益诉讼范围和路径的积极探索——赤壁市人民检察院诉赤壁市水利局怠于履行饮用水安全监管职责案评析》,《中国法律评论》2020年第5期。
⑫ 张炜达、呼啸:《大数据时代下个人信息行政公益诉讼制度之建构》,《西北大学学报》(哲学社会科学版)2020年第4期。
⑬ 郑磊:《土地行政公益诉讼的类型建构及展开》,《行政法学研究》2020年第6期。
⑭ 崔玲玲:《教育公益诉讼:受教育权司法保护的新途径》,《东方法学》2019年第4期。
⑮ 温辉:《行政诉讼法中"监督管理职责"的理解与适用》,《法学杂志》2020年第4期。

题。论者主要对检察机关是否受起诉期限限制，以及对起诉期限的适用规则作分析。在探讨检察机关是否受起诉期限限制方面，提出无期限说、法定期限说和酌定期限说三种主张。其中，持无期限说的论者根据保护公益之目的、调查核实的困难程度、侵害结果出现的时间特性，主张只要存在危害公益之现实，检察机关就不受严格的起诉期限限制。① 持法定期限说的学者综合考量法制统一性、简明性以及利益之间的平衡性，根据受保护对象的特殊性，主张检察机关提起行政公益诉讼应当受到特定的、具体的起诉期限之限制。② 持酌定期限说的学者根据检察机关履职规律，主张只要满足检察机关履职的连续性、及时性，就适用相对弹性的期限。③ 在探讨起诉期限适用规则问题方面，学者分别就期限长短④、扣除规则⑤等问题作出具体分析。

综上，现有研究多以政策为导向，关注行政公益诉讼制度的正当性以及诉前督促的有效性，重点论证检察机关对行政机关的监督，以此论述检察机关公益代表人角色及其理论困惑，探索拓展行政公益诉讼案件范围的可能路径。虽然现有研究能够有效解决行政公益诉讼制度运行中急需解决的问题，反哺检察权运行，促使行政公益诉讼制度运行起来。但是，现有研究仍然在研究基础、研究对象和研究方法三个方面存在不足。其中，在研究基础上，现有研究对检察理论的中国特色耙梳不足，有割裂法律监督和公益维护之间关系之嫌，模糊了检察行政公益诉讼制度的建构前提和运行逻辑，研究缺乏一以贯之的理论支点。在研究对象上，现有研究以政策为导向，重点研究诉前督促程序和案件范围拓展，缺乏对立案程序、诉讼程序作全过程研究，难以在国家治理体系现代化背景下，前瞻性地提出检察权在行政公益诉讼全过程中运行的具体方式和限度。同时，即使是着墨颇多的诉前督促程序和案件范围拓展领域，研究亦存在诸多缺失。一方面，缺乏对诉前检察权能运行作整体性、一体化、标准化研究；另一方

---

① 安徽省当涂县人民法院行政判决书，〔2018〕皖 0521 行初 39 号。
② 张昊天：《行政公益诉讼起诉期限问题研究》，《清华法学》2021 年第 3 期。
③ 王宏宇：《从起诉期限看确认无效判决功能定位的转化——以新〈行诉解释〉的观点转变为视角》，《内蒙古社会科学》（汉文版）2020 年第 2 期。
④ 刘艺：《检察行政公益诉讼起诉期限适用规则研判——评湖北省钟祥市人民检察院诉钟祥市人民防空办公室不全面履行职责案》，《中国法律评论》2020 年第 5 期。
⑤ 施立栋：《论行政公益诉讼的起诉期限》，《浙江社会科学》2020 年第 1 期。

面，缺乏对拓展部署的"冷思考"，尚未对拓展之基准和限度作一般性研究，研究缺乏全局观。在研究方法上，现有研究仍以法解释学和价值法学为主，重点解读法律法规，证成制度正当性，偶有案例分析，也主要停留在环境保护和食品药品安全领域，缺乏对丰富检察实践样本作全面的、一般性的梳理分析，研究缺乏对实践的回应。鉴于此，为充分发挥检察行政公益诉讼制度效能，提供国家治理体系现代化的"中国方案"，检察机关权力配置与运行机制研究还有待进一步深入。

第三节　研究内容

一　研究思路

本书围绕行政公益诉讼中检察机关权力运行主线问题，即实现行政法律监督与公益维护之间的动态平衡展开：一方面，以动态平衡理论为出发点，按照"立案—诉前—诉讼"三阶段，反思检察机关现行权能运行机制，检视其中不足；另一方面，以动态平衡理论为落脚点，提出整合检察机关权能配置、优化检察机关权能运行之对策。拟从以下三个层面逐次展开研究：第一，历史研究。探究检察机关法律监督功能统摄的依据和历史，站在中国转型社会的历史情境中，阐明检察行政公益诉讼的功能定位，明确行政公益诉讼检察权能配置，证明检察机关提起行政公益诉讼的历史正当性。第二，实证研究。首先，根据规范性文件之规定，形成对行政公益诉讼"阶段构造"中各项检察权能的解释体系；其次，根据研究样本，充分运用案例分析、统计分析、法解释等方法，分析各项检察权能运行特点。第三，对策研究。在实证研究基础上，结合行政法律监督功能以及动态平衡理论，反思各项检察权能运行过程中存在的缺失，优化协调检察权能逻辑体系，构建具有中国特色的行政公益诉讼检察权能一体化运行机制（详见图0-3）。

二　研究框架

本书以检察行政公益诉讼为研究对象，具体包括两项内容：一是检察机关功能定位及其权能逻辑体系，二是检察机关权能行使方式及其限度。在国家治理体系现代化背景下，阐明行政公益诉讼中检察机关的功能定

```
研究思路          研究内容              研究目标           研究方法

┌─────────┐   ┌─────────────┐     ┌─────────────┐    ┌─────────┐
│ 历史研究 │──►│ 阐明功能定位 │────►│ 证明历史正当性│───►│ 文本分析法│
└────┬────┘   ├─────────────┤     └─────────────┘    └─────────┘
     │        │ 明确权能配置 │
     ▼        └─────────────┘
┌─────────┐   ┌─────────────┐                         ┌─────────┐
│ 实证研究 │──►│ 形成各项检察│────►┌─────────────┐    │ 文本分析法│
└────┬────┘   │ 权能的解释体系│    │检视制度设计与执行│───►│ 统计分析法│
     │        ├─────────────┤    └─────────────┘    │ 比较分析法│
     ▼        │ 分析各项检察│                         └─────────┘
              │ 权能运行特点│
              └─────────────┘
┌─────────┐   ┌─────────────┐     ┌─────────────┐    ┌─────────┐
│ 对策研究 │──►│ 反思存在的缺失│───►│形成一体化运行机制│──►│ 比较分析法│
└─────────┘   ├─────────────┤     └─────────────┘    └─────────┘
              │ 优化逻辑体系│
              └─────────────┘
```

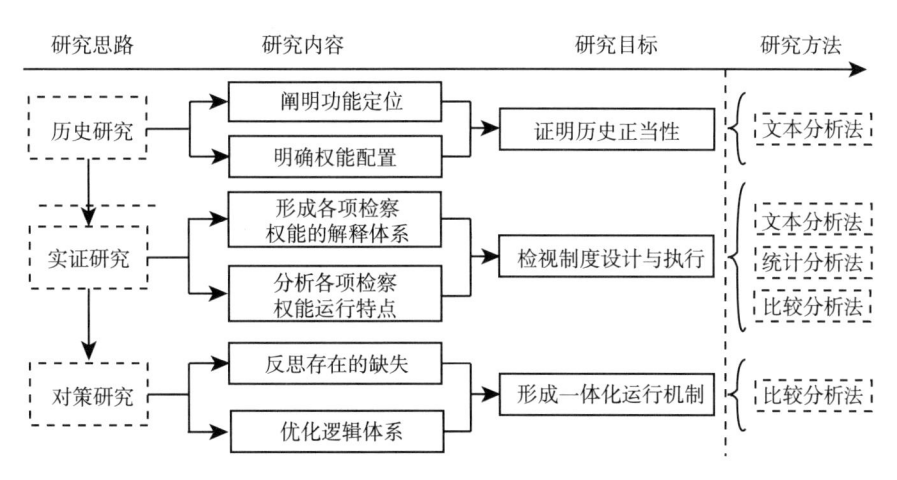

图 0-3 行政公益诉讼中检察机关权力运行机制研究思维导图

位，厘清行政法律监督功能与公益维护之间的关系，确定行政公益诉讼检察权能逻辑体系，厘定检察权同行政权、审判权、监察权在行政公益诉讼中的关系，透视我国权力运行机制，为检察机关提起行政公益诉讼提供更明确的规范指引，达到维护行政法制统一、维护公益之目的。本书主要分为七个部分。

第一部分，引出论题。分析行政公益诉讼法律规则体系和检察实践现状，在此基础上通过文献梳理，较全面地介绍有关检察行政公益诉讼的论述，分析其中不足，确定论证目标和论证方法。

第二部分，探讨行政公益诉讼中检察机关的功能定位和权能配置。基于相关规范性文件之规定，运用历史分析、法解释和比较分析法，结合宪法和行政法基本原理，阐明我国检察行政公益诉讼在类型学中的模式定位与自主性，界定检察机关在行政公益诉讼中的功能定位，明确行政公益诉讼中检察权能构成，确立不同检察权能在行政公益诉讼整体上和阶段中的逻辑关系，构建行政公益诉讼中检察权能的逻辑体系。

第三部分，检视立案阶段检察机关履职发现机制。现行法律规定人民检察院只能根据履职发现机制启动行政公益诉讼，但是，在规范表达上十分含糊，在实践中也存在权力衔接不畅等问题。基于此，通过"管辖—线索发现—线索评估—立案"之逻辑，结合行政法律监督功能和动态平衡理论，运用法解释、案例分析和统计分析法，从管辖检察机关以及办案机构、案件线索来源和案件线索评估三方面，审视并完善案件线索发现权能运行机制,以期提高行政公益诉讼成案率。

第四部分,检视诉前阶段检察机关督促履职机制。现行法律规定诉前督促是我国检察行政公益诉讼的必经程序。在分析诉前督促程序逻辑前提的基础上,结合行政法律监督功能和动态平衡理论,运用法解释、案例分析和统计分析法,从行政法律监督权启动条件、行政公益诉讼检察建议权运行两方面,审视并优化行政法律监督权能运行机制,以期提高诉前督促效能。

第五部分,检视诉讼阶段检察机关保障履职机制。现行法律规定当行政机关仍不依法履职的,检察机关依法向人民法院提起诉讼。在分析诉讼程序逻辑前提的基础上,结合行政法律监督功能和动态平衡理论,运用法解释、案例分析和统计分析法,从起诉条件以及审判过程中撤诉权、上诉权行使条件两方面,审视并重塑行政公益诉权运行机制,以期提高诉讼保障效能。

第六部分,检视行政公益诉讼调查核实权运行机制。现行法律法规规定,调查核实权是行政公益诉讼不同阶段各项检察权能运行的前提和保障。在国家治理体系现代化背景下,围绕行政法律监督和行政公益诉讼"阶段构造"等制度基础,从主体要素、适用阶段要素、内容要素、标准要素、方式要素和保障要素六方面入手,系统建构行政公益诉讼调查核实权力结构体系,以期在阶段上保证行政公益诉讼各项检察权能良性运行,在整体上充分发挥行政公益诉讼制度效能。

第七部分,作结。根据行政公益诉讼中检察机关的功能定位和权能配置与运行之特性,主张制定一部关于行政公益诉讼的专门法律。明确制定行政公益诉讼的专门法律应该在处理好内部关系和外部关系的基础上,巩固并升华现有成果,保障行政公益诉讼中各项检察权能规范地、一体化地运行。

第四节 研究方法

本书以规范分析法统领,采用多种子方法相结合的研究方式,综合运用多种理论,以理论阐述与实证研究相结合,分析检察机关在行政公益诉讼中的功能设置和权能配置,全过程描述检察机关提起行政公益诉讼的实践图景,分析其中缺失,结合检察机关的功能定位和动态平衡理论,有的放矢地提出解决对策。具体来说，主要采用以下四种研究方法。

第一，文本分析法。法律文本作为规范分析法安身立命之本，是本研究的核心之一。在法律文本梳理中，笔者收集中央立法机关和地方省级人大、最高人民检察院和省级人民检察院以及省级政府颁行的有关行政公益诉讼的规则，分析其中共性和特性。

第二，案例分析法。笔者主要通过"中国裁判文书网"收集2017年7月1日至2021年12月31日判决书样本共计921件[1]、裁定书样本共计346件[2]；最高人民检察院发布的有关行政公益诉讼的指导性案例和典型案例，共计180件[3]；以及调研收集有关行政公益诉讼的立案决定书、诉前督促案件和诉讼案件，分析立案、诉前督促以及诉讼全过程中，行政公益诉讼检察权能运行的特点与缺失。

第三，比较分析法。首先，在共时性比较方面，通过对省级国家机关颁行的有关行政公益诉讼的规则，以及处理的不同公益领域案件或类案作

---

[1] 截至2022年9月30日，检索日期为2017年7月1日至2021年12月31日，检索全文关键词"公益诉讼"，案件类型"行政案件"，文书类型"判决书"，检索审结的行政公益诉讼案件共计1591件。通过逐一研读，剔除试点期间、重复、雷同以及名不副实的判决书后，获得921份行政公益诉讼判决文书。

[2] 截至2022年9月30日，检索日期为2017年7月1日至2021年12月31日，检索全文关键词"公益诉讼"，案件类型"行政案件"，文书类型"裁定书"，检索行政公益诉讼案件931件，通过逐一研读，剔除试点期间、重复、雷同以及名不副实的裁定书后，获得346份行政公益诉讼裁定文书。

[3] 自2017年7月1日至2021年12月31日，最高人民检察院共发布公益诉讼典型案例20次，指导性案例2次，其中涉及行政公益诉讼案例的共计180件。具体的：2021年9月9日，"公益诉讼守护美好生活"专项监督活动案例13件；2021年7月22日，公益诉讼检察听证案例11件；2021年6月27日，红色资源保护案例14件；2021年5月14日，无障碍环境建设案例10件；2021年4月22日，个人信息保护案例6件；2021年3月23日，安全生产案例8件；2021年3月15日，食药安全消费者权益保护案例4件；2021年2月24日，服务乡村振兴助力脱贫攻坚案例15件；2020年12月24日，铁路安全生产案例10件；2020年12月17日，国有财产、国有土地使用权出让案例9件；2020年12月11日，服务保障长江经济发展案例9件；2020年12月2日，文物和文化遗产保护案例9件；2020年4月29日，"守护海洋"专项监督活动案例9件；2020年2月28日，野生动物保护案例3件；2019年10月10日，"保障千家万户舌尖上的安全"专项案例7件；2019年10月10日，全面实施两周年案例12件；2019年8月29日，"携手清四乱 保护母亲河"专项行动案例10件；2019年3月2日，服务保障长江经济带发展案例1件；2018年12月25日，检察行政公益诉讼典型案例8件；2018年3月2日，行政公益诉讼典型案例7件。2021年9月，第二十九批指导性案例3件；2018年12月，第十三批指导性案例2件。

对比，分析其中异同，吸收各地先进制度，以期反哺最高人民检察院出台更加完备的司法解释，并为立法机关制定有关检察行政公益诉讼的专门法律，提供可资借鉴的资料库。其次，在历时性比较方面，比较"法律监督"在不同时期内涵和外延的流变，厘清检察机关的功能定位，明确检察行政公益诉讼的功能定位。

第四，统计分析法。在规范表达上和裁判文书中，行政公益诉讼不同阶段检察权能实现要素表现的特征和存在的问题不同，分别在整体上和阶段上运用统计技术手段进行统计和分类。

第五节 研究创新及不足

一 研究创新

第一，研究资料方面的创新。本书将研究资料的收集与分析作为重要工作，对行政公益诉讼制度试点以来，尤其是入法以来全国各地颁行的规范性文件，以及处理的行政公益诉讼案件进行收集与整理，形成数据库。这些文件和案例在本书撰写过程中发挥了重要作用，突出研究的准确性、广泛性和代表性。

第二，研究观点方面的创新。本书通过耙梳我国检察机关功能以及检察权能配置之流变，认为检察机关提起行政公益诉讼，监督行政、维护公益，不是对宪定法律监督功能的突破，而是宪定法律监督功能的回归。在此基础上，探讨行政法律监督与公益维护之间的协调，阐释检察机关提起行政公益诉讼需要实现的价值理性是通过行政法律监督的实现，自然而然达到维护公益之目的。其中，行政法律监督是中心点，维护公益是出发点和落脚点。在整体上，二者通过互动，限定认知逻辑和彼此实现方式；在"阶段构造"上，受行政法律监督与公益维护动态平衡影响，立案阶段、诉前督促阶段和诉讼阶段的检察权能配置及其实现要素权重配比形成"梯级秩序"，进而优化宪定法律监督功能。

第三，研究内容方面的创新。本书不仅致力于在价值理性层面搭建检察行政公益诉讼一以贯之的理论基石，而且还在工具理性层面贯彻整体性、系统性理念，综合考量"阶段构造"，分别设定立案评估标准、行政法律监督权启动和运行条件、行政公益诉权启动和运行条件，将价值问题转化为程序和标准问题，使得检察机关提起行政公益诉讼更具有可操作性。

二 研究不足

对行政公益诉讼中检察机关权力运行的分析评估，以及检察机关和行政机关的效果反馈没有展开全面地、系统地研究，主要原因是新冠疫情导致调研工作无法顺利展开，不能收集到各地方的全部案件材料。但是，本书对已经收集到的数据和资料进行了整理，并不会影响最终研究发现的真实性和代表性。

第一章　行政公益诉讼中检察机关的功能定位与权能配置

2018年3月，最高人民法院、最高人民检察院公布《公益诉讼解释》，首次明确我国检察机关以"公益诉讼起诉人"身份提起行政公益诉讼，其主要任务在于"充分发挥法律监督职能作用，维护宪法法律权威，维护国家和社会公共利益……促进依法行政、严格执法"，但是，相关规定并未对公益诉讼起诉人与国家的法律监督机关之间的关系，以及行政法律监督与维护国家和社会公共利益之间的关系进行明确界定。我国检察理论深受法律监督认识论影响，然而，学界和实务界尚未对法律监督的逻辑体系达成共识。受此影响，在我国行政公益诉讼理论建构过程中，行政法律监督与维护公益之间关系界定尚处激烈争论阶段，从而导致行政公益诉讼一系列制度建构和实践出现缺失，其不利影响在检察行政公益诉讼"阶段构造"中表现尤甚。为持续促进行政公益诉讼检察权能良性运行，提高行政公益诉讼制度效能，首先需要解决理论供给问题，即在贯彻功能适当原则前提下，从规范的、历史的、比较的视角出发，厘定法律监督适用范畴及其基本特性。在此基础上，结合国家治理体系现代化，厘清行政法律监督与公益维护之间的一般关系，确定行政公益诉讼中检察机关功能定位，并围绕功能定位，结合行政公益诉讼的"阶段构造"，明确行政公益诉讼检察权能的逻辑体系，反作用于行政法律监督与维护公益之间的动态平衡。

第一节　作为统摄功能的法律监督：法律监督之原旨回归

我国现行宪法明确规定，检察机关是国家的法律监督机关，依照法律独立行使检察权，承担维护个体合法权益、维护公共利益、维护社会公平正义、维护国家法制统一的国家任务。作为宪定概念，"法律监督"的概念、性质、实践范畴在学界和实务界尚未有定论，影响法律监督理论形成与制度实践。鉴于此，有必要考察规范制定史，结合我国国家权力结构，明确"法律监督"的规范内涵与实践表达，构建"法律监督"的逻辑体系。

一 "法律监督"的概念逻辑与表达

虽然"法律监督"自1979年首次以法律形式予以规定以来，其规范性质以及限定适用场域几经变迁，但是，考察规范制定史可知，"法律监督"仍然保留概念逻辑的本质，并通过外部性、司法性和谦抑性予以表达。

（一）"法律监督"概念逻辑的形成

虽然作为法律概念的"法律监督"始于1979年，但是，早在1950年中共中央出台《关于建立各级政府检察机关的指示》，就在政策层面使用"法律监督"语词，用以概括苏联的检察制度。1953年11月，获党中央批准的建议中指出，"检察署是法律监督机关，它检察所有国民包括国家工作人员的违法犯罪案件"，首次定位我国检察机关的地位。鉴于此，通过考察1954年《人民检察院组织法》和1979年《人民检察院组织法》制定史可知，"法律监督"的概念主要经由监督任务、监督对象和监督内容三个关键要素予以限定。

1. 监督任务：维护国家法制统一

根据法律制定史以及修改史，结合国家权力功能区分，维护国家法制统一是检察机关行使检察权拟实现的专门的、最根本的国家任务。即使《人民检察院组织法》同时规定检察机关还应该承担打击犯罪分子、维护国家统一、维护个人和组织合法权益、维护公共利益、维护社会公平正义等国家任务，仍不能予以撼动。维护法制统一是检察机关拟实现的最根本的国家任务，居于第一性；其他国家任务是基本的，居于第二性。通过考察1954年《人民检察院组织法》和1979年《人民检察院组织法》的制定史可以予以佐证。

1954年《人民检察院组织法》吸收列宁同志关于检察制度的指导思想，把维护法制统一的任务赋予检察机关。根据1954年《人民检察院组织法》的出台背景可知，当时的中国同列宁提出应在苏联建立一个专司维护国家法制统一的历史背景相类似,即全国处于违法乱纪频发时期,严重阻碍了国家的繁荣发展。为纠正违法乱纪现象,当时的中国借鉴列宁同志关于设立专门法律监督机关的建议,同时,变通采纳检察长的唯一职权和必须做的事情只有一件事,就是"注意使整个共和国对法制有真正一致的理解"的理念,①明确维护国家法制统一是法律监督机关最根本的国家任务。

为出台1979年《人民检察院组织法》作准备,胡耀邦同志在第七次全国检察工作会议上的讲话中指出:"在当时需要把平反冤、假、错案和查处违法乱纪案件放在检察工作的首位。要约束违法乱纪,必须加强法制。"②在出台1979年《人民检察院组织法》之际,彭真同志重申"维护国家法制统一"的理念,强调我国人民检察院组织法是根据列宁"坚持检察机关的职权是维护国家法制统一"这一指导思想予以制定的,③同时,在设计《人民检察院组织法》具体条文时,首次将"法律监督""检察权"与维护国家法制统一的国家任务结合起来,明确作为国家法律监督机关的检察机关通过行使检察权,实现维护社会主义法制统一的国家任务。即使1979年《人民检察院组织法》同时规定检察机关还应该承担打击犯罪分子、维护国家统一任务;2018年修改《人民检察院组织法》增补规定检察机关应实现维护个人和组织合法权益、维护公共利益、维护社会公平正义等国家任务,维护法制统一仍然是检察机关得以存续并需要继续完成的最根本任务。

2. 监督对象:实施法律的公权力机关

1954年《人民检察院组织法》吸收列宁同志关于创建检察制度的理念,结合中国国情,明确检察机关有权监督包括政府各部门、地方国家机关、社会团体在内的实施法律的主体。根据监督对象的广泛性,结合列宁同志创建检察制度的理念和苏联的检察实践,我国将之概括为"一般监督",并在1955年中共最高人民检察院党组向中共中央提交的报告中予以明确,指出"人民检察院的工作属于一般监督,涉及国家的法律、法令

---

① 《列宁选集》第4卷,人民出版社2012年版,第702页。

② 《第七次全国检察工作会议在京举行(1978年)》,《人民日报》1978年12月31日第1版。

③ 彭真:《关于七个法律草案的说明:一九七九年六月二十六日在第五届全国人民代表大会第二次会议上》,《人民日报》1979年6月30日第1版。

等重大问题。当人民检察院党组在一般监督工作中发现有违法的决议、命令和措施时,应查明情况,提出意见"①。但是,我国对"一般监督"的认知并未就此形成共识。随着1979年《人民检察院组织法》在立法技术上将检察权能作有限列举,加深了"一般监督"与"法律监督"的裂隙,进而有学者和实务工作者将法律监督作有限监督解读。② 然而,我们不能仅因立法技术上的特殊处理,就在逻辑上倒推否定法律监督在监督对象上的广泛性。相反,我们应根据立法逻辑、立法原旨和立法变迁,明确监督对象范围,使得法律监督的概念日趋周延。

第一,在立法逻辑上,对检察权能作有限列举不是也不应该是对宪法保留事项之修改。1979年《人民检察院组织法》是在1978年《宪法》的基础上予以制定颁行。1978年《宪法》规定,"最高人民检察院对于国务院所属各部门、地方各级国家机关,国家机关工作人员和公民是否遵守宪法和法律行使检察权",明确检察机关监督对象的一般性。据此制定的1979年《人民检察院组织法》将检察机关确定为国家的法律监督机关,在逻辑上,下位法应当细化而非修改上位法之规定。与此同时,1982年《宪法》沿用"法律监督机关"的表述,肯定了检察机关国家法律监督机关的定位。根据法制统一原则可知,在宪法保留事项未经修改的情况下,作为下位法的《人民检察院组织法》不得经过法律保留修改上位法之规定。因此,1979年《人民检察院组织法》第5条对检察权能的有限列举,不是也不应该是对宪定法律监督的监督对象作不当限缩。③

第二,在立法原旨上,对检察权能作有限列举仅是对当时检察工作的重点作强调,并非对法律监督本身作限缩。彭真同志在1979年《人民检察院组织法(草案)说明》中反思苏联式检察机关的监督模式,认为列宁关于法律监督的理念仍应得到坚持。与此同时,鉴于当时检察院组织架构不完善,检察人员业务能力欠佳,并综合检察机关的负担,彭真同志认为不宜泛化法律监督的适用范围,转而强调检察机关应将对国家机关及其

---

① 王桂五:《王桂五论检察》,中国检察出版社2008年版,第191页。
② 例如,何勤华教授认为,自1979年人民检察院组织法颁行之日起,我国就取消了一般法律监督权。参见何勤华、张进德《中国检察制度三十年》,《国家检察官学院学报》2008年第4期。
③ 张晋邦:《检察机关一般法律监督权:规范内涵、宪制机理与调整方向——兼论检察院组织法原第5条的修改》,《甘肃政法学院学报》2019年第4期。

工作人员的监督限于刑事领域。① 这一立法政策考量是在坚持维护国家法制统一的前提下作出的暂时妥协,而非限缩法律监督本身。

第三,在立法变迁上,监督对象范围在排他的、开放的设置中趋于周延。自 1979 年《人民检察院组织法》明确列举检察职权至今,我国通过《民事诉讼法》《行政诉讼法》《刑事诉讼法》《人民检察院组织法》等法律的颁行修改,变更监督对象范围:一方面,在一贯肯定诉讼监督的基础上,将实施法律的行政机关纳入监督范围,形成集监督实施法律的审判机关和行政机关为一体的、日趋周延的监督对象集合体;另一方面,转隶对国家工作人员实施法律行为的监督,与其他国家机关排他地分享治权,形成"一元分立"模式下的、更加完备的国家权力结构体系。

3. 监督内容:判断实施法律公权行为的合法性

考察 1954 年《人民检察院组织法》的制定史可知,这部组织法是本国经验和国际经验,尤其是苏联经验的结合,在吸收 1949 年《最高人民检察署试行组织条例》有关检察署有权检察特定主体是否严格遵守特定规范性文件之规定的基础上,明确当地方国家机关的决议、命令或措施,在程序上或者内容上有违法之处时,检察机关有权向相关机关提出抗议或建议,要求纠正。并与 1954 年《宪法》有关最高人民检察院有权检察"国务院所属各部门、地方各级国家机关及其工作人员和公民是否遵守法律"之规定相呼应,初步明确法律监督的内容在于判断特定主体实施法律行为是否符合法律规定。

1978 年 3 月,在恢复检察机关设置之际,叶剑英同志在《关于修改宪法的报告》中指出,"为同各种违法乱纪行为作斗争,我国需要设置人民检察院,强调国家各级检察机关需要根据宪法和法律之规定,对国家机关及其工作人员、公民是否遵守宪法和法律,行使检察权"。1979 年在起草《人民检察院组织法》时,针对检察机关的性质问题,出现"国家的检察机关"和"国家的法律监督机关"之争,② 当《人民检察院组织法(草案)》送审全国人大法制委员会时,彭真同志肯定"国家的法律监督

---

① 彭真:《关于七个法律草案的说明:一九七九年六月二十六日在第五届全国人民代表大会第二次会议上》,《人民日报》1979 年 6 月 30 日第 1 版。

② 王桂五:《王桂五论检察》,中国检察出版社 2008 年版,第 292 页。

机关"之表述，并且说明"这是运用列宁指导思想的产物"①。根据列宁关于法律监督的指导思想可知，为了纠正当时违法乱纪的现象，配置的社会主义检察不仅监督刑事违法和民事违法行为，而且还监督行政违法行为，是实行刑事的、民事的和行政的全面监督，即对国家机关、干部、公民是否遵守法律进行监督，② 明确法律监督的监督内容在于判断特定主体实施法律行为的合法性。

（二）法律监督的属性表达

对应于法律监督概念逻辑的限定，结合现行立法安排和国家权力结构设置，法律监督主要通过"外部性""司法性""谦抑性"三个关键属性予以表达。

第一，法律监督的外部性。所谓"外部性"，是指法律监督面向公权力机关的外部活动，而非检察机关及其他国家机关的内部事宜，旨在促进和实现国家任务，而非检察机关本身的福利。③ 作为国家机构的组成部分，检察机关与立法机关、行政机关、审判机关、监察机关分享国家治权，因此，法律监督根据监督对象以及拟实现的国家任务具有外部性：一方面，因监督对象具有外部性。根据前文分析可知，法律监督的监督对象限于行政机关、审判机关等实施法律而非创制法律的公权力机关，因此，法律监督并非检察机关作自我监督，而是对外实行监督。另一方面，因拟实现的国家任务具有外部性。维护国家法制统一是法律监督拟实现的最根本的、最主要的国家任务。虽然立法机关、行政机关、审判机关、监察机关各自通过依法行使权力，能够实现维护法制统一之国家任务，但是，其他国家机关维护法制统一是依法行使各自权力所附带实现的国家任务。因此，法律监督与公共行政、独立审判、独立监察分享治权的功能表达，并通过外部性予以表现。

第二，法律监督的司法性。所谓"司法性"，是指以核心特点为出发点，强调履职的中立性和对抗性。其中，"中立性"是指履职不偏不倚，不事先作立场假设。"对抗性"是指经平等双方沟通对话，以法定形式、

---

① 彭真：《关于七个法律草案的说明：一九七九年六月二十六日在第五届全国人民代表大会第二次会议上》，《人民日报》1979 年 6 月 30 日第 1 版。
② 《列宁选集》第 4 卷，人民出版社 2012 年版，第 701—705 页。
③ 秦前红、石泽华等：《检察制度基础理论研究》，法律出版社 2021 年版，第 79 页。

法定程序，由居中者作客观判断，形成办案模式。① 具体到法律监督，主要通过监督内容在事实证据证明性和程序仪式性两方面予以体现：一是事实证据证明性。根据《人民检察院组织法》之规定可知，检察机关行使法律监督职权的，可以进行调查核实。检察机关对监督内容的违法性并不作合法与否的假定，而是在调查核实基础上，形成一定证据链条予以佐证。因此，法律监督是一种依靠事实证据证明的中立监督。二是程序仪式性。根据《人民检察院组织法》之规定可知，检察机关通过办案组织依据法定程序实现法律监督，同时，监督对象需要在程序上予以回应。因此，法律监督是一种依靠程序的仪式性监督。

第三，法律监督的谦抑性。所谓"谦抑性"，是指主要包括范围调控、法律适用和责任承担等方面的有限性。② 具体到法律监督，主要因监督内容和监督对象表现为时间上和功能上的有限性：一是因监督内容在时间上表达谦抑性。根据前文分析可知，结合国家权力结构的功能表达，检察机关与行政机关、审判机关、监察机关分享治权，监督公权力机关实施法律的行为，需要首先尊重其他国家机关履行法定职责。只有在行政机关、审判机关、监察机关分别履行公共行政职责、审判职责、监察职责之后，方可对相关履职行为作合法性判断。因此，法律监督具有补救性，是一种事后监督。二是因监督对象在功能上表达谦抑性。根据列宁检察理论可知，检察机关实施法律监督，仅能对监督对象的决定或决议的合法性提出异议，无权停止决议执行，只能把案件提交法院裁决，③ 强调法律监督的程序性。这一价值表达契合国家权力分工原则。我国检察机关监督实施法律行为的公权力机关，结合检察权能配置，通常不对实体问题、实体权力作最终处断，而是通过提醒受监督主体实现自我监督，或者提请有处断权主体作最终处分予以实现。因此，法律监督通常不具有处断性，是一种程序性监督。

---

① 李震、马建华等：《检察机关检察权制度研究》，中国人民公安大学出版社 2019 年版，第 9—10 页。

② 邓可祝：《论环境行政公益诉讼的谦抑性——以检察机关提起环境行政公益诉讼为限》，《重庆大学学报》（社会科学版）2021 年第 5 期。

③ 《列宁选集》第 4 卷，人民出版社 2012 年版，第 702—705 页。

二 权力抑或功能:"法律监督"分野归位

根据现行宪法法律之规定可知,我国采用"法律监督机关—检察权"相对应的规范表达,打破了我国宪法上有关国家机关与行使国家权力之间规范对应的固有模式,故而在学界和实务界引发法律监督适用范畴之争。鉴于此,需要回归宪法和法律文本,在规范分析的基础上,结合规范制定史和国家权力结构,明确法律监督的概念逻辑通过三个层次的立法实践予以表达,限定法律监督适用范畴。

(一) 法律监督适用范畴之争

由于宪法法律规定的不周延性,法律监督在认识论上产生分歧,发展出"机关功能说""权力性质说""功能决定性质说""履职范式说"四种学说。其中,持"机关功能说"者从解释学角度出发,将法律监督严格限定在机关功能定位上予以讨论,认为根据《宪法》和《人民检察院组织法》之规定,法律监督是对检察机关之定位。与此同时,割裂机关定位与权力定性之间的关联关系,主张不能根据机关之定位,当然地推导出对应履行权力之性质,从而否认通过检察机关履行法律监督功能之定位,当然推导出检察机关履行的法定职权属于法律监督权之定性。[1] 持"权力性质说"者从实践逻辑角度出发,根据《人民检察院组织法》有关检察权能之立法实践,抽象出公诉权、逮捕权等具象化的检察权能具有法律监督本质,并据此倒推出作为集合性权力的检察权具有法律监督属性。[2] 持"功能决定性质说"者从逻辑学角度出发,在综合"机关功能说"和"权力性质说"的基础上,根据概念的种属关系,认为检察机关的宪法定位可以当然推导出检察职权的定性,主张法律监督既是检察机关功能定位,又是检察机关履行检察权的权属定性。[3] 持"履职范式说"者多从语用学的角度出发,将法律监督限定为一种履职范式,认为由专门机

---

[1] 万毅:《检察权若干基本理论问题研究——返回检察理论研究的始点》,《政法论坛》2008年第3期;田夫:《论"八二宪法"对检察院的"双重界定"及其意义》,《东方法学》2013年第6期。

[2] 石少侠:《我国检察机关的法律监督一元论——对检察权权能的法律监督权解析》,《法制与社会发展》2006年第5期。

[3] 秦前红:《两种"法律监督"的概念分野与行政检察监督之归位》,《东方法学》2018年第1期。

关实行监督法律实施情况的活动,可以概括为法律监督。[①]

虽然各种学说不乏拥趸,却在逻辑上和范畴上存在不同程度的瑕疵。其中,在逻辑方面,论者从组织结构角度出发,或者通过正向线性分析,明确法律监督的功能属性,并据此规定实现法律监督功能应该确立的检察权能,形成"法律监督功能—应当配置权能"的逻辑,割裂了规范释义与法律保留之间的逻辑关联,不当偏废检察机关功能定位,否定了检察权能的开放性,有违背法律监督概念逻辑之嫌;或者通过反向推导分析,根据权力结构产生特定功能的理念,用具体权能之特性证成或否定检察机关实现法律监督功能的一般性,形成"具体权能具有法律监督属性—集合权力具有法律监督功能"和"具体权能不具法律监督属性—集合权力不具法律监督功能"的"双重"逻辑。然而,拆分具体权能逐一进行解读有生拉硬拽之嫌,既可能因超越宪法文本有关"国家的法律监督机关"之概念射程,泛化法律监督概念,也可能因忽略法律监督机关功能定位、检察权本质属性与检察权能特性之间的关联联系,割裂检察权能的特性与实现法律监督机关功能之间的关系,有否定检察机关统摄功能之嫌。在范畴划定方面,在讨论法律监督、检察权及其权能体系时,论者往往采用"一镜到底"的方式,将本属于不同范畴的概念不分适用场域、不加区别地混同适用,进而模糊法律监督适用范畴。因此,有必要在反思现有研究成果的基础上,根据功能适当原则,结合立法安排,区别法律监督适用场域,类型化法律监督适用范畴。

(二) 功能适当原则下"法律监督"分层表达

所谓功能适当原则,是指为完成不同国家任务,宪法在功能意义上就国家权力进行分立与制约,进而在权力、结构、人员等方面以最佳条件作为判断标准作出相应配置,形成"国家任务—功能—国家机关"的逻辑链条。[②] 其目的不仅在于通过组织上的分权捍卫基本权利,还强调国家机构更有效能地实现国家任务。[③] 需要注意的是,功能适当原则并非否定国

[①] 张智辉:《法律监督三辨析》,《中国法学》2003年第5期;王志坤:《"法律监督"探源》,《国家检察官学院学报》2010年第3期。

[②] [德] 康拉德·黑塞:《联邦德国宪法纲要》,李辉译,商务印书馆2007年版,第381—390页。

[③] 张翔:《国家权力配置的功能适当原则——以德国法为中心》,《比较法研究》2018年第3期。

家权力分工，而是强调功能确定之后的权力分工。根据功能适当原则进行的功能区分和权力分工，使得国家机关之间承担的功能具有互补性，但是，并不以此推定国家权力之间，以及实现国家权力的具体权能之间处于绝对分立状态。相较于正向线性推导或者反向倒推的组织结构学，功能主义以功能指导权力配置为基石，适用"权能配置—有助于实现特定宪法功能"的逻辑，不仅保有配置国家权力实现权能的开放性，同时也为权能的具体配置划定界限。具体到法律监督领域，根据现行宪法法律之规定可知，我们分别在三个层级适用法律监督，并在法律监督功能统摄下，在外部形成检察权与立法权、行政权、监察权分享治权的国家权力结构体系，在内部形成检察权能分工的检察权结构体系（详见图1-1）。

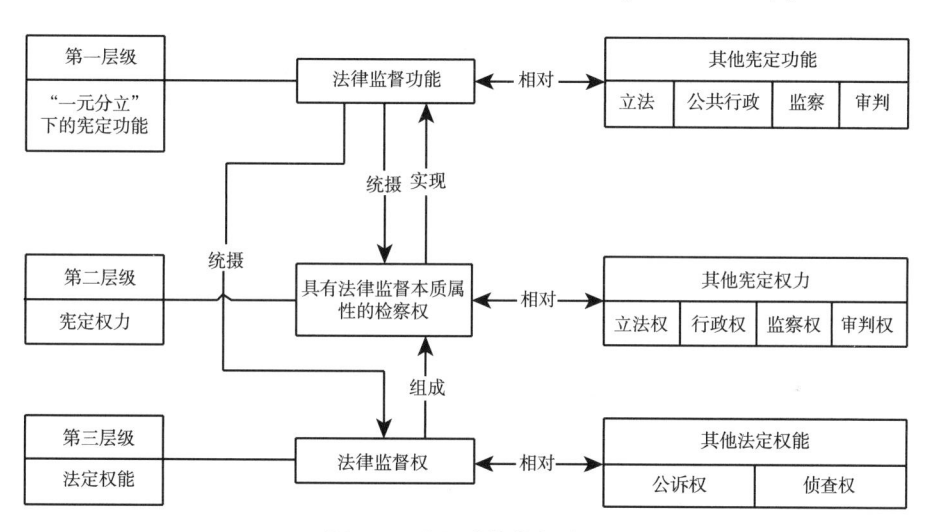

图 1-1 我国法律监督分野

1. 第一层级：宪治模式下作为统摄功能的法律监督

根据现行宪法之规定可知，检察机关是由人大产生，通过相对独立行使检察权，实现专司法律监督的机关。法律监督既引领整个国家检察机关体系建构，分享宪法功能和国家治权，又涵盖检察权结构体系建构，统领检察权及其权能配置。一方面，法律监督作为国家机关的功能定位，引领整个国家检察机关体系建构。根据宪法第3条第3款之规定可知，检察机关由人民代表大会产生，确定我国宪治体制实行的是人民代表大会领导下的权力分工制度。根据宪法第57条、第85条、第123条、第128条、第134条之规定可知，功能适当原则内化于宪法条文中，为了实现维护社会主义法制统一和尊严、保护经济体制、保护公民享有基本权利和自由等国家任务，我国区别立法、公共行政、监察、审判和法律监督五项功能，并明确不同功能由不同国家机关予以实现。由此，在人民代表大会领导下形成"一元分立"的宪治模式①，组成相对完备的国家权力结构体系，以实现相应的功能，完成国家任务。另一方面，法律监督作为国家机关的功能定位，统辖实现该项功能的检察权结构体系建构。② 根据宪法第 134 条之规定可知，检察机关是国家的法律监督机关，通过宪法排他限定检察机关的功能定位，课以检察机关以实现法律监督功能之义务。宪法第 136 条明确规定，检察机关履行的权力是检察权，强调通过检察权相对独立地行使，确定检察机关实现法律监督功能的手段。③ 由此，宪法通过机关功能定位，形成围绕法律监督功能配置检察机关权力结构体系之逻辑：法律监督功能既为优化现有组成检察权的具体权能提供目标，又为配置新的检察权能提供限定标准。

2. 第二层级：宪法保留下作为宪法权力定性的法律监督

根据宪法保留原则可知，国家权力需要根据宪法的明确授权方可以实现。根据宪法之规定可知，我国宪法仅将法律监督作为机关功能予以确定，并未明确将法律监督权赋予检察机关。相反，为了实现权力的相对独立性，宪法规定检察机关依法独立行使检察权。我们可以据此推导出检察机关行使的宪定权力为检察权。与此同时，《人民检察院组织法》第 2 条规定，法律监督机关通过行使检察权实现特定国家任务。由此，可以反向证成检察权属于宪法保留的权力。由于法律监督适用范畴不同，根据充要条件的周延逻辑，我们不能根据法律监督机关依据宪法规定行使检察权这一大前提，结合法律监督机关理应行使法律监督权这一小前提，当然推导出检察权即是法律监督权的逻辑。但是，根据功能适当原则以及根本属性之定位可知，机关的功能定位一般可以推导出与之相应的职能的根本属性。④ 申言之，作为法律监督机关的检察机关，其行使的检察权在根本属

---

① 苗生明：《新时代检察权的定位、特征与发展趋向》，《中国法学》2019 年第 6 期。
② 周新：《论我国检察权的新发展》，《中国社会科学》2020 年第 8 期。
③ 刘亮：《检察机关职权调整的宪法审视》，《北京理工大学学报》（社会科学版）2019 年第 6 期。
④ 秦前红：《两种"法律监督"的概念分野与行政检察监督之归位》，《东方法学》2018 年第 1 期。

性上具有法律监督的功能。因此，在国家权力结构体系层面，与人大的立法权、行政机关的公共行政权、监察机关的监察权、审判机关的审判权相对应，当宪法保留的检察权作为一个"权力束"的集合体出现时，根据根本属性的逻辑推演，我们可以推定检察权具有法律监督的本质属性。

3. 第三层级：法律保留下作为具体权能的法律监督

在确定第一层级和第二层级基础上，我们不能因此忽略组成检察权的各项权能的特性，否定各项检察权能具有特殊性，否则就陷入"循环定义"的泥潭。根据规范性文件之规定可知，为了实现检察机关的法律监督功能，在配置检察权能时，明确规定了作为具体权能的法律监督权能，并与公诉权能、侦查权能等共同组成检察权力体系。根据1979年《人民检察院组织法》之规定可知，检察机关行使检察权。1982年《宪法》延续这一规定，并以根本法形式重申作为宪定权力的检察权。此后30余年时间里，我国先后通过制定或修改《民事诉讼法》《行政诉讼法》《刑事诉讼法》《人民警察法》，以松散的形式分别明确诉讼监督权能和行政法律监督权能。直至2018年10月，全国人大常委会修改《人民检察院组织法》，整合各个单行法有关法律监督的内容，在坚持检察机关通过检察权实现特定国家任务这一规定的基础上，适用法律保留原则，通过第20条之规定明确检察权能组成，将法律监督权能与公诉权能、侦查权能并列，同时，还采用兜底的立法技术，规定"法律规定的其他职权"亦应纳入检察权能组成，为检察权能的开放性提供依据，也为通过其他类型法律监督权能实现法律监督功能提供可能。

综上，适用于不同场域，法律监督既可以作为功能的样态出现，也可以作为权力的样态出现。其中，作为功能样态出现的法律监督，在宪定功能和宪定权力层面，同时承担检察机关功能定位和作为"权力束"的检察权定性的作用；作为权力样态出现的法律监督，在法定权能层面，与公诉权能、侦查权能等共同组成"检察权力束"。在不否认检察权能特性的情况下，法律监督功能统领检察机关体系建构，统摄检察权及其权能体系建构，为检察权能的开放配置提供限定支撑，为检察权能运行提供优化参照。

第二节　法律监督抑或公益维护：行政公益诉讼功能之正本清源

2017年9月，习近平总书记在致国际检察官联合会年会贺信中不仅重申检察机关法律监督机关地位，承担诉讼监督、预防犯罪等法定任务，还指明检察机关是公益代表，承担维护公益的重要责任。[①] 然而，习近平总书记关于检察理论的重要论断并未明确法律监督与公益维护之间的关系。行政公益诉讼制度作为检察理论的制度增量，既要维护公益，又要监督行政机关依法行政，是否打破检察机关法律监督功能的统摄地位。进一步，如何处理行政法律监督与公益维护之间的关系，由于在规范层面和认识论层面尚未统一，有割裂行政法律监督与公益维护之虞：一方面，在规范层面，法律和司法解释缺乏统一性。《行政诉讼法》仅明确行政法律监督之要义，《公益诉讼解释》《办案规则》则对起诉条件和检察机关诉讼身份作出要求，有分阶段区别行政法律监督与公益维护之功能效果的趋势。另一方面，在认识论层面，缺乏一致性。论者多根据行政公益诉讼的"阶段构造"，区分行政法律监督与公益维护在不同阶段的功能供给，[②] 忽略二者在行政公益诉讼整体层面上的关系定位。偶有论者根据检察机关的宪法定位，主张检察机关履职的唯一目的就是实现行政法律监督，[③] 却忽略与公益维护之间的互动，不当剥离公益维护在行政公益诉讼中的功能补给。然而，理论供给不足直接阻碍检察机关在行政公益诉讼中主体地位的确定，影响行政公益诉讼制度的建构与运行。鉴于此，有必要在贯彻功能主义前提下，从规范的和比较的角度出发，弥合行政法律监督与公益维护之间的内在联系，以为后文检视行政公益诉讼检察权能运行提供理论支撑。

一 始终贯彻法律监督功能：行政公益诉讼功能之确定

根据前文分析可知，所谓法律监督功能，是指契合宪法法律规定，检察机关通过对公权力主体实施法律行为作合法性判断，统领检察机关体系建构，统摄检察权及其权能配置，完成维护国家法制统一和维护公共利益之任务。行政公益诉讼制度作为检察机关权力运行的制度增量，虽然以维护公益为出发点和落脚点，但是，根据法制统一原则可知，并未因此打破

[①] 《习近平致信祝贺第二十二届国际检察官联合会年会暨会员代表大会召开》，《检察日报》2017年9月12日第1版。

[②] 刘辉：《检察公益诉讼的目的与构造》，《法学论坛》2019年第5期。

[③] 潘剑锋、郑含博：《行政公益诉讼制度目的检视》，《国家检察官学院学报》2020年第2期。

法律监督功能的统摄地位；相反，维护公益是法律监督本应实现的基本国家任务，是法律监督本源的一种回归。

（一）坚持法制统一：贯彻法律监督功能之依据

所谓法制统一，是指在法律体系方面，一国范围内针对规制的同一对象，下位法与上位法应当相统一；在规制方式方面，被规制的主体应该按照法律法规行为。① 我国探索建立行政公益诉讼制度，增补检察权能组成，拓展法律监督维度，明确增加通过行使行政公益诉讼检察权能拟实现的法律效果。但是，这一立法增补与拓展并不是处于"真空地带"，而是需要通过贯彻法制统一原则予以限制实现。申言之，改制需要坚持宪法有关检察机关建制的基本精神和规则，贯彻同一法律体系内处于统辖地位的基本原则和定位。因此，法律监督仍然是行政公益诉讼中检察机关的功能定位，决定检察机关的主体地位。

一方面，作为宪法保留事项，法律监督统辖检察行政公益诉讼制度的设立。虽然自2017年至今，我国通过修改《行政诉讼法》《人民检察院组织法》等法律增补行政公益诉讼条款，明确检察机关通过特定检察权能的行使，不仅需要完成维护国家法制统一之任务，而且还需要完成维护国家和社会公共利益之任务。在2018年我国第五次修改宪法之前，有学者提出检察机关国家法律监督机关的定位不能适应新时代检察制度的发展，主张修改检察机关的定位。② 但是，根据人民主权原则，我们仍然保留这一宪法定位，始终坚持"检察机关是国家的法律监督机关"之规定。因此，根据法制统一原则之精神可知，我们应该始终坚持由宪法保留的事项。行政公益诉讼制度虽然是检察机关新增制度，但是，我们不能仅仅强调行政公益诉讼制度为我国检察制度带来的全新增效；相反，作为检察制度的组成部分，我们需要首先肯定对宪法保留事项的尊重，贯彻执行法律监督功能。换言之，作为统摄功能的法律监督依然统辖作为检察制度组成部分的行政公益诉讼制度。

另一方面，根据规范体系释义，结合逻辑结构认知，检察行政公益诉讼理应采用督促行政机关依法履职的方式实现法律监督，自然而然达到维

---

① 胡婧：《行政监督管理职责公益诉讼检察监督的限度分析——以2017—2020年行政公益诉讼判决书为研究样本》，《河北法学》2021年第10期。

② 陈瑞华：《论检察机关的法律职能》，《政法论坛》2018年第1期。

护公共利益之效果，形成"督促依法行政—实现公益维护"之正向逻辑。根据前文分析可知，法律监督概念逻辑主要涵摄检察机关对特定主体实施法律行为作合法性判断，因此，法律监督本身强调的是手段和功能而非仅仅是目的。为此，作为统摄功能，检察行政公益诉讼制度本身应该回归法律监督的本源，监督负有监督管理职责的行政机关是否依法履职，不能为了实现维护公共利益之效能，随意背离法律监督的本质，采取法律监督概念射程以外的方式。否则，因此形成"实现公益维护—存在违法行政"之反向逻辑，违背检察机关履职规律，不当加重行政机关履职负担。

（二）维护公益：法律监督功能应达之效果

所谓"公益"，一般是指国家利益和社会公共利益，既包括制度公益，也包括公共利益。① 虽然"公益"本身属于不确定法律概念，但是，并不妨碍通过价值理性和立法实践予以限定：一是主体上的限定。包括"不特定多数人"共同享有的权益（利），以及数量特定但利益特别之主体整体享有的特殊权益（利），排除私主体享有的权益（利）。② 二是性质上的限定。"公益"首先作为宪法价值层面的概念，③ 一方面，构成限制基本权利享有的合宪性理由；另一方面，保障基本权利本身即属于公益。因此，"公益"是具有根本性的、重要性的、公共性的国家任务。④ 根据法律监督的概念逻辑可知，虽然法律监督的本质相对固定，但是，实现法律监督的手段以及法律监督拟实现的效果，随着时代的变化而在外延上日趋周延。因此，根据功能适当原则和国家权力结构分析可知，维护公益是法律监督本应实现的国家任务，是对法律监督原旨的回归。

第一，在国家权力外部设置层面，作为国家治理体系现代化的组成，维护公益由国家机构依法予以协同实现。根据功能适当原则确定的"国家任务—功能—机构"之逻辑可知，一方面，在国家任务组成方面，维护公益是各项国家任务的最大公约数。根据我国宪法之规定可知，为了实现国家与人民之间拟定的契约，国家分别在政治、经济、文化、生态、社

---

① 刘艺：《构建行政公益诉讼的客观诉讼机制》，《法学研究》2018 年第 3 期。
② 颜运秋：《公益诉讼理念与实践研究》，法律出版社 2019 年版，第 17 页。
③ 张淑芳：《宪法作为行政法直接渊源论析》，《法律科学》（西北政法大学学报）2012 年第 2 期。
④ 郑贤宇、刘玉姿：《论行政公益诉讼中的"公益"概念》，《社会科学家》2017 年第 10 期。

会等领域承担维护经济可持续发展、保护生态环境、保障公民享有特定基本权利等国家任务。虽然宪法确认的国家任务对私人之间的法律关系产生反射作用，但是，这些国家任务在本质上强调集合性和整体性，故而宪定国家任务均具有公益性。另一方面，在国家任务实现方面，维护公益是国家机构协同实现的当然任务。为了实现维护公益之国家任务，我国分别确立立法、公共行政、监察、审判和法律监督五项功能，并排他地由国家权力机关、行政机关、监察机关、审判机关和检察机关分别承担。在承担各自功能基础上，不同国家机关采用相同的、完全不同的，或者相交叉的方式，协同实现维护公益之国家任务，最终实现国家协同治理。其中，国家权力机关主要通过履行立法和监督宪法实施，在源头上确定"公益"范围，实现公益之维护。行政机关主要通过履行执法职责的方式，实现公益之维护。监察机关主要通过监督公职人员履职状态，实现公益之维护。审判机关通过个案正义，实现公益之维护。检察机关通过监督实施法律行为的国家机关行使公权力的状态，实现公益之维护。

第二，在检察机关权力内部设置层面，维护公益是法律监督本应实现的、基本的任务。结合检察制度发展渊源，检察机关维护公益之任务既是法定的，也是固有的，伴随检察制度设立与发展始终。[1] 检察制度肇始于法国，法国检察官经历了从国王代理人身份向现代公益代表人的身份转换，并通过《司法组织法》（*Le Code de l'organisation Judiciaire*）[2] 予以确认。德国《行政法院程序法》（*Verwaltungsgerichtsordung*，VwGO）、[3] 韩国《检察厅法》、[4] 日本《检察厅法》、[5] 美国《检察官手册》（*Manual for*

---

[1] 谢鹏程：《论法律监督与公益代表——兼论检察机关在公益诉讼中的主体地位》，《国家检察官学院学报》2021年第1期。

[2] 法国《司法组织法》第751—752条规定，在民事诉讼中，检察长监督法律和判决的执行，有权提起刑事公诉，参与民事公诉。

[3] 德国2010年《行政法院程序法》第一部分"法院组织"中，在第四章通过第35—37条明确规定作为公益代表的检察机关。

[4] 韩国2012年《检察厅法》第4条规定，"检察官作为公共利益代表享有下列职责和权限：……"

[5] 日本2005年《检察厅法》第4条规定，"检察官就刑事案件进行公诉，向法院提出合法的、正当的请求，并监督法院判决、裁定的执行，……或作为公共利益代表行使其他法律规定权限范围内的事务。"

Prosecutors)① 亦通过立法确认检察机关和检察官公益代表身份,明确实现维护公益之任务。与此同时,联合国《关于检察官作用的准则》(the Guidelines on the Role of Prosecutors)第 11 条明确规定,作为公众利益代表行使特定职能是检察官的职能,从而在国际规则层面确认检察官公益代表之身份,使得检察机关/检察官作为公益代表成为国际通例,并固化为检察机关的天然身份。我国先后通过修改《行政诉讼法》《人民检察院组织法》《检察官法》明确检察机关应实现维护公益之国家任务。这一举措不是确立行政公益诉讼制度带来的制度效益增额,而是与国际接轨,是对检察机关应有身份和当为任务的一种回归,我们不过是通过法律法规修改的方式予以明示。因此,在逻辑上,行政公益诉讼制度作为法律保留的检察制度组成部分,其通过行使行政法律监督理应实现维护公益之任务。与此同时,维护公益国家任务之回归,并不否定检察机关通过行使检察权,实现维护国家法制统一这一任务,相反,根据前文论述可知,在价值位阶上,维护国家法制统一是社会主义国家检察制度诞生的初衷,并贯穿检察制度始终,是法律监督最直接的、最根本的国家任务。而维护公益则是通过维护国家法制统一得以自然而然实现的,是法律监督应予以实现的基本国家任务。

二 监督与维护动态平衡:行政公益诉讼功能之实现

根据前文分析可知,法律监督主要在功能范畴上作出强调,公益维护主要在实现效果上作出强调,前者是后者实现的手段,后者是前者拟实现的当然任务。虽然法律监督与公益维护在适用范畴上有所区别,但是,我们不能据此否定二者之间的内在联系,相反,统一于国家治理体系现代化背景下,在行政公益诉讼领域,法律监督和公益维护主要通过互动限定认知逻辑和彼此实现方式,在整体上实现动态平衡。

(一)公益维护增补行政法律监督实现方式

所谓国家治理体系现代化,是指治理的规范化、协同化、民主化和智能化。② 结合国家治理体系现代化之要义,在行政公益诉讼领域,在法律

---

① 美国 2009 年《检察官手册》规定,检察长有权代表当地政府就有关政府利益的案件,向法院起诉或应诉。

② 刘艺:《论国家治理体系下的检察公益诉讼》,《中国法学》2020 年第 2 期。

监督统摄功能基础上，强调维护公益之效果，明确法律监督应实现的特定国家任务。一方面，可以因此划定行政法律监督的界限，突出法律监督的客观性，与行政检察监督[1]相区别；另一方面，丰富法律监督的实现方式，增补法律监督的主动性、协同性和智能性。

第一，限定行政法律监督的客观性。不同于以拟制第三人作为检察官提起公益诉讼的制度设计，也不同于检察机关参与公益诉讼的制度设计，我国行政公益诉讼制度是在肯定检察机关法律监督机关功能定位的基础上，通过督促行政机关依法行政，实现维护公益的制度。这一制度设计，一方面，以维护公共利益和制度公益为出发点和落脚点，通过认知逻辑和实现内容限定行政法律监督的客观性。其中，在认知逻辑上，限定行政法律监督实现逻辑，明确从公益遭受侵害之结果事实出发，探寻公益遭受侵害的原因，寻求救济公益的办法，形成"结果—原因—办法"的认知，限定行政法律监督的客观性。在内容上，我国行政公益诉讼制度设计不仅强调维护包括生态环境、食品安全等具体领域在内的公共利益，彰显行政公益诉讼客观诉讼功能。同时，还强调维护行政法制统一这一制度公益[2]，兼顾实现法律监督机关的根本任务和基本任务，补强行政法律监督的客观性。另一方面，维护公益是通过行政法律监督的实现自然而然达到的效果，突出行政法律监督的客观性。不同于仅以具体领域公共利益之恢复与维护的制度设计，我国行政法律监督既以生态环境、食品安全等具体领域国家利益和社会公共利益之恢复与维护为目标，同时亦通过督促行政机关依法履职的形式予以实现，以维护行政公法秩序为手段。当行政法律监督得以实现时，公共利益与制度公益亦同时予以实现，突出行政法律监督的客观性。

第二，增补行政法律监督的主动性。根据法律法规之规定可知，法律监督因具有一定的谦抑性和司法性，故在实现方式上往往表现为一定程度上的被动性。然而，根据《行政诉讼法》第25条第4款之规定可知，检察机关有权通过履职发现机制实现行政法律监督。在制度设计上，为了实现公益维护，无论是通过案件线索评估立案督促行政机关履职，还是通过

---

[1] 所谓行政检察监督，是指检察机关对行政行为是否符合宪法法律开展的直接监督，不包括行政诉讼监督、提起行政公益诉讼，也不涉及行政立法、刑事司法等非行政管理活动。参见陈家勋《行政检察：国家行政监督体系中的补强力量》，《现代法学》2020年第6期。

[2] 刘艺：《构建行政公益诉讼的客观诉讼机制》，《法学研究》2018年第3期。

违法性、侵害性等要素判断分别启动诉前督促程序、诉讼程序，都是检察机关主动为之，任何由其他国家机关发现，而非经检察机关职能转换的，或者经检察机关内部非履职过程中发现的，检察机关均不得据此提起行政公益诉讼，打破了法律监督被动性的限定，增补行政法律监督的主动性。

第三，增补行政法律监督的协同性。行政法律监督虽然是对行政机关履职的否定，但是，检察机关并不因此与行政机关处于对抗关系。① 相反，结合国家治理体系现代化，在行政公益诉讼领域，为了实现公益维护之制度效能，多元主体需要践行"双赢多赢共赢"理念，共同参与国家治理，实现协同治理：一方面，在检察机关内部，通过检察权能之间的协同，实现公益之维护。虽然维护公益是检察机关通过法律监督应实现的国家任务，但是，不同检察权能在合力实现维护公益的国家任务过程中，采用的具体方式有所区别，对维护公益的考量权重亦有所差异，因此，需要检察权能之间发挥彼此优势，协同实现行政法律监督，维护公益。另一方面，在国家权力体系外部，通过具备不同功能的权力协同，实现公益之维护。为了实现维护公益之共同国家任务，检察机关监督行政机关是否依法履行监管职责，不仅强调检察机关对行政机关的监督与制衡，同时还强调检察机关与人大、行政机关、监察机关的协同共治。因此，隶属于国家治理体系的行政法律监督，在实现公益维护之任务时，打破法律监督相对封闭的、线性的管理履职模式，在行政法律监督全过程引入协同治理理念，开放线索来源途径、增补检察权能实现需要多方主体参与的路径，进而增补行政法律监督的协同性。

第四，增补行政法律监督的智能性。由于公共利益的重要性、复杂性等特性，在维护遭受侵害的公共利益时，更加需要检察机关提高履职能力予以配合。作为人工研判的补充，数字化、智能化的出现与转化可能，在案件线索评估和调查核实等方面，增补行政法律监督的智能性：一方面，在案件线索评估方面，为了抓取违法行政致使公共利益遭受侵害的事实，我国多地检察机关搭建各类数字平台，引入数据模块开展智能化研判案件线索活动；另一方面，在推进行政公益诉讼进程方面，检察机关在调查核实侵害事实时，采用"区块链"等新型技术用以弥补调卷、询问等传统

---

① 杨惠嘉：《行政公益诉讼中的磋商程序研究》，《暨南学报》（哲学社会科学版）2021年第9期。

技术之不足。

(二) 行政法律监督限定公益维护实现方式

对公益维护效果之强调既不否定法律监督的统摄功能,亦不能据此偏差定位法律监督的本质属性。因此,公益维护需要秉承法律监督概念逻辑的属性表达,通过法律监督的谦抑性与司法性限定公益维护的实现方式。

第一,限定于行政法律监督的谦抑性。谦抑性强调检察机关履职的克制性,在行政公益诉讼领域,主要在维护公益的方式和时间两方面作限制:一方面,在维护公益的方式上,检察机关不能替代行政机关履职,只能作程序上的强调,提醒行政机关依法行政。在行政公益诉讼领域,并不是所有有助于实现公益维护的行为和手段都可以纳入行政法律监督,相反,只有由检察机关行使的、具有督促而非替代行政机关履职的特定行为,方可纳入行政法律监督。换言之,检察机关不能只为追求维护公益之结果,直接干预行政机关履行法定监管职责,而应在国家权力分工的基础上,保持一定的谦抑与克制。另一方面,在维护公益的时间上,检察机关通常只能在行政机关作出违法行政行为后,方可启动行政公益诉讼制度维护公益,否则,可能违法干预行政机关实现公共行政功能,打破"功能秩序"平衡。

第二,限定于行政法律监督的司法性。由于检察机关每一次启动行政公益诉讼都是对行政机关履职的一种否定,必然会对行政机关的行政效能产生影响:一方面,可能导致行政机关在履行行政职责时过于谨慎,产生怠于决策的事实,影响行政效率;另一方面,可能导致行政机关产生消极情绪,影响行政质量。[①] 因此,检察机关必须保持一定的克制,只有在具备事实证据证明性和程序仪式性的基础上,方可维护公益。其中,在事实证据证明性上,为维持行政法律监督功能与公共行政功能之间的"功能秩序"平衡,除非有一定的证据(明)材料加以佐证,否则,不得适用行政法律监督维护公益。在程序仪式性上,除非根据法定程序和法定形式,启动行政公益诉讼不同阶段,完成文书送达,否则,不得适用行政法律监督维护公益。

---

① 胡婧:《行政公益诉讼领域检察调查核实权之理论证成与体系化建构》,《甘肃政法学院学报》2020年第4期。

第三节　功能统辖下行政公益诉讼检察权能逻辑体系之类分建构

2018年10月，全国人大常委会修改《人民检察院组织法》，明确检察机关享有"依照法律规定提起公益诉讼"的职权。一方面，通过宪法性法律形式首次肯认检察机关享有提起公益诉讼的权能；另一方面，通过法律保留以不完全条款形式，指引检察机关依照《行政诉讼法》等法律规定，运行公益诉讼权能。然而，受行政法律监督理论影响，行政公益诉讼检察权能如何构成，不同类型权能之间关系如何，在规范层面和认识论层面并未统一，且有割裂行政公益诉讼检察权能整体性与阶段性之虞。其中，在规范层面，《人民检察院组织法》通过第20条的修改，有意识地对检察权能作单一性质的类型化确定，将违法行为发现权能、公诉权能和法律监督权能作区别规定，唯独公益诉讼权能类型化不足。[①] 作为规制行政公益诉讼的基本法律，《行政诉讼法》通过行政公益诉讼"阶段构造"区别行政公益诉讼权能类型，分别强调诉讼权能、行政法律监督权能和案件线索发现权能，却忽视权能之间的关联性和统一性。《公益诉讼解释》首次提出"公益诉权"概念，有统一行政公益诉讼"权力束"的趋势，但并未对"公益诉权"逻辑结构作明确规定，出现统一性有缺、特殊性不足的缺失。在认识论层面，行政公益诉讼检察权能配置问题并未引起理论界和实务界的足够关注，论者多以单一规范条文的阶段性规定为出发点，解读相关权能运行的合法性问题，忽略法律监督功能统辖下，不同阶段权能之间的统一性和关联性，研究呈碎片化。然而，行政公益诉讼检察权能配置是探讨行政公益诉讼检察权能运行机制的逻辑前提，同时，权能配置受法律监督认识论影响，因此，在展开行政公益诉讼各阶段权力运行机制讨论之前，有必要在修正组织结构学偏废一方逻辑悖论的前提下，结合功能适当原则，适用"权能配置—有助于实现法律监督功能"之基本逻辑，明确行政公益诉讼检察权能基本配置，分析不同权能之间的逻辑关系，构建行政公益诉讼检察权能之间的逻辑体系。

[①] 徐继敏、张承思：《宪制视野下法律监督和检察权能逻辑的重构》，《四川师范大学学报》（社会科学版）2020年第2期。

一 行政公益诉讼检察权能的构成

虽然《行政诉讼法》强调行政公益诉讼制度运行，在区分"阶段构造"上区别案件线索发现权、行政法律监督权和公益诉权，共同组成行政公益诉讼检察权能体系。但是，结合政策文件之精神，机关组织法强调以整合性形式出现的行政公益诉权，规定行政公益诉权是行政法律监督权、案件线索发现权存在的基础，是行政公益诉讼检察权能最基本的权能，以此形成以行政公益诉权为基本权能、以行政法律监督权和案件线索发现权为阶段权能、以调查核实权为辅助权能的行政公益诉讼检察权能体系。

（一）作为基本权能的行政公益诉权

根据认识论的发展可知，外国学界在讨论"诉权"时，根据权力属性和功能先后发展出创制权[1]、实体权利得以执行的和自治的权利[2]、连接实体法和程序法的法律概念[3]三个阶段理论。我国学者也将诉权视为连接程序法和实体法的重要概念，强调诉权救济特定实体权利的功能。[4] 但是，对诉权本身独立性程度的认识却存在一定差异。具体到行政公益诉讼领域，有学者肯认行政公益诉权本身，并根据法律监督第二层级适用范畴，主张检察机关提起行政公益诉讼是检察机关履行法律监督权这一实体权力的结果。[5] 有学者在驳斥这一学术论证的基础上，认为将公益诉权实体化否定了公益诉权本身的正当性，主张行政公益诉权应当独立于法律监督权而存在，即使二者之间存在较强联系，也不能因此否定行政公益诉权本身具有的独立性。[6] 综合考察现有研究可知，学者虽然肯认行

---

[1] ［法］亨利·莫图尔斯基：《主观权与诉权》，巢志雄译，《苏州大学学报》（法学版）2019年第1期。

[2] Eduardo J. Couture, "The Nature of Judicial Process", *Tulane Law Review*, Vol. 25, 1950, pp. 1–28.

[3] 陈荣宗、林庆苗：《民事诉讼法》（上），台湾：三民书局2020年版，第81页。

[4] 章剑生：《行政诉讼原告资格中"利害关系"的判断结构》，《中国法学》2019年第4期。

[5] 例如，有论者指出，行政公益诉讼是检察机关法律监督职能的时代回应，是检察机关发挥法律监督职权的体现。参见胡卫列《国家治理视野下的公益诉讼检察制度》，《国家检察官学院学报》2020年第2期。

[6] 刘艺：《检察公益诉讼的诉权迷思与理论重构》，《当代法学》2021年第1期。

政公益诉权的整合性，但是，却因忽略法律监督适用范畴的差异性，在认识行政公益诉权时存在一定偏差。因此，有必要围绕作为统摄功能的法律监督，在定位、地位、内容构造三个方面，明确行政公益诉权的逻辑结构。

第一，在定位上，行政公益诉权是以行政法律监督功能为基础，以维护公共利益和制度公益为任务的权力。根据前文论述可知，法律监督功能统辖检察机关的检察权及其权能体系，因此，作为检察权能组成部分，行政公益诉权应该践行"权能配置—有助于实现法律监督功能"之逻辑，以法律监督功能为基础，围绕法律监督功能的实现展开，而不是相反，不能根据"法律监督功能—应当配置行政公益诉权"之逻辑，认定行政公益诉权是实体性权力的当然延伸。同时，作为一项新兴制度，行政公益诉讼制度以维护公益为基本任务，以维护制度公益为根本任务，故而行政公益诉权据此应该以维护公共利益和制度公益为出发点和落脚点。

第二，在地位上，行政公益诉权是一个经法律保留的、基本的权力。一是行政公益诉权是经法律保留的权力。根据法律保留原则和功能适当原则可知，我国通过程序性民主，将行政公益诉权排他地赋予检察机关行使，它是宪定检察权的法定组成部分，而不是相反，行政公益诉权不是检察权的当然权能。二是行政公益诉权是基本的权力。一方面，根据规范表达和政策要求，确定行政公益诉权的基本性。根据现行《人民检察院组织法》之规定可知，行政公益诉权与刑事公诉权、刑事违法行为发现权、诉讼监督权并列，是检察权得以实现的基本检察权能，具有一定的针对性和专门性。同时，有关公益诉讼的专项报告指出，诉前督促程序发挥重要作用，但是，我们不能因此忽略诉讼带来的制度效益。行政公益诉讼制度应回归初衷，强调通过行政公益诉权，解决问题。[①] 另一方面，根据行政公益诉讼"阶段构造"，凸显行政公益诉权的基本性。根据《行政诉讼法》之规定可知，在行政公益诉讼"阶段构造"中，虽然分别配置案件线索发现权能、行政法律监督权能、诉讼权能三类权能，并且三类权能对应三个相对独立的阶段，但是，各个阶段独立发挥作用，并不表明三个阶

[①] 张军：《最高人民检察院关于开展公益诉讼检察工作情况的报告——2019年10月23日在第十三届全国人民代表大会常务委员会第十四次会议上》，https://www.spp.gov.cn/spp/tt/201910/t20191024_435925.shtml，2021年12月27日。

段及其对应的权能可以游离于行政公益诉权约束之外,相反,三类权能统一于行政公益诉权之下,没有行政公益诉权作为制度前提与保障,其他阶段及其权能配置将流于形式。

第三,在内容构造上,行政公益诉权是一个集合性权力。根据《人民检察院组织法》之规定,我国检察机关享有"依照法律规定提起公益诉讼"的职权。根据规制行政公益诉讼的《行政诉讼法》之一般规定,检察机关不仅针对不依法履职的行政机关享有向人民法院提起诉讼的权力,而且根据《公益诉讼解释》《办案规则》之规定,检察机关履行行政公益诉权的还享有上诉权、撤诉权、变更诉请等权力。

(二) 作为阶段权能的案件线索发现权和行政法律监督权

所谓案件线索发现权,是指在行政公益诉权基础上,评估经多元途径获得的案件线索,决定是否启动行政公益诉讼,具有一定依附性。所谓行政法律监督权,是指检察机关通过主动督促,提醒而非替代行政机关依法履职,补强行政行为合法性,具有一定独立性。二者是行政公益诉讼"阶段构造"的法定产物,有必要在确定行政公益诉权基本权能地位的基础上,围绕行政法律监督功能,从定位、地位、内容构造三个方面,明确行政公益诉讼阶段性权能的逻辑结构。

第一,在定位上,案件线索发现权和行政法律监督权依然是以行政法律监督功能为基础,以维护公益为任务的权力。其中,受行政法律监督与公益维护动态平衡影响,案件线索发现权根据"结果—原因—办法"之认知逻辑,当发现存在公共利益遭受侵害、可能存在违法行政行为时,决定启动行政公益诉讼制度,实现行政法律监督功能。行政法律监督权通过判断存在引发公共利益遭受侵害的违法行政行为,决定督促行政机关履职,诱发行政机关实现自我监督,实现行政法律监督功能。

第二,在地位上,案件线索发现权和行政法律监督权是阶段性权力。一方面,在行政公益诉讼中,案件线索发现权和行政法律监督权分别实现立案阶段和诉前督促阶段的相关逻辑前提,是行政公益诉讼"阶段构造"的产物。另一方面,案件线索发现权不同于行政法律监督权和行政公益诉权,具有较强的依附性。行政公益诉讼立案阶段并未单独配置具有独立性的案件线索发现权,而是主要通过《人民检察院组织法》法定检察权能的运行,以行政公益诉权为基础转化而来,强调经多元途径获得的线索在行政公益诉讼中的转化评估。

第三，在内容构造上，案件线索发现权和行政法律监督权是相对开放的权力。作为行政法律监督和公益维护动态平衡的产物，行政法律监督具有谦抑性、协同性、主动性。受此影响，根据"权能配置—有助于实现法律监督功能"之逻辑，一方面，案件线索发现权和行政法律监督权围绕行政法律监督谦抑性、协同性、主动性予以表达。另一方面，案件线索发现权和行政法律监督权的表现形式及其对应内容不是封闭的而是开放的。换言之，为了有助于实现行政法律监督功能，针对案件线索发现权，随着检察权能的增补，其组成部分不断丰富；针对行政法律监督权，虽然现行法律以行政公益诉讼检察建议权作为实现行政法律监督权的唯一形式，但是，可以根据权能配置与功能实现之间的逻辑，增补行政法律监督权的表现形式。各地检察实践以及有关特定公益领域的规范性文件已作出增补尝试，使得案件线索发现权和行政法律监督权的开放性成为可能。

（三）作为辅助权能的行政公益诉讼调查核实权

为了实现宪法规定的检察权，法律为检察机关配置了一系列权能，然而，这些权能之间并不是并列存在的，而是有一定的位阶区别。[①] 换言之，一些检察权能的配置是为了其他检察权能的实现提供方式和手段，是实现其他检察权能的辅助性权力。辅助权能并不意味着不重要，相反，没有辅助权能的配置和运行，基本权能则很难实现。与此同时，不同于具有一定针对性的基本检察权能，辅助性检察权能一般不具有排他性，即一项辅助性检察权能通常为一项或以上基本检察权能服务。具体到行政公益诉讼领域，除了配置行政公益诉权、行政法律监督权、案件线索发现权外，还配置调查核实权等辅助性权能。

一方面，配置调查核实权是为了实现行政公益诉讼基本权能和阶段权能的辅助性权能。根据《人民检察院组织法》《公益诉讼解释》《办案规则》之规定可知，检察机关办理公益诉讼案件，可以向特定机关和组织收集证据（明）材料；行使法定法律监督职权的，可以进行调查核实，进而明确当检察机关履行行政公益诉讼检察权能的，可以采取特定方式调查核实行政行为违法性、公共利益遭受侵害性、违法行为与侵害结果之间关联性等事实问题。因此，调查核实权之配置与运行是案件线索发现权、

---

① 陶建平：《检察权运行的结构化逻辑》，《东方法学》2017年第6期。

行政法律监督权和行政公益诉权得以实现的前提和保障。

另一方面，行政公益诉讼调查核实权的内容设置不能仅仅考量行政公益诉讼基本权能和阶段权能的实现效能，同时，它作为检察机关的权力组成部分，仍然应当受到法律监督功能的统辖。虽然调查核实权的配置与运行有助于检察机关发现案件线索、督促行政机关依法行为、保障行政机关依法行政，但是，其设置前提和权限配置不得仅以各项权能之实现为依托；相反，在设置前提方面，调查核实权应以行政法律监督的谦抑性和司法性为指导，调查核实行政行为违法性、公共利益遭受侵害性以及二者之间的关系，反作用于行政法律监督的事实证据证明性；在内容设置方面，应贯彻法律监督功能，以监督其他国家机关履职的形式配置权力实现要素，实现与其他国家机关以及检察机关内部不同业务部门的协调共治。

二 行政公益诉讼检察权能之间逻辑关系的确立

根据《行政诉讼法》《公益诉讼解释》《办案规则》之规定可知，行政公益诉讼明确立案、诉前督促和诉讼三个阶段，形成"阶段构造"，并通过配置案件线索发现权、行政法律监督权、行政公益诉权等权能，实现行政法律监督功能，完成维护公益之国家任务。我们不能因此割裂部分性与整体性之间的关系，而应围绕行政法律监督功能，在行政公益诉权基础上，结合权能之间的功能秩序，确定检察权能之间的关系，构建行政公益诉讼检察权能之间的逻辑体系。

（一）各项权能整体上具有统一性

在整体上，行政法律监督是行政公益诉讼各项权能配置的前提，行政法律监督与公益维护动态平衡的产物是各项权能配置和运行的界限，各个阶段配置的检察权能之间因此形成"梯级秩序"，彼此成就，具有统一性和关联性。

一方面，行政法律监督是权能配置的前提。行政公益诉讼"阶段构造"并不仅仅强调程序上的"分"，而是强调在行政公益诉讼制度整体论下，形成"梯级秩序"前提下的"分"。申言之，虽然各阶段检察权能配置不同，但是，在行政公益诉讼制度整体上，各项权能在权力强度上层层递进，充分保障行政法律监督功能之实现。其中，立案发现行政公益诉讼案件线索，主要依靠检察机关自身主动予以实现；诉前督促违法行政机关依法履职，主要依靠检察机关和行政机关分主次予以协同实现；诉讼保障行政机关依法履职，主要依靠检察机关、行政机关和审判机关分功能予以协同实现，三者之间层层递进，统一于行政公益诉权之下，前一阶段权能行使，是以后一阶段更强权能的享有为保障；后一阶段权能接力触发，是前一阶段权能无法实现行政法律监督功能的结果。因此，作为基本权能的行政公益诉权不仅强调向法院提起诉讼，也强调与案件线索发现权、行政法律监督权等阶段权能之间的整体关联作用。

另一方面，法律监督与公益维护动态平衡是各项权能配置与运行的界限。各个阶段配置的各项权能不能为了实现行政法律监督功能，或者为了完成维护公益之国家任务，采用一切可能的方式和手段保证各项检察权能得以现实，而应该在法律监督与公益维护互动限定基础上，通过体现行政法律监督谦抑性、司法性、客观性、主动性、协同性、智能性的方式，配置并运行各个阶段的各项检察权能。

（二）各项权能阶段上具有相对独立性

在阶段上，检察权能的配置及其实现要素权重的动态配比，反作用于行政法律监督功能的实现，各个阶段配置的检察权能具有相对独立性。

一方面，各个阶段检察权能权重的梯级配比，有助于分阶段实现行政法律监督功能。行政公益诉讼各阶段检察权能配置在权力强度上层层递进，当前一阶段配置的检察权能实现行政法律监督功能，完成公益维护任务，即可终结行政公益诉讼制度。申言之，当案件线索发现权发现并不存在公益遭受侵害的，或者发现行政行为并不存在违法的，行政公益诉讼制度即宣告终结；当行政法律监督权督促行政机关实现依法履职的，行政公益诉讼制度即宣告终结；当行政公益诉权保障行政机关实现依法履职的，行政公益诉讼制度即宣告终结。

另一方面，各个阶段检察权能实现要素权重实行动态配比，有助于分阶段实现行政法律监督功能。根据法律法规之规定可知，虽然行政公益诉讼检察权能实行差异化配置，组成"阶段构造"，形成"梯级秩序"，但是，每一阶段主要通过行政行为违法性、公共利益遭受侵害性以及二者之间的关联性三个要素之判断，分别确定是否立案督促行政机关依法履职、是否启动诉前程序督促行政机关依法履职、是否启动诉讼程序保障行政机关依法履职。根据行政公益诉讼层层递进的"梯级秩序"，结合认知逻辑，三个要素权重配比因行政公益诉讼阶段不同而有所区别，并结合行政公益诉讼调查核实权，分别独立反作用于行政法律监督功能的实现。其中，立案阶段，受维护公益是行政公益诉讼制度出发点之要义影响，着重强调核实存在公共利益遭受侵害这一结果事实，因此，判断公共利益遭受侵害性要素的权重配比占主要；诉前督促阶段，与行政机关形成合力，着重强调核实行政行为违法性，因此，判断行政行为违法性要素的权重配比占主要；诉讼阶段，与审判机关、行政机关形成合力，着重强调核实仍然存在公共利益遭受侵害的事实，以及与违法行政行为存在关联性的事实，因此，判断公共利益遭受侵害性和关联性要素的权重配比占主要。当各个阶段占主要权重配比的要素得以证成，则反作用于行政法律监督功能之实现。

综上，受"权能配置—有助于实现法律监督功能"之逻辑认知影响，行政公益诉讼中，通过配置作为基本权能的行政公益诉权，作为阶段权能的案件线索发现权和行政法律监督权，以及辅助各项权能实现的行政公益诉讼调查核实权，共同组成行政公益诉讼检察权能体系。受行政法律监督功能统辖，不同检察权能之间根据整体性与阶段性，在权能权重配比方面层层递进，在各个阶段检察权能实现要素权重配比方面实行动态配比，确定不同检察权能之间的逻辑关系，构成行政公益诉讼检察权能之间的逻辑体系（详见图 1-2）。

本章小结

法律监督是指以维护国家法制统一为根本国家任务，以维护公益为基本国家任务，对公权力主体实施法律行为作合法性判断的专门监督活动。法律监督在属性上通过外部性、司法性、谦抑性予以表达，在实践中通过分层设计予以表达，形成功能统摄。行政公益诉讼制度作为一项检察制度，应在坚持法制统一原则上，贯彻执行法律监督功能，同时，作为一项新兴检察制度，需要以维护公益之国家任务为出发点和落脚点。因此，在行政公益诉讼领域，我们既不能将行政法律监督与公益维护混为一谈，其中，行政法律监督主要在功能范畴上作强调，公益维护主要在实现效果上作强调，前者是后者实现的手段，后者是前者拟实现的当然任务；亦不能偏废一方，否定二者之间的内在联系。相反，统一于国家治理体系现代化背景下，行政法律监督和公益维护通过互动限定实现方式，划定行政法律

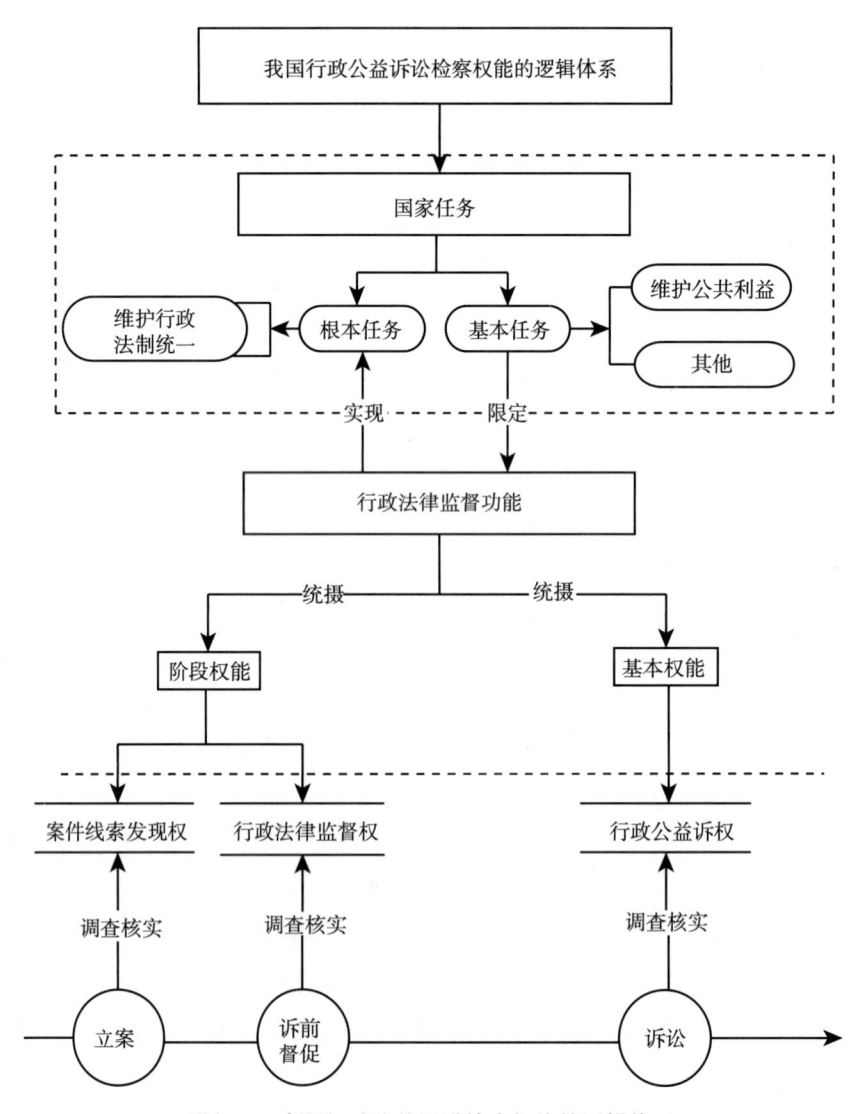

图 1-2　我国行政公益诉讼检察权能的逻辑体系

监督界限，突出行政法律监督的客观性，丰富行政法律监督的实现方式，增补行政法律监督的主动性、协同性和智能性；限定公益维护方式，强调行政法律监督的谦抑性和司法性。受行政法律监督功能统摄之影响，通过配置作为基本权能的行政公益诉权，作为阶段权能的案件线索发现权、行政法律监督权，作为辅助权能的行政公益诉讼调查核实权，构成行政公益诉讼检察权能体系。不同检察权能之间通过"阶段构造"和权能权重配比层层递进，结合不同检察权能实现要素权重的动态配比，确定不同检察权能之间在整体性与阶段性上的逻辑关系，形成功能统辖下行政公益诉讼检察权能的逻辑体系，以为后文检视行政公益诉讼不同阶段中各项检察权能的运行提供基础。

第二章　立案阶段检察机关履职发现机制检视

2017年，全国人大常委会修改《行政诉讼法》，规定"人民检察院在履行职责中发现"特定领域法定行政机关不依法履行职责的，有权提起行政公益诉讼，初步明确检察机关通过履职发现机制行使案件线索发现权，决定行政公益诉讼立案与否。为缓和《行政诉讼法》规定原则性与检察实践适用灵活性之间的张力，最高人民检察院先后出台《办案指南》《办案规则》，优化检察机关履职发现机制，明确行政公益诉讼成案率主要由检察机关立案管辖权配置及内设办案机构设置、案件线索来源以及案件线索评估三项因素共同决定。虽然自2017年7月至2021年12月，检察机关每年立案办理行政公益诉讼案件数量呈几何级数增长，由2017年半年立案办理0.91万件，上升至2021年全年立案办理14.9万件。[①] 但是，一方面，由于学界主要偏重研究行政公益诉讼诉前督促机制，忽略研究行政公益诉讼履职发现机制，即使偶有涉猎也主要集中在案件线索来源方面，使得现有研究出现阶段化、碎片化之缺失；另一方面，实务界虽尝试优化决定成案率的检察权能运行机制，但整体呈现个性化有余、一体化不足的缺失，从而在时空上影响行政公益诉讼案件结构以及成案率上升。鉴于此，为全面提高行政公益诉讼制度效能，应以行政公益诉讼"阶段构造"的全景视角，首先从立案阶段出发，根据行政公益诉讼立案决定因素，按照"管辖—线索发现—线索评估—立案"之逻辑，结合行政法律监督功能下，督促依法行政和维护公益之间的动态平衡，从管辖以及办案机构设置、案件线索来源、案件线索评估三个方面，审视检察机关履行职责发现机制，形成案件线索发现权能一体化运行标准，以期优化权能运

[①] 相关数据系笔者根据最高人民检察院2018—2022年公布的工作报告以及专项报告整理得出。

行，提高行政公益诉讼成案率。

第一节 行政公益诉讼立案管辖之优化

由于《行政诉讼法》仅以一个条款的形式明确检察机关享有提起行政公益诉讼的权力，因此，《行政诉讼法》对行政公益诉讼制度的规定相对笼统，诸如行政公益诉讼案件管辖、办案机构等问题尚未作出规定。虽然《公益诉讼解释》已作出弥补，但是，仅对诉讼管辖作补充规定。直至2018年3月，最高人民检察院出台《办案指南》，首次以内部规范性文件的形式，分别从一般管辖和特殊管辖两方面，对检察机关立案管辖权作初步分配，但是，该规范性文件并未涉及专门管辖、省级以上检察机关管辖、管辖衔接等系统性问题。2021年6月，最高人民检察院出台《办案规则》，在回应部分检察实践需求、细化《办案指南》规定的基础上，对级别管辖、跨区域管辖、专门管辖、管辖衔接等作进一步修正完善，但是，《办案规则》并未对检察实践需求作完全回应，尚未突出层级管辖中基层检察机关立案管辖的作用，亦未直面地域管辖中的诸多冲突和衔接问题（详见表2-1）。

表2-1 《办案指南》与《办案规则》行政公益诉讼立案管辖规则对比情况

管辖类型			《办案指南》	《办案规则》	《办案规则》相较《办案指南》是否发生变化
一般管辖	级别管辖	一般规定	基层检察院	行政机关对应同级检察院	是
		例外规定	人民政府	市检察院	上级检察院	是
			损害跨区	—	共同上级检察院	是
	地域管辖		违法行政机关所在地	违法行政机关所在地	否
特殊管辖	指定管辖		区内下级或跨区划	区内下级或指定跨区划	否
	管辖转移		提级或报请	提级或报请	否
专门管辖			—	军事检察院等专门检察院	是
管辖衔接			—	可与诉讼管辖分离	是

在解释适用立案管辖条款过程中，理论研究和检察实践亦未就行政公益诉讼立案管辖权分配问题形成共识，尤其在级别管辖、地域管辖和指定

管辖三方面存在分歧。其中，针对级别管辖问题，有论者从地方政府干预程度和检察公信力出发，主张行政公益诉讼应该在整体上适用提级管辖，认为提级管辖符合办理行政公益诉讼案件的实际需求，既降低交叉案件的实际办理难度，又排除地方干扰。[①] 针对指定管辖问题，有论者基于权力属性、案件特性和实践需要，主张应设立跨区划行政公益诉讼立案管辖制度。[②] 更有论者，基于行政公益诉讼的整体性、协同性和适应性，主张打破传统的行政区划，建立全流域司法管辖机制。[③] 针对地域管辖问题，有论者主张既要以违法行政机关所在地为管辖地，同时，还应该兼顾公共利益遭受侵害地。[④] 鉴于此，有必要充分反思我国现行行政公益诉讼立案管辖制度架构及其实践，结合功能适当原则和国家权力结构，优化我国行政公益诉讼检察机关立案管辖规则。

一 行政公益诉讼检察机关立案管辖的现实图景

在规范表达上，针对检察机关立案管辖问题，我国已初步形成级别管辖、地域管辖、指定管辖、管辖权转移、专门管辖以及管辖衔接相结合的行政公益诉讼检察机关立案管辖制度。但是，不同类型管辖选择、同一类型管辖"条块"之间的边界，以及检察机关内设办案机构管辖并不明确。为此，笔者以2017—2021年"中国裁判文书网"公布的921份判决书样本为主要研究对象，结合各地实践，分别从外部管辖权配置、管辖衔接和内部办案机构设置出发，对检察机关立案管辖作定量分析，发现其中呈现三个主要特点（详见表2-2）。

表2-2　　　　行政公益诉讼检察机关立案管辖实践情况

类型		案件数量（件）	占比（%）
条块管辖	基层人民检察院	608	66.02
	市级以上人民检察院	178	19.33

[①] 张忠民：《检察机关试点环境公益诉讼的回溯与反思》，《甘肃政法学院学报》2018年第6期。

[②] 孙全喜：《跨行政区划公益诉讼检察机制研究》，《河南社会科学》2020年第6期。

[③] 秦天宝：《我国流域环境司法保护的转型与重构》，《东方法学》2021年第2期。

[④] 刘家璞、牟琦、韦达泽：《关于建立生态环境行政公益诉讼弹性管辖机制的思考》，《检察日报》2021年2月4日第7版。

续表

类型		案件数量（件）	占比（%）
管辖例外	指定管辖	97	10.53
	提级管辖	21	2.28
	集中管辖	17	1.85
合计		921	100

资料来源：根据"中国裁判文书网"2017—2021 年公布的判决书整理得出。

（一）以"条块管辖"为原则

《办案规则》第 13 条第 1 款规定，检察机关办理行政公益诉讼案件，由行政机关对应的同级人民检察院立案管辖，明确检察机关根据违法行政机关所在地和所处层级，形成以区别各地各级行政区划的"条块管辖"为一般管辖的规范样态。实践中，检察机关办理行政公益诉讼案件，在适用"条块管辖"规定的基础上，以违法行政机关所在地基层检察机关立案管辖为主。即使《办案规则》在《办案指南》基础上对层级管辖作出调整，但是，根据 2021 年 8 月以来"中国裁判文书网"公布的检察机关立案情况可知，仍未改变基层检察机关立案管辖的主要地位。同时，在适用"条块管辖"规定时，检察实践主要表现出两大特征：一是突出行政机关事务管辖的影响，二是管辖案件分布不均衡。

第一，检察机关适用"条块管辖"规定的，以行政机关的事务管辖为依据，确定立案管辖。申言之，当不同行政机关之间因地域管辖和事务管辖发生冲突时，检察机关通常根据行政机关的事务管辖，确定行政公益诉讼立案管辖。例如，在甘肃省嘉峪关市农林局不依法履职案[1]中，虽然市国土部门承担集体所有土地监管职责，但是，涉案土地不仅属于集体所有，还因具有湿地功能，由市农林局承担监管职责。在市国土部门的地域管辖与市农林局的事务管辖发生冲突时，市检察机关根据行政机关的事务管辖确定立案管辖。在湖北省荆门市漳河新区漳河镇人民政府不依法履职案[2]中，由于受新冠疫情影响且漳河新区漳河镇人民政府所辖村存在历史遗留问题，出现交叉责任不明问题，导致漳河新区检察机关与东宝区检察机关发生立案管辖冲突，东宝区人民检察院以行政机关事务管辖优先，予

---

[1] 甘肃省高级人民法院行政判决书，〔2018〕甘行终 366 号。
[2] 湖北省荆门市掇刀区人民法院行政判决书，〔2020〕鄂 0804 行初 26 号。

以立案管辖。

  第二，检察机关适用"条块管辖"规定的，案件分布不均衡。虽然各行政区划内市级院和基层院立案管辖行政公益诉讼案件的，均实现零的突破，但是，在各行政区划内同一层级不同地域，检察机关管辖案件数量呈现明显不同，且在我国内陆共计 31 个省级行政区内均呈现出这一不均衡现象。在综合考量地域分布、年度办案数据等因素的基础上，笔者选择东部地区福建省、中部地区山西省、西部地区贵州省 2021 年各市级检察机关办理行政公益诉讼案件情况予以说明。其中，在福建省福州市检察机关共立案办理行政公益诉讼案件 633 件[①]，厦门市共立案办理行政公益诉讼案件 98 件[②]，泉州市共立案办理行政公益诉讼案件 489 件[③]，三明市共立案办理行政公益诉讼案件 151 件[④]，莆田市共立案办理行政公益诉讼案件 123 件[⑤]，南平市共立案办理行政公益诉讼案件 306 件[⑥]，龙岩市共立案办理行政公益诉讼案件 246 件[⑦]，宁德市共立案办理行政公益诉讼案件 194 件[⑧]。可见，管辖最多案件的福州市人民检察院办案数量是管辖最少案件的厦门市人民检察院的 6.46 倍。在贵州省，2021 年管辖最多案件的贵阳市人民检察院办案数量是管辖最少案件的兴义市人民检察院的 13.38

[①]《2021 年全市检察机关主要办案数据》，微信公众号"福州检察之窗"，2022 年 4 月 7 日。

[②]《2021 年厦门市检察机关主要办案数据》，http://www.xmjc.gov.cn/jwgg/tjsj/，2022 年 4 月 7 日。

[③]《2021 年 1 至 12 月泉州市检察机关主要办案数据公布》，微信公众号"泉州市人民检察院"，2022 年 4 月 30 日。

[④]《2021 年三明市检察机关主要办案数据公布》，微信公众号"三明市人民检察院"，2022 年 4 月 7 日。

[⑤]《2021 年莆田市检察机关主要办案数据公布》，微信公众号"莆田检察"，2022 年 4 月 7 日。

[⑥]《2021 年南平全市检察机关共办理各类案件 13420 件》，微信公众号"南平检察"，2022 年 4 月 7 日。

[⑦]《2021 年 1 至 12 月龙岩市检察机关主要办案数据公布》，微信公众号"武检之声"，2022 年 4 月 7 日。

[⑧]《2021 年全市检察机关主要办案数据》，微信公众号"宁德市人民检察院"，2022 年 4 月 7 日。

倍。① 在山西省，2021 年管辖最多案件的晋中市人民检察院办案数量是管辖最少案件的阳泉市人民检察院的 1.93 倍。② 由此可知，各区划内同一层级不同地域检察机关管辖案件分布严重不均衡。

（二）以"条条管辖""块块管辖"为例外

根据《办案规则》第 13 条第 2 款、第 17 条、第 18 条之规定可知，检察机关在"条块管辖"基础上，形成以同区划提级管辖或者指定下级管辖的"条条管辖"，以及以跨区划的"块块管辖"为例外的立案管辖规范样态。

根据研究样本可知，实践中，检察机关考量公益受侵害情况和案件办理效能，分别适用指定管辖、提级管辖等"条条管辖"作为"条块管辖"之例外。例如，在湖北省黄石市国土资源局等机关不依法履职案③中，黄石市人民检察院在履行职责中发现分别位于黄石港区、西塞山区等行政机关怠于履行对磁湖风景区生态环境的监管职责，黄石市人民检察院综合考量办案效果等因素，指定西塞山区人民检察院管辖。在重庆市石柱县人民政府不依法履职案④中，石柱县政府不依法履行对水磨溪湿地自然保护区的监管职责，根据一般管辖原则，应由石柱县所在的重庆市人民检察院第四分院管辖，但是，由于该案影响大，县政府整改难度大，后经重庆市人民检察院提级管辖。

同时，根据办案实践可知，一些地方以铁路运输检察院等专门检察机关为依托，通过改革专门检察机关，或者通过指定专门检察机关管辖的方式，形成"块块管辖"之例外。一是通过改革专门检察机关设置和管辖范围，增补跨区划的"块块管辖"作为常态化立案管辖。根据党的十八届四中全会提出"设立跨行政区划检察机关，办理跨行政区划案件"之要求，结合公益诉讼案件性质，北京市第三分院、上海市第四分院、重庆市两江地区检察院等检察机关先后开展试点，分别以铁路运输检察院为依托，实行跨区划集中管辖包括行政公益诉讼案件在内的特定案件。例如，

---

① 相关数据系笔者根据贵州省市级人民检察院公布的 2021 年 1 至 12 月行政公益诉讼检察主要业务数据和工作报告整理得出。

② 相关数据系笔者根据山西省市级人民检察院公布的 2021 年 1 至 12 月行政公益诉讼检察主要办案数据整理得出。

③ 黄石市西塞山区人民检察院检察建议书，西检行公建〔2018〕02 号。

④ 重庆市人民检察院检察建议书，渝检行公建〔2018〕1 号。

2020年3月,重庆市设立两江地区检察院,在重庆铁路运输检察院管辖范围基础上,增补享有长江流域重庆境内发生的跨区域行政公益诉讼案件管辖权,以及不适宜地方检察机关管辖的、生态环境和资源保护领域的行政公益诉讼案件管辖权。2020年全年,两江地区检察院办理跨区域行政公益诉讼案件共计16件①。二是通过指定专门检察机关管辖的方式,实现跨区划的"块块管辖"。例如,在河南省三门峡市人民政府不依法履职案②中,三门峡市人民政府未依法履行安全生产监管、防洪保障铁路安全职责,造成郑西高铁南交口大桥存在防洪安全隐患。由于该案给国家财产和人民群众的生命安全造成严重威胁,河南省人民检察院指定由河南省人民检察院郑州铁路运输分院立案管辖。

(三) 以兼顾型办案机构为主,以专设型办案机构为辅

试点期间,根据《试点工作实施办法》之规定可知,检察机关提起行政公益诉讼的,由内设民事行政检察部门负责。自2017年检察行政公益诉讼入法至今,法律法规并未沿用试点期间的规定,没有针对行政公益诉讼的具体办案机构作出明确规定。实践中,最高人民检察院于2019年对内设机构作出调整,形成了刑事、民事、行政、公益诉讼"四大检察""十大业务"的格局,并专设第八检察厅办理公益诉讼案件。之后,各地各级检察机关作出相应调整,其中,各地省级人民检察院和市级人民检察院形成以专设办理公益诉讼案件的内设机构为主,以兼顾办理公益诉讼案件的内设机构为辅的办案机构模式;基层人民检察院则形成以兼顾型内设机构为主,以专设型内设机构为辅的办案机构模式(详见表2-3)。根据前文有关"条块管辖"和"条条管辖"特点的分析可知,我国行政公益诉讼案件集中由基层人民检察院立案管辖,因此,在实际办案过程中,我国形成以兼顾型内设办案机构为主,以专设型办案机构为辅的行政公益诉讼办案机构模式。

---

① 《重庆市两江地区人民检察院(重庆铁检院)2020年工作总结》,http://www.cq.jcy.gov.cn/cqliangjiang/jcbg/202203/t20220315_3581964.shtml,2021年5月11日。

② 《检察公益诉讼全面实施两周年典型案例》,https://www.spp.gov.cn/spp/xwfbh/wsfbh/201910/t20191010_434047.shtml,2021年5月7日。

表 2-3　地方各级检察机关办理行政公益诉讼案件内设机构设置情况

地方检察管辖级别	模式		省级行政区	个数	占比（%）
省级人民检察院	专设公益诉讼监督机构		北京、重庆、上海、四川、海南、湖北、湖南、青海、新疆、西藏、黑龙江、吉林、辽宁、广东、广西、江西、云南、河南、河北、内蒙古、陕西、山西、甘肃、浙江、山东	25	80.65
	例外	兼顾行政诉讼监督和公益诉讼监督	天津、江苏、安徽、宁夏	4	12.90
		兼顾公益诉讼监督和生态保护	福建、贵州	2	6.45
市级人民检察院	专设公益诉讼监督机构		北京、重庆、上海、四川、海南、湖北、湖南、新疆、黑龙江、吉林、广东、广西、江西、云南、河北、内蒙古、陕西、山西、甘肃	19	61.29
	例外	兼顾公益诉讼监督和生态保护	福建、贵州	2	6.45
		兼顾公益诉讼监督、行政诉讼监督、民事诉讼监督	辽宁、西藏、山东、青海	4	12.90
		兼顾公益诉讼监督、民事疑难案件	河南	1	3.23
		兼顾公益诉讼监督、行政诉讼监督	江苏、安徽、天津、浙江、宁夏	5	16.13
基层人民检察院	兼顾公益诉讼监督、行政诉讼监督、民事诉讼监督		上海①、天津、四川、海南、湖北、湖南、青海、西藏、吉林、辽宁、江西、云南、河南、河北、内蒙古、陕西、山西、山东、江苏、安徽、宁夏	21	67.74
	例外	专设公益诉讼监督	重庆、黑龙江、甘肃、广东	4	12.90
		兼顾公益诉讼监督、民事诉讼监督、行政诉讼监督、生态保护	福建、贵州	2	6.45
		兼顾公益诉讼监督、行政诉讼监督	北京、浙江、广西、新疆	4	12.90

资料来源：根据各地检察机关公布的机构设置以及调研收集资料整理得出。

---

① 2021年4月20日，上海浦东新区人民检察院单设公益检察室，专门承担公益诉讼检察工作。

二　检察机关立案管辖难以契合行政公益诉讼案件特点

截至目前，在规范表达上和检察实践中，我国不同级别、不同地域检察机关分享行政公益诉讼立案管辖权，并在基层检察机关内设以兼顾型办案机构为主要形式，办理行政公益诉讼案件，积累一定办案体量，取得一定成效，仅 2021 年全年办理行政公益诉讼案件 14.9 万件。然而，现有行政公益诉讼立案管辖权配置规则及其适用仍存在一定缺陷，这尤其表现在指定管辖、跨区划管辖和办案机构设置三个方面。

第一，指定管辖难以适应行政公益诉讼案件办理统一性。虽然在规范表达和检察实践中，我国以"条块管辖"为主，但是，在实践中，出现了跨层级和跨区划指定管辖的情形。指定管辖本身仅具有个案效力，这与行政公益诉讼案件所维护公益的多元性、广泛性、跨区划性等具有普遍性的特点相冲突。因此，在具有普遍性特点的行政公益诉讼案件中，适用例外的指定管辖在两个方面影响行政公益诉讼案件办理的统一性：首先，指定管辖仅得在引起上级人民检察机关关注的情况下方可进行，容易出现同一类型案件，在不同区划采用不同管辖模式的情形，影响案件办理效果。其次，环境、食品药品安全等公益要素的整体性决定了办理案件的协同性，因自然流动或者公益影响波及度涉及多个区划的，层层上报指定管辖影响办案效率。

第二，跨区划集中管辖难以适应行政公益诉讼案件办理整体性和协同性。由于指定管辖的个案特性，难以在常规层面适应行政公益诉讼案件办理的统一性，因此，实践中，诸如北京、上海、重庆、河南郑州等地区开展试点，以铁路检察院为依托，就行政公益诉讼案件实行集中管辖，试图用"块块管辖"弥补指定管辖的缺陷。然而，试点设立跨区划检察机关又因其法律定位的不确定性、与行政区划的高度重合性，影响行政公益诉讼案件办理的整体性和协同性。一方面，法律定位不明确，影响办案整体性和协同性。根据《宪法》和《人民检察院组织法》之规定，我国检察机关主要分为三种类型，即最高人民检察院、地方各级检察机关以及专门检察机关。根据法律保留原则，在宪法和法律尚未作出修改前，跨区划检察机关应纳入其中一种类型。然而，我国各地检察实践并未对此达成共识，分别设立以分院集中管辖的"中跨"模式和以省级院派出机构集中管辖的"小跨"模式。前者被定位为市级院，北京和上海是其中典型；

后者被定位为基层院，重庆是其中典型。这一不确定性影响跨区划检察机关办理行政公益诉讼案件的整体性。另一方面，与行政区划高度重合，影响办案整体性和协同性。目前，"中跨"和"小跨"模式仍以我国行政区划为依托，通过集中省级行政区划内多个地区，或者集中几个省级行政区划予以设立，并未从行政公益诉讼中公共利益的整体性和维护协同性出发予以考量。因此，跨区划集中管辖仍然受行政区划和级别管辖限制，分散检察和条块检察的色彩明显，无法有效协调公共利益与区划之间、检察一体与属地之间的利益关系。

第三，内设兼顾型办案机构容易降低行政公益诉讼案件办理效能。行政公益诉讼案件所涉及的国家和社会公共利益往往具有复杂性和相对不确定性，需要相对专门的人员、专门的机构和专门的机构运作予以支持办理。实践中，我国绝大多数行政公益诉讼案件集中在各地区基层人民检察院办理，其中，27个省级行政区的基层人民检察院仅仅设置兼顾处理行政诉讼监督或者民事诉讼监督在内的办案机构，并由相应的兼顾型办案机构处理行政公益诉讼案件。办案过程中，除湖南省各基层人民检察院民事行政检察局内设专门的公益诉讼组处理公益诉讼案件外，其余兼顾型公益诉讼办案机构并不严格区别专门的办案人员。这一现状一方面可能直接导致行政公益诉讼案件办理数量地域分布不均衡，影响办案效率；另一方面，由于各区划同级检察机关负担不同数量的行政公益诉讼案件，"一刀切"式的兼顾型办案机构加剧了因缺乏专门人员、专门办案机构和专门机构运作带来的弊端，降低行政公益诉讼案件办理专业性。

三 行政公益诉讼检察机关立案管辖规则的优化建构

根据前文分析可知，理论界和实务界针对行政公益诉讼立案管辖作出诸多尝试，但是，因忽略行政公益诉讼的特性而存在诸多缺失。在此背景下，应当从行政法律监督功能出发，兼顾行政公益诉讼检察权能体系，优化行政公益诉讼立案管辖规则体系。

（一）优化行政公益诉讼立案管辖应考量的因素

为合理优化立案管辖分配规则及其适用，检察机关立案管辖体系性优化应充分考量行政法律监督功能与公益维护任务之间的动态平衡，协调行政法律监督属性表达之间的关系，关注检察一体。

第一，考量行政法律监督与公益维护之间的动态平衡。根据行政公益诉讼的功能设计，结合功能适当原则，行政公益诉讼制度设计以维护公益为出发点和落脚点，但是，检察机关并不因此享有直接救济公益之权能，而是通过发挥行政法律监督功能，自然而然实现维护公益之国家任务，行政公益诉讼功能和拟实现国家任务之间彼此限定，形成表里关系。由此，在反思行政公益诉讼立案管辖现有规则及其适用，体系性优化具体规则时，应该秉承行政公益诉讼设立初衷，在分配并运行立案管辖权时，以纠正违法行政机关的行政行为为立足点，而不仅仅是以维护公益为唯一或者主要参考要素，同时，在此基础上，还需要强调立案管辖督促纠正违法行政行为的亲历性和便利性。

第二，考量行政法律监督谦抑性与协同性之间的平衡。根据第一章的分析可知，我国修改通过《行政诉讼法》《人民检察院组织法》《检察官法》等法律，在确立法律监督统辖功能时，不仅承继强调法律监督的谦抑性，同时，还增补强调法律监督的协同性。因此，在秉承行政公益诉讼设立初衷，强调以督促行政机关依法行政之谦抑，实现行政法律监督功能的前提下，还应该充分考量补强行政机关依法行政的协同性。鉴于此，在优化分配立案管辖权时，应该考量相关规则是否有助于行政法律监督谦抑性和协同性的协调实现。

第三，考量检察一体之影响。所谓检察一体，是指在检察机关以及检察官上下级之间存在领导与被领导关系[①]，并分别在对内关系上和对外关系上作出强调。其中，在对外关系上，检察一体强调检察独立；在对内关系上，检察一体强调检察业务一体化。[②] 在行政公益诉讼检察业务一体化的前提下，案件线索可以集中管理，管辖例外可以协调适用。然而，在具体办案时，检察机关往往忽略检察一体的影响，忽略其对解决办理案件不均衡问题的作用，忽略对行政公益诉讼管辖例外之适用范围的确定。因此，有必要充分关注检察一体这一客观事实，协调处理不同类型的立案管辖，避免滥用管辖例外。

（二）行政公益诉讼立案管辖规则的具体展开

行政公益诉讼立案管辖权的优化配置与运行，主要涉及一般管辖中的

[①] 孙谦主编：《中国特色社会主义检察制度》，中国检察出版社2009年版，第227—228页。

[②] 万毅：《〈人民检察院组织法〉修订中的若干问题——评〈人民检察院组织法〉修订草案第二次审议稿〉》，《东方法学》2018年第6期。

"条块管辖"、管辖例外中的"块块管辖"以及办案机构问题。

1. 坚持"条块管辖",突出违法行政机关所在地基层检察机关管辖

首先,关于级别管辖问题,应突出基层检察机关管辖。虽然根据《办案规则》之规定可知,各级人民检察院分享立案管辖权。但是,根据办案实践可知,行政公益诉讼立案管辖仍以基层人民检察院为主。因此,应该根据考量因素,突出强调基层人民检察院的作用。

第一,基层检察机关立案管辖具有正当性。一方面,根据行政法律监督功能可知,检察机关以督促违法行政机关纠正履职为归依,同级检察机关调查同级违法行政机关更加具有针对性;另一方面,根据地域优势,同级检察机关调查同级违法行政机关更加具有便利性,符合"最密切联系"规则。

第二,提级管辖不一定有效弥补基层检察机关立案管辖之不足。根据功能适当原则可知,同级检察机关与行政机关之间是监督与被监督的关系,地方保护不一定因提级有所改善,相反,突出基层检察机关立案管辖,在外部加强同人大、党委等其他党政机关的协同,在内部贯彻执行一体化办案机制,即可以克服地方保护弥补不足。例如,在江苏省南京市江宁区改变容积率案[①]中,南京市人民检察院为加强对江宁区检察院的指导,两级院实行一体化办案,督促多个行政机关相互配合,依法履职收缴国有土地使用权出让金,有效保护国有财产安全。

第三,民事公益诉讼实践的反向借鉴。《公益诉讼解释》最初规定由市级人民检察院享有民事公益诉讼立案管辖权,但是,根据办案实践,市级检察机关办理民事公益诉讼案件的,仍比较依赖基层检察机关的配合,形成实际办理与形式规定相分离的实践逻辑。[②]《办案规则》对此作出修改,明确基层人民检察院享有民事公益诉讼立案管辖权。鉴于此,行政公益诉讼立案管辖应突出基层检察机关立案管辖。

其次,关于地域管辖问题,应突出违法行政机关所在地管辖。有学者基于公共利益的普遍性,主张增补遭受侵害的公共利益所在地人民检察院管辖。然而,笔者认为,仍应由违法行政机关所在地人民检察院管辖。虽

---

① 《国有财产保护、国有土地使用权出让领域行政公益诉讼典型案例》,https://www.spp.gov.cn/spp/xwfbh/wsfbt/202012/t20201217_489171.shtml#2,2021年5月14日。

② 张嘉军、付翔宇:《检察民事公益诉讼管辖的困境及其未来走向》,《郑州大学学报》(哲学社会科学版)2020年第4期。

然，行政公益诉讼的设立以维护公益为出发点和落脚点，但是，目前我国提出行政公益诉讼的唯一主体是检察机关，因此，即使作为一项新兴制度，检察机关开展行政公益诉讼工作仍应该贯彻行政法律监督的统摄功能，维护公益主要作为划定行政法律监督的方式而存在。因此，检察机关立案管辖仍应围绕行政机关展开，以负有监督管理职责但违法履行的行政机关为对象，结合权责统一原则，明确检察机关监督的行政机关类型，以行政机关的事务管辖，调整检察机关立案管辖。

2. 增补"块块管辖"，明确常态化跨区划立案管辖规则

根据《办案规则》和检察实践可知，检察机关或者依据"条块管辖"实行属地管辖以及跨区划指定管辖，或者为了去地方化和行政化，[①]保障检察权依法独立行使，开展跨区划集中管辖试点，实行行政公益诉讼"块块管辖"。虽然试点的"块块管辖"能够在一定程度上契合行政公益诉讼案件特点，弥补属地管辖和跨区划指定管辖之不足，但是，我们不能因此忽视一般管辖在行政公益诉讼立案管辖中的重要作用。因此，笔者认为，优化行政公益诉讼立案管辖规则时，结合应考量的因素，在坚持以违法行政机关所在地为一般地域管辖基础上，增补常态化的集中管辖，使得"块块管辖"趋于周延。

在制定具体规则时，应分阶段优化行政公益诉讼横向立案管辖规则：首先，应该在现有权力组织结构基础上，肯认属地管辖规则，同时，划定现有专门检察机关行政公益诉讼立案管辖权适用范围；其次，依宪法和法律之规定，重新合理设置集中管辖，确定管辖范围。在行政公益诉讼案件日趋规模化和类型化的基础上，应该跳出现有专门检察机关管辖类型，转而充分考量行政公益诉讼维护之客体，即公共利益具有的整体性、流动性、扩张性等特性，明确行政公益诉讼案件集中立案管辖的设置并非单纯以行政区划之间的"跨"为原则，亦非以去地方化和行政化为主要目的，而是按照公共利益的特性，结合行政法律监督与公益维护之间的动态平衡，专门设置行政公益诉讼集中立案管辖。从而使得集中管辖契合行政法律监督的整体性和协同性，确保行政公法秩序和行政公益诉讼检察的统一性。

---

① 张梁：《省统管及跨行政区划法院检察院设置中的宪法问题》，《河南财经政法大学学报》2017年第1期。

3. 调整专设办案机构数量，明确内部具体管辖规则

根据前文分析可知，我国管辖行政公益诉讼案件的主要力量集中在基层人民检察院。自 2019 年至今，检察机关内部按照"四大检察""十大业务"模块进行机构调整，然而，在实践中，基层检察机关办理行政公益诉讼案件的中坚力量仍然是原民事行政部门。换言之，在内设机构调整中，目前多地基层检察机关仅在原民事行政部门办案基础上增设公益诉讼业务，并未专设办案人员和办案小组。在缺乏专业人员、专业机构和专业机构运作的前提下，行政公益诉讼的办案质量有待加强。当然，各地基层人民检察院在机构改革初期，也不能按照"横抄抄""纵抄抄"的方式搞"一刀切"，千篇一律地设置公益诉讼专设办案机构管辖行政公益诉讼案件。各基层人民检察院应该分阶段调整公益诉讼办案机构，以具体管辖行政公益诉讼案件：首先，各基层人民检察院应该在评估行政公益诉讼案件办理数量，以及现有办案机构办案能力的基础上，调整公益诉讼监督办案机构，调整公益诉讼专设办案机构数量，均衡地方检察资源。其次，当行政公益诉讼案件进入规模化办理阶段，则应与上级院对应，各区划基层院统一设置专门的办案机构办理行政公益诉讼案件，提高行政公益诉讼办案专业性和科学性。

第二节　行政公益诉讼案件线索来源之整合

在明确行政公益诉讼案件立案管辖及办案机构的基础上，检察机关及其内设办案机构如何发现行政公益诉讼案件线索，明确行政公益诉讼案件线索主要来源，直接关涉行政公益诉讼制度的展开。在规范表达上，行政公益诉讼案件线索来源途径不断拓展，从限于检察机关内部发现，拓展到鼓励内外主体协同发现。在认识论上，根据职权法定原则，结合行政公益诉讼案源结构之优化，论者对行政公益诉讼案件线索来源途径的解读，经历了从封闭式理解适用到开放式理解适用阶段。目前，扩大解释行政公益诉讼案件线索来源途径已在学界和实务界达成共识，并通过《办案规则》形成长效机制。然而，在案件线索来源侧重点方面，现有规则及其理解适用主要限于案件线索来源途径之拓展，忽略案件线索类型、承载形式、线索质量等方面的研究，有偏废一方之嫌；在案件线索来源途径上，即使在规范表达和检察实践中呈现不断拓展之趋势，但是，受行政法律监督认识

不全面、不统一之影响，规范表达和检察实践仍不能完全契合行政法律监督之要义。因此，拓展案件线索来源途径在长效性、保障性方面出现缺失，从而影响行政公益诉讼案件成案率，影响督促依法行政、维护公益的广度和深度。鉴于此，考察行政公益诉讼案件线索来源的立法安排和检察实践，根据行政法律监督的属性表达，结合国家权力结构，分析其中存在的缺失，在兼顾群案普遍性及类案特殊性的基础上，进一步整合行政公益诉讼案件线索来源。

一　行政公益诉讼案件线索来源的实践逻辑

虽然《办案规则》细化《行政诉讼法》有关案件线索来源途径之规定，不仅明确我国检察实务有拓展行政公益诉讼案件线索来源之必要，同时，还明确拓展不以辖区内检察机关各业务部门在履职过程中发现线索为限，辖区内关联外部以及其他国家机关、私主体等发现的线索，亦可以成为行政公益诉讼案件线索来源。但是，《办案规则》之规定仅限于拓展案件线索来源途径，对案件线索来源的其他方面并不涉猎。然而，考察各地立法安排和检察实践可知，各地发挥主观能动性，不仅在案件线索来源途径方面作拓展，还在案件线索来源承载形式、质量表征、保障制度等方面作规制，呈现以下四个主要特点。

（一）案件线索来源途径多元

根据中央和地方立法安排可知，我国分别在检察机关内部和外部予以拓展，形成行政公益诉讼案件线索多元化来源途径。一方面，在检察机关内部予以拓展，分别通过公益诉讼案件办理部门主动发现、检察机关其他业务部门移送发现、跨区划检察机关之间协作发现，获得案件线索。其中，公益诉讼案件办理部门主动发现的，按照获取信息的方式又可以细分为借助其他信息发现和履行公益诉讼监督发现，前者包括利用各大衔接平台、新闻热点等筛选信息发现。例如，在北京市海淀区市场监管局不依法履职案[①]中，最高人民检察院通过媒体报道，发现"网红代言""直播带货"等网络销售新业态涉及食品安全问题的线索后，交北京市检察机关具体办理。后者包括开展公益诉讼专项监督、走访群众等获取信息发现。

[①]《"3·15"食品药品安全消费者权益保护检察公益诉讼典型案例》，https://www.spp.gov.cn/spp/xwfbh/wsfbt/202103/t20210315_512526.shtml#2，2021年7月7日。

例如，在敦化森林公安局不履行职责案[①]中，检察机关在开展"长白山区域生态环境和资源保护检察监督专项行动"中发现，敦化森林公安局在程序上违反法律规定作出行政处罚，在实体上仅收缴了罚款，未及时督促恢复林地原状，从而违反监督管理职责。跨区划检察机关之间协作发现的，明确信息共享和案件线索移送。例如，安徽省人大常委会《关于加强检察公益诉讼工作的决定》规定，为了加强与长江三角洲区域检察机关的协作配合，应积极探索完善检察公益诉讼协作机制，加强信息共享、线索移送等工作。另一方面，通过加强检察机关与外部合作予以拓展，检察机关分别与其他国家机关和私主体建立协作关系。例如，我国 27 个省级地方人大通过有关公益诉讼的地方性法规，不仅强调各地检察机关与同级监察机关、行政机关、审判机关等国家机关建立案件线索移送机制，还通过奖励激励、开通微信公众号等平台，便利私主体举报行政公益诉讼案件线索，拓展行政公益诉讼案件线索来源途径。

虽然在立法安排上，案件线索来源途径日渐多元，但是，在检察实践中，仍以检察机关履行公益诉讼监督职责中主动发现案件线索为主。根据 2017—2021 年公布的判决书样本可知，载明案件线索来源的 213 件案件中，有 136 件案件源于检察机关履行公益诉讼监督职责中主动发现，占 63.85%。有 10 件案件源于其他国家机关移送，占 4.69%。例如，在上海市崇明区长兴镇政府等不依法履职案[②]中，案件线索和材料由崇明区政府移送。有 17 件案件源于群众举报，占 7.98%。例如，在福建省莆田市城市管理局不依法履职案[③]中，城市管理局不履行法定职责的线索由群众举报获得。此外，一些地方检察实践亦可以佐证。例如，贵州省自开展行政公益诉讼以来，绝大多数案件线索是检察机关在履行公益诉讼监督职责中主动发现的。[④] 同时，根据调研，某东部 B 市检察院 2020 年共受理行政公益诉讼案件线索 384 件，其中，299 件源自该市检察机关行政公益诉讼办案部门主动发现，占 77.86%。某东部 S 市 P 区检察院 2020 年共受理行

---

① 吉林省敦化林区基层法院行政判决书，〔2019〕吉 7504 行初 1 号。
② 《检察机关服务保障长江经济带发展典型案例》，https://www.spp.gov.cn/xwfbh/wsfbt/201903/t20190302_410041.shtml#2，2021 年 7 月 7 日。
③ 福建省莆田市涵江区人民法院行政判决书，〔2019〕闽 0303 行初 1 号。
④ 傅信平主编：《检察公益诉讼研究——贵州司法实务样本》，中国检察出版社 2021 年版，第 28 页。

政公益诉讼案件线索 186 件，其中，65 件源自与市院联合开展专项监督活动发现，73 件源自公益诉讼全息办案智能辅助系统推送，共占 74.19%。

（二）承载形式载明率低，但数字化程度不断提升

行政公益诉讼案件线索来源通过各类法律文书和数字化检察的形式加以承载。其中，在文书表达方面，各类法律文书载明案件线索来源的，占比偏低。根据 2017—2021 年公布的 921 份判决书样本可知，检察机关在 292 件案件中并未载明案件线索来源，占 31.70%；在 416 件案件中仅笼统载明"履职过程中发现"，占 45.17%；仅在 213 件案件中载明案件线索来源，占 23.13%。在数字检察方面，案件线索来源数字化程度不断提升。在主动办案过程中，检察机关由走访、筛选新闻热点事件等传统手段，发展到利用衔接平台、优化网络平台数据处理系统等数字检察手段发现案件线索。例如，2019 年 8 月，江苏省江阴市人民检察院利用"互联网+"技术，研发"智慧公益诉讼平台"，集线索自动抓取和智能分析研判于一体，自主推送公益诉讼案件线索。据统计，2020 年全年，江阴市人民检察院通过平台自主推送线索 100 余条，占公益诉讼线索总量的 81.3%。[1] 2021 年，通过平台自主推送线索占比更是上升至 92%。[2] 上海[3]、山东[4]、浙江[5]、广东[6]等地检察院亦研发使用类似网上案件线索研

---

[1] 胡洪平：《江阴市人民检察院工作报告——2021 年 1 月 14 日在江阴市第十七届人民代表大会第五次会议上》，http://wxjy.jsjc.gov.cn/jianwu/baogao/202101/W020210115493655441243.pdf，2021 年 1 月 16 日。

[2] 关开城：《江阴市人民检察院工作报告——2022 年 1 月 12 日在江阴市第十八届人民代表大会第一次会议上》，http://wxjy.jsjc.gov.cn/jianwu/baogao/202206/W020220606522581160845.pdf，2022 年 5 月 16 日。

[3] 例如，2020 年 9 月，上海市检察院自行研发公益诉讼线索收集和智能推送平台，通过对接统一办案软件、"12345"市民热线和上海市"一网通办"行政大数据，智能挖掘、筛选和推送公益诉讼线索。

[4] 例如，山东省德州市平原县检察院依托县政务网研发集信息收集整合、信息云搜索、案件智能分析于一体的公益诉讼智能研判平台。

[5] 例如，浙江省绍兴市检察院研发"公益诉讼互联网线索收集分析系统"，利用网络爬虫工具，自动抓取涉及公共利益的信息。

[6] 例如，广东省广州市检察院研发"大数据社会管理监控平台体系"实时监控法定公益诉讼案件领域网络舆情，抓取特定信息，自动形成准线索提交给查证系统，并由第三方对监控平台提交的准线索进行多方查证，形成线索报告。

判系统，主动发现行政公益诉讼案件线索。同时，在其他案件线索来源途径中，私主体举报行政公益诉讼案件线索来源的，由使用信访、写信、电话等传统手段，发展到利用微信平台、衔接平台等网络资源举报案件线索。例如，2018年海南省颁行《海南省检察机关公益诉讼案件举报线索奖励办法（试行）》，明确群众不仅可以通过来信来访举报、电话举报、电子邮箱举报的方式提供线索，还可以通过网站和微信举报的形式提供线索。上海、宁夏、山东、浙江、江苏、重庆等多地区开通市民服务热线、举办公益随手拍等活动，每天实时更新案件线索。

（三）案件线索质量不断提高

行政公益诉讼案件线索质量通过案件线索数量和成案率表现出来。自2017年7月至2021年12月，行政公益诉讼案件线索数量和成案率在整体上呈现上升趋势，从而反映出行政公益诉讼案件线索来源质量不断提高。

第一，案件线索数量不断增多。自2017年7月至2021年12月，我国检察机关共立案办理行政公益诉讼案件52.3万余件，其中，2017年7月至12月立案0.91万件，2018年立案10.88万件，2019年立案11.98万件，2020年立案13.7万件，2021年立案14.9万件。[①] 由于案件线索数量与立案数量成正相关，由此可以推断得出，在全国范围内，行政公益诉讼案件线索数量呈逐年增长态势。同时，根据各地区公布的行政公益诉讼案件办理数据可知，除天津、河南两省市行政公益诉讼案件线索数量有稍许波动外，我国其余各区划行政公益诉讼案件线索数量呈逐年增长态势。例如，山东全省检察机关2017—2019年受理行政公益诉讼案件线索数量分别是1896件、2632件、10107件。[②] 山西全省检察机关受理行政公益诉讼案件线索从2017年的736件，上升至2021年的10644件。[③]

第二，案件线索成案率不断提高。所谓案件线索成案率，是指行政公益诉讼立案数量占行政公益诉讼案件线索数量的比率，由行政公益诉讼案件线索质量决定。自2017年至2021年，根据各地区公布的公益诉讼办案

[①] 相关数据系笔者根据最高人民检察院2018—2022年公布的工作报告以及专项报告整理得出。

[②] 相关数据系笔者根据山东省人民检察院2018—2020年公布的工作报告、专项报告以及主要办案数据整理得出。

[③] 相关数据系笔者根据山西省人民检察院2018—2021年公布的工作报告、专项报告以及主要办案数据整理得出。

数据可知，虽然除山东、安徽、广西、广东 4 个省级行政区行政公益诉讼成案率有稍许波动外，我国其余各区划行政公益诉讼案件线索成案比率不断提高。例如，黑龙江省 2017 年发现公益诉讼案件线索 723 件，立案 220 件，成案率 30%；2020 年发现公益诉讼案件线索 4722 件，立案 3927 件，成案率 83%，成案率提高 53 个百分点。① 甘肃省 2015—2017 年成案率 83%，2018 年成案率 86%，2019 年成案率 89%，2020 年成案率 94%，自 2015 年至 2020 年，每年上升 3—5 个百分点。②

（四）案件线索类型以法定型为主，以拓展型为辅

根据法律法规之规定可知，我国形成以环境保护、食品药品安全、国有资产保护、国有土地使用权出让、安全生产等"4+N"模式为主的行政公益诉讼案件类型，此外，随着对行政公益诉讼受案范围作"等外等"解读，各地通过人大专项决定和检察实践的方式，拓展行政公益诉讼案件类型，随之而来的便是案件线索来源问题。根据各地检察实践可知，我国仍以法定型案件线索类型为主，以拓展型案件线索为辅，其中，法定型案件线索类型中又以环保领域的案件线索为主。例如，山西省 2020 年发现公益诉讼案件线索 7879 件，其中，处理法定型案件线索 7670 件，占 97.35%；处理文物保护拓展类案件线索 209 件，占 2.65%。③

二 案件线索来源难以实现行政法律监督功能

根据立法安排和检察实践可知，检察机关通过拓展案件来源途径、提高案件线索质量、增强案件线索数字化特性等方式，拓宽行政公益诉讼案源，提高行政公益诉讼成案率，但是，现有立法和检察实践因忽略行政法律监督的特性，在规范表达上和理解适用中仍存在一定缺失，表现为各地拓宽案件线索来源有余，但后劲不足，缺乏适用于全国的、统一的、均衡的制度，不能充分契合行政法律监督功能，影响行政公益诉讼制度的长足发展。

---

① 相关数据系笔者根据黑龙江省人民检察院 2018—2021 年公布的工作报告、专项报告以及主要办案数据整理得出。

② 相关数据系笔者根据甘肃省人民检察院 2018—2021 年公布的工作报告、专项报告以及主要办案数据整理得出。

③ 《山西省人民检察院工作报告——山西省第十三届人民代表大会第四次会议》，http://www.sx.jcy.gov.cn/jwgklm/gzbg/202101/t20210128_3117798.shtml，2021 年 12 月 27 日。

（一）来源途径难以契合行政法律监督的属性表达

为了拓展行政公益诉讼案件线索来源途径，我国各地通过立法和检察实践分别在检察机关内部和外部拓展包括主动发现案件线索、移送案件线索、举报案件线索等方式在内的多元化案件线索来源途径，五年以来取得一定成效。但是，却难以完全契合行政法律监督的稳定性、差异性和协同性。

第一，在稳定性方面，尚未形成规范现有案件线索来源的长效机制，影响行政法律监督的稳定性。根据前文分析可知，我国行政公益诉讼案件线索主要来源于检察机关主动发现，尤其源于检察机关开展各类公益诉讼专项监督活动中的发现，而各类公益诉讼专项活动的开展具有一定的临时性和偶发性，未能因此形成案件线索来源的长效机制，从而影响行政法律监督的稳定性。

第二，在差异性方面，案件线索来源途径多元化有余但类型化不足，影响行政法律监督的差异性。立法安排和检察实践仅在平面上拓展行政公益诉讼案件线索来源途径，强调拓展案件线索来源的区划统一性，却忽略不同类型行政公益诉讼案件来源的差异性。例如，由于国有资产类行政公益诉讼案件线索通常掌握在特定公权力机关手中，实践中，国有资产类行政公益诉讼案件线索主要源于检察机关主动履职发现。如果忽略这类行政公益诉讼的特点，片面强调拓展其他案件线索来源途径，忽略检察机关主动履职发现案件线索途径的精细化发展，则可能阻碍国有资产类行政公益诉讼案件线索来源。因此，我们不能忽略案件类型的差异性，片面强调不同类型案件适用同一或类似来源途径，否则，可能因忽视类型化而降低行政法律监督差异性带来的治理效能。

第三，在协同性方面，各主体协同治理多停留在规范层面，影响行政法律监督的协同性。根据前文分析可知，法律法规虽然明确在处理行政公益诉讼案件线索时，检察机关内部各业务部门，以及外部各国家机关和私主体应该配合公益诉讼办案部门发现案件线索。但是，实践中，由于行政执法分别与刑事司法、行政检察衔接平台设置存在系统问题，以及移送案件线索缺乏专业判断和奖惩制度，从而导致各主体协同治理多停留在规范层面，缺乏可操作性，影响行政法律监督协同性的落地实现。

（二）承载形式难以匹配行政法律监督治理效能

由于有关行政公益诉讼案件的立案决定书、检察建议书、行政判决书等类型法律文书对是否载明、如何载明案件线索来源的表现并不统一，同时，数字检察转化率并不高，导致承载形式难以同行政法律监督预期治理效能相匹配。

第一，尚未对是否载明案件线索来源作出明确规定，影响行政法律监督治理效能。载明并公开案件线索来源既可以统一各地检察实践，方便检察机关评估公益诉讼职责履行情况，提高法律监督国家治理效能，又可以加强协同治理，方便其他主体通过查阅案件线索来源，监督检察机关是否依法履职，反作用于检察机关增强行政法律监督的法制统一性，促进检察机关提高法律监督治理效能。然而，根据前文分析可知，案件线索来源在法律文书中的载明率偏低，同时，考察最高人民检察院和各地省级人民检察院自2018年以来的工作报告可知，案件线索来源及其相关内容鲜少出现在报告中，对案件线索来源的承载形式缺乏重视，从而使得外部人员以及检察机关内部难以查阅、评判案件线索来源，可能降低行政法律监督治理效能。

第二，数字检察转化率不高，影响行政法律监督治理效能。根据前文分析可知，检察机关搭建各类数字平台，方便公众提供行政公益诉讼案件线索，但是，研判这类案件线索的仍为人工，影响案件线索成案效能。即使检察机关内部通过建模形式引入数据模块，开展智能化研判案件线索活动，弥补人工研判案件线索的不足，但是，一方面，适用于全国检察机关的统一业务应用系统公益诉讼子系统的模型不够精细、模块设计不够科学，智能化研判行政公益诉讼案件线索来源不够精密；另一方面，各地重视程度不一，搭建的各数据模块粗细不同，研判机制各异，从而导致智能化研判系统的作用存在差异性，进而影响数字检察转化为行政法律监督治理效能的概率。

（三）质量反馈难以提高行政法律监督的一体化

行政公益诉讼案件线索质量通过线索数量和成案率反馈。虽然，在同一空间不同时间，各地案件数量和成案率在整体上呈现增长样态。但是，在同一时间不同空间，各地案件数量和成案率存在严重不均衡现象，从而降低行政法律监督一体化程度。其中，在案件线索数量方面，以2020年为例，受理案件线索最多的河北全省案件线索数量是案件线索数量最少的青海全省的9.6倍。① 在成案率方面，以2020年为例，成案率较高的代表河北省成案率为97%，成案率较低的代表山东省仅为41%，前者成案率为后者的2.37倍。检察实践各地不统一、发展不均衡降低了行政法律监督一体化程度。

（四）案件线索类型难以适应行政法律监督的一般性

根据第一章的论述可知，我国不能因为检察机关适用法律监督的范围有限性，否认检察机关对实施法律的公权力机关实行专门监督的一般性。因此，根据列宁检察理论的中国化发展可知，检察机关的法律监督功能具有一般性。与此相适应，实施法律的行政机关的公权力行为无论涉及哪一领域理应接受检察机关的法律监督，但是，在行政公益诉讼立法安排和检察实践中，案件线索类型集中于环境保护、国有资产保护等少数法定领域，其他领域的行政公益诉讼案件线索较少。据统计，自2017年7月至2021年12月，我国检察机关共立案办理行政公益诉讼案件52.3万余件，其中，案件线索最多的环境保护类行政公益诉讼案件共计30万余件，拓展型行政公益诉讼案件共计5万余件，前者数量为后者的约6倍②，导致行政公益诉讼案件线索类型并不适应行政法律监督的一般性。

三　围绕行政法律监督功能整合案件线索来源

根据前文分析可知，行政法律监督功能的实现不仅强调检察机关对其他实施法律的公权力机关实行专门监督的谦抑性、司法性和一体化，同时，还强调检察机关履行特定权能时的协同性和可预见性。然而，在建构并运行行政公益诉讼案件线索来源制度时，检察机关虽注重拓展行政公益诉讼案件线索来源途径，但是，却忽略行政法律监督功能，从而影响行政公益诉讼案件线索来源的质效。因此，在行政公益诉讼领域，整合拓展案

---

① 笔者根据各地省级检察院2021年公布的工作报告以及2020年1月至12月办案数据整理统计。青海全省检察机关受理公益诉讼案件线索1456件，吉林全省受理2189件，重庆全市受理2521件，广西全区域受理3714件，甘肃省全省受理4130件，黑龙江全省受理4722件，云南全省受理5571件，安徽全省受理5680件，贵州全省受理6605件，河南全省受理6871件，新疆全区域受理7212件，陕西全省受理9084件，山东全省受理10107件，河北全省受理13951件。

② 相关数据系笔者根据最高人民检察院2018—2022年公布的工作报告以及专项报告整理得出。

件线索来源时，应该秉承行政法律监督功能，在法制统一原则基础上，承认法律监督的谦抑性，突出法律监督的一般性、监督性和协同性。同时，根据检察实践可知，我国虽然旨在拓展行政公益诉讼案件线索来源途径，但是，不可否认，行政公益诉讼案件办理机构主动发现案件线索仍然在其中发挥主要作用。因此，在围绕行政法律监督整合拓展案件线索来源时，我们应该以优化办案机构主动发现线索为主，辅之以畅通外部发现机制，并通过规范和效能两个层面予以具体实现。

（一）规范层面：建立案件线索来源长效机制

虽然《办案规则》通过具有普遍约束力的规范形式增补行政公益诉讼案件线索来源途径，但忽略了案件线索来源主要途径以及各地案件线索来源的统一性和均衡性。因此，在规范层面，应围绕行政法律监督的法定性和一般性，从明确重点规范对象、规制案件线索管理两方面着力，确定全面保障案件线索来源的长效机制。

第一，重点规范检察机关主动发现案源制度。根据前文分析可知，在发现行政公益诉讼案件线索过程中，地方各级检察机关单独或者联合开展专项监督活动，发现行政公益诉讼案件线索占比较高，但是，根据专项监督活动的临时性可知，这一案件线索来源具有一定的不确定性。因此，为了保证线索来源，我们应该围绕当前的工作重点以及人民关注的重要问题，长期地开展特定专项监督，并使之常态化。

第二，统一规定案件线索管理制度。根据《办案规则》之规定可知，行政公益诉讼案件线索实行统一登记备案管理；针对重大案件线索的，则应向上一级人民检察院备案。根据文义解释，"统一登记备案管理"主要限于办案检察机关内部。根据立案管辖之规定类推可知，我国行政公益诉讼案件线索管理具有"条块管理"之特点。然而，"条块管理"不仅可能减损行政公益诉讼立案管辖效能，而且还可能因案件线索数量和成案率区划之间的差异，侵蚀行政法律监督的一体化，因此，我们应该增补"条条管理"规范，明确由三级院或者两级院实行统一管理，以修正"条块管理"的不足。

（二）治理效能层面：优化建立保障性案件线索来源制度

在检察改革过程中，"案—件比"改革强调检察机关办案的质效。以此类推，在行政公益诉讼领域，检察机关拓展案件线索来源不仅强调增加发现案件线索的数量，提高行政公益诉讼成案率，更重要的是，提炼出行政法律监督转化成国家治理效能的比率。因此，我们应该围绕行政法律监督的协同性、可预见性，从案件线索承载形式和多元化案源保障两方面出发，优化建立全方位、保障性案件线索来源制度，保障行政法律监督转化为国家治理效能。

第一，优化案件线索承载形式。根据前文分析可知，行政公益诉讼案件线索来源通过各类法律文书和数字化检察的形式予以承载，但是，由于法律文书表现形式各异以及数字检察转化率不高，从而难以同行政法律监督预期的国家治理效能相匹配。鉴于此，首先，我们需要在各地检察实践的基础上，打破区划限制，开发适用于全国的案件线索研判系统，通过不同国家机关、私主体以及检察机关不同业务部门的信息交互，全方位抓取行政公益诉讼案件成案词源，自动向办案机构推送案件线索。其次，明确各类法律文书和工作报告需载明行政公益诉讼案件线索来源，彰显行政公益诉讼案件线索来源的全面可查性，既提高各方参与提供案件线索的积极性，又便于各方监督检察机关履职，提高行政法律监督转化为国家治理效能的可能性。

第二，优化并落实案件线索保障机制。为了拓宽行政公益诉讼案件线索来源，各地发挥积极性和主动性，通过奖励机制激励私主体提供案件线索。针对激励机制，未来应该通过与各地财政部门配合，增加激励机制的可操作性。与此同时，仅依靠激励配套保障机制，并不足以全方位地优化拓展案件线索来源，我们还需要从类案保障机制以及适当的惩罚机制出发，确保案件线索来源。在类案保障机制方面，我们应该根据行政公益诉讼维护公益的不同类型，区别案件线索来源，并有针对性地激励各方主体发现案件线索。在惩罚机制方面，可以将其他国家机关案件线索移送以及信息共享体系，纳入年度绩效考核。针对不予移送或者消极不配合移送案件线索的，以及怠于建立信息共享机制的国家机关负责人启动约谈、年度绩效考核降级等惩罚机制。通过正反两方面共同着力，优化保障行政公益诉讼案件线索来源，既可以增加案件线索来源的数量，又可以保证案件线索来源的质效。

第三节　行政公益诉讼案件线索评估标准之重塑

行政公益诉讼案件线索评估标准设置的合理性直接关系行政公益诉讼

成案率以及案件结构优化，《行政诉讼法》《公益诉讼解释》并未对之作出明确规定。为解决规则供给不足问题，最高人民检察院先后出台《办案指南》《办案规则》作出弥补。虽然《办案指南》和《办案规则》在规范表达方面有详略之别；在内容设定方面，评估对象之间关系设定亦有所区别。但是，二者均明确线索评估围绕公共利益遭受侵害性和行政行为违法性"两要素"的真实性、可查性展开。申言之，行政公益诉讼案件线索评估标准的重塑，可以转化成公共利益遭受侵害评估标准、行政行为违法评估标准以及二者之间关系评估标准的一体化重塑。然而，现有研究和检察实践多关注公共利益领域之扩围，在行政公益诉讼类型下形成"4+N"模式，确定受保护的公共利益范围，这一成绩值得肯定，但是，却忽略了其他要素以及要素之间关系的确定，使得现有研究和实践偏废一方。鉴于此，有必要根据行政法律监督与公益维护之间的动态平衡，反思现行立法安排和检察实践，结合案件线索评估制度基础，统一行政公益诉讼案件线索评估标准，提高行政公益诉讼成案率，优化行政公益诉讼案件结构。

一 行政公益诉讼案件线索评估标准的现实镜像

根据法律法规之规定可知，行政公益诉讼案件线索评估主要通过评估公共利益遭受侵害、行政行为违法以及二者之间的关系三类事实要件予以实现。由于检察机关忽略行政法律监督与公益维护之间的动态平衡，使得线索评估标准的设置与适用存在一定偏差。

（一）公共利益遭受侵害之评估镜像

根据《行政诉讼法》之规定可知，在"生态环境和资源保护、食品药品安全、国有财产保护、国有土地使用权出让等领域"因行政行为违法"致使国家利益或者社会公共利益受到侵害的"，检察机关有权提起行政公益诉讼。维护公共利益作为行政公益诉讼制度成立的出发点，因此公共利益遭受侵害成为检察机关线索评估的首要组成部分。同时，根据法律之规定可知，公共利益遭受侵害之事实评估主要涉及两方面问题，即存在受保护公共利益、受保护公共利益处于受侵害状态。然而，通过立法安排与检察实践可知，在评估存在公共利益以及公共利益处于受侵害状态时，出现"两分离"现象。

1. 存在受保护"公共利益"：价值供给与工具理性相分离

由于内容和受益对象的不确定性，公共利益本身属于不确定法律概念,[1] 古今中外立法者均不能准确界定公共利益的内涵,只能对之作一定描述。在行政公益诉讼领域,如何评估存在"公共利益"不仅是重点,亦是难点。

在规范表达方面,根据《行政诉讼法》以及相关法律之规定可知,立法者在确定存在公共利益时,分别从价值理性和利益限定两方面作出描述。首先,在价值理性方面,将利益范围限定为"国家利益"和"社会公共利益"。一方面,明确将私益排除出受保护范围。即排除保护确定人数且不存在特别保护之必要的个体权利(益)。另一方面,将制度公益纳入受保护范围。作为国家利益组成部分,同时契合客观诉讼之目的,维护行政法制统一的制度公益被纳入受保护范围。其次,在利益限定方面,限定受保护领域和受保护对象,通过"公益"和"共益"表现国家利益和社会公共利益。[2] 一是在领域上进行限定。一方面,并不是将所有国家利益和社会公共利益均纳入行政公益诉讼,仅预设生态环境领域、食品药品等有限敏感问题,[3] 并将之转化为有限受保护领域;另一方面,并不是将制度公益无差别地、独立地纳入受保护领域,而是与行政检察监督相区别,只有在受保护领域出现行政行为违法的,方可实现对制度公益的保护。此时,制度公益受保护是领域受保护的手段和衍生品。二是在主体上进行限定。立法将国家利益和社会公共利益先后转化为公益和"公益+共益"进行保护。一方面,《行政诉讼法》保护"不特定多数人"之公益;另一方面,在公益基础上,通过《未成年人保护法》《军人地位和权益保障法》等法律增补保护处于少数特定的但利益特别之共益。三是在技术上进行限定。《行政诉讼法》第25条第4款在立法技术上采取"列举+等"模式限定受保护领域,并通过政策文件以及程序化民主形式将"等"作"等外等"解读,明确我国行政公益诉讼确定的受保护公益不是封闭的,而是一个相对开放的概念。截至2022年9月,我国28个地方通过省级人大常委会出台地方性法规,或者通过省级政府、省级检察院增补本地方规定的形式,拓展受保护的公益范围(详见附件1)。

---

[1] 陈新民:《德国公法学基础理论》(增订新版·上卷),法律出版社2010年版,第229—235页。

[2] 秦前红:《检察机关参与行政公益诉讼理论与实践的若干问题探讨》,《政治与法律》2016年第11期。

[3] 关保英:《行政公益诉讼中的公益拓展研究》,《政治与法律》2019年第8期。

在检察实践方面，检察机关不仅直接保护法定公共利益，还通过贯彻党中央有关"拓展公益诉讼案件范围"之精神，充实《行政诉讼法》之价值理性，采用技术理性和受保护主体扩围，描述受保护的公共利益范围：一方面，将价值问题转化为程序问题，扩展确定受保护的公益和共益。例如，在浙江省宁波市通信管理局不依法履职案[①]中，海曙区人民检察院通过专家论证会，以及通过问卷调查收集社会公众、人大代表、政协委员意见的方式，确定"骚扰电话"对民众生活环境造成严重侵害，认定属于我国行政公益诉讼受案范围，拓展受保护公共利益范围。在湖南省湘阴县食品药品工商质量监管局等不依法履职案[②]中，为保护老年人身体健康，针对保健品存在虚假宣传的，县人民检察院通过向县人大常委会主任会议作专题汇报的形式，确定保健品对公众身体健康产生侵害，认定属于我国行政公益诉讼受案范围，拓展受保护公共利益范围。另一方面，以检察官之智慧配合立法者之智慧，通过检察续造反哺立法，增补受保护公益和共益。继《行政诉讼法》之后，我国先后通过《未成年人保护法》《安全生产法》等实体法修正以及《军人地位和权益保障法》等实体法颁行，以程序性民主形式肯定检察续造，增补受保护公共利益范围。

虽然立法安排和检察实践均对行政公益诉讼受保护公益范围持开放态度，明确"公共利益"与"受保护公共利益"之间存在相互区别但不断接近的动态关系。但是，无论是立法安排抑或是检察实践，在证成存在受保护公益时，割裂"公共利益"价值供给与判断存在受保护公共利益工具理性之间可预见的、可转化的关系，转而主要通过"运动式"立法或检察实践，回应当时民众关切的问题，回应国家战略部署，确定受保护公共利益范围，使得受保护公共利益范围不具有可预见性，反而具有一定的随意性，呈现不当的碎片化，尤其是在确定新型受保护公共利益范围时，价值供给与工具理性之间的裂隙，使得这一缺失更加凸显。同时，由于立案阶段检察机关权能运行更加突出的主动性和封闭性，可能增加受保护公共利益扩围的随意性。

2. 受保护公共利益"遭受侵害"：初衷与实践相分离

试点期间，立法者在描述受保护公共利益遭受侵害时，弃"损害"

---

① 浙江省宁波市海曙区人民检察院检察建议书，甬检行公建〔2018〕01号。
② 湘阴县人民检察院检察建议书，湘阴检行公建〔2018〕42号、43号。

之语词,采用"侵害"之限定。根据最高人民检察院相关负责人解读《检察机关提起公益诉讼改革试点方案》[1]可知,之所以区别"侵害"和"损害",主要是因为二者侧重有所不同:一方面,"侵害"与受保护公共利益的整体性、不特定性相适应;另一方面,"侵害"主要强调行为上的"侵",而非因侵害行为导致内容上、程度上、后果上的"损"。因此,在行政公益诉讼制度设立之初,检察机关在立案阶段评估受保护公共利益是否遭受侵害时,既可能适用实际损害标准,也可能适用损害预防标准。之后,虽然规范表达几经修改完善,但是,均沿用公共利益遭受"侵害"之表达。

然而,在立法安排和检察实践中,损害预防标准之适用一度被束之高阁。首先,在立法安排上,根据《试点工作实施办法》《公益诉讼解释》《办案指南》有关提起行政公益诉讼的条件、提交的起诉材料之规定倒推可知,检察机关均倾向于救济遭受实际损害的公共利益。同时,根据《办案指南》之规定,在立案阶段评估线索时,改"侵害"之表达为"损害",明确要求公益受损的情形真实存在,需要查证公益遭受损害的事实和程度。其次,在检察实践中,检察机关通过发布指导性案例,明确适用实然侵害标准,评估受保护公益遭受侵害的事实。例如,在郧阳区林业局不依法履职案[2]中,在判断区林业局是否依法履职时,检察机关指出关键之一是要评估社会公共利益是否遭受实然侵害。近几年,虽然《安全生产法》、个别地方人大通过专项决定以及检察机关通过实践,在生态环境和安全生产领域适用损害预防标准,评估受保护公共利益遭受侵害,但是,预防标准适用领域有限,且尚未形成共识。

(二)行政行为违法之评估镜像

根据《行政诉讼法》之规定可知,只有在特定领域,因"负有监督管理职责的行政机关违法行使职权或不作为",致使公共利益受到侵害的,检察机关有权提起行政公益诉讼。存在违法行政行为因此成为案件线索评估的重要组成部分,涉及"行政机关""监督管理职责"以及违法性三方面问题。然而,通过立法安排与检察实践可知,在评估存在违法行政

---

[1] 徐日丹、贾阳:《依法履职稳步推进公益诉讼试点工作——最高人民检察院相关负责人解读〈检察机关提起公益诉讼改革试点方案〉》,《检察日报》2015年7月3日第2版。

[2] 湖北省十堰市郧阳区检察院诉区林业局怠于履职案,检例第30号。

行为时，主要出现主体选择、职责认定以及违法性评估权重失衡的现实镜像。

1."行政机关"：单一抑或多元

根据《行政诉讼法》之规定可知，检察机关评估对象限于"行政机关"。不同于行政私益诉讼，行政公益诉讼中的"行政机关"作严格文义解读，排除授权组织之涵射。① 然而，在立案阶段，检察机关评估存在行政机关时，在机构范围上，"行政机关"是否包括人民政府；在共时性上，"行政机关"是否同时包括多个关联部门，一直存在争议。

第一，关于人民政府是否属于评估对象之争，明确既可以评估人民政府，又可以评估职能部门。根据有关受保护公共利益领域的实体法之规定可知，各级人民政府及其职能部门分享统一监管职责和专门监管职责。在行政公益诉讼领域，规范表达以及检察实践均承认人民政府以及相关职能部门作为评估对象而存在。首先，在规范表达上，通过《办案指南》《办案规则》有关立案管辖的规定推导，人民政府可以作为检察机关评估对象而存在。其次，在检察实践中，以评估各级人民政府职能部门违法行使监管职责为主，以评估各级人民政府违法为辅。根据2017—2021年公布的判决书样本可知，评估县级人民政府职能部门可能存在违法履职行为的共计612件，占66.45%；评估县级以上人民政府职能部门可能存在违法履职行为的共计209件，占22.69%；评估乡政府和镇政府可能存在违法履职行为的共计88件，占9.55%；评估县级及以上人民政府可能存在违法履职行为的共计12件，占1.30%。

第二，关于复合行政机关是否同时属于评估对象之争，明确既可以评估单一行政机关，亦可以同时评估复合行政机关。在规范表达上，有关受保护公共利益的实体法主要规定行政机关各自应该履行的职责。针对交叉履职的，实体法尚未对行政机关履职状态作处理规定。《办案规则》则作出弥补，强调负有不同类型监管职责的复合行政机关可能存在不依法履职情形的，检察机关可以同时评估复合行政机关。检察实践中，检察机关对同一受保护公益均负有监管职责的行政机关可以同时进行评估，并选择采取分别制发或联合制发立案决定书的形式予以实现。例如，在广东省广州

---

① 林孝文：《行政公益诉讼起诉要件研究——司法实践与制度回应》，《江苏行政学院学报》2022年第1期。

市国土资源和规划委员会、白云区城市管理局、白云区农业局不依法履职案①中,白云区人民检察院在审查起诉中发现涉案地块因余泥堆填产生严重社会危害,同时评估负有监管职责的广州市国土资源和规划委员会、白云区城市管理局、白云区农业局的履职状态,并联合制发立案决定书。在福建省闽侯县市场监管局、福州高新区市场监管局、高新区综合执法局不依法履职案中,闽侯县人民检察院同时评估负责辖区内食品药品安全监管工作的闽侯县市场监管局②、福州高新区市场监管局③、高新区综合执法局④的履职状态,并分别制发立案决定书。

2. "监督管理职责":行为抑或活动

在行政私益诉讼中,我国已初步形成"一行为一诉讼"⑤的诉讼模式。行政公益诉讼是否沿用,存在争论空间。根据《行政诉讼法》第25条第4款之规定,检察机关有权通过履职发现机制启动行政公益诉讼程序,并将评估违法履职或不作为限定在"监督管理职责"范围之内,概括性地规定"负有监督管理职责的行政机关"依法履职的制度语境。然而,何谓"监督管理职责",其范围和表现形式如何限定,《行政诉讼法》《公益诉讼解释》并未作进一步解释。《办案指南》虽然对立案评估中涉及违法行为部分作出补充规定,确定作为行为结果的行政强制可以成为评估对象而存在,但是,并未直面"监督管理职责"本身。因此,需要结合规制受保护公益之实体法的规定以及检察实践,作进一步理解。

虽然在应然角度我国学者多将"监督"和"管理"合二为一,从行为性质方面作出界定,认为"监督管理"侧重于监督而非管理。⑥但是,在实体法上,行政法律对"监督管理"则作出不同规定。因此,我们需要综合考察实体法和检察实践,结合行政公益诉讼之规定,确定"监督管理职责"的范围和表现形式。首先,在立法表达方面,"监督"和"管理"或者合二为一或者分别作出规定,不作统一强调。例如,《矿山安全

---

① 广东省广州市白云区人民检察院立案决定书,穗云检民(行)行公立〔2016〕4号。
② 福建省闽侯县人民检察院立案决定书,侯检行公建〔2018〕35012100004号。
③ 福建省闽侯县人民检察院立案决定书,侯检行公建〔2018〕35012100005号。
④ 福建省闽侯县人民检察院立案决定书,侯检行公建〔2018〕35012100006号。
⑤ 最高人民法院行政裁定书,〔2017〕最高法行申4361号;最高人民法院行政裁定书,〔2020〕最高法行再251号。
⑥ 姜明安:《行政法》,北京大学出版社2017年版,第397—398页。

法》第五章规定"矿山安全的监督和管理",同法第33条、第34条分别规定,县级以上各级人民政府劳动行政主管部门和管理矿山企业的主管部门,分享监督职责和管理职责。其次,在行为表现方面,同时涉及法律性行政行为、准行政行为和事实行为。最后,在内容表达方面,不仅强调评估行政监督,而且还强调评估行政控制;不仅强调评估行政控制的结果,还涉及评估行政监督控制的全过程,包括行为结果的实现。例如,根据《行政强制法》第50条之规定,行政机关作出恢复原状等行政决定的,当事人逾期不履行,经催告仍不履行的,行政机关可以代履行。《办案规则》对此亦作出回应。

在检察实践中,检察机关在立法安排基础上,对行为表现作出细化规定,确定"一活动一评估"标准。行政机关履行监督管理职责,往往通过法律性行政行为、准行政行为和事实行为予以具体化,但是,检察机关立案评估"监督管理职责"又高于具象化的行政行为。换言之,具象化的行政行为统一于"监督管理职责"之下,共同组成实现"监督管理职责"的行政执法活动。检察机关通过评估行政执法活动,决定立案与否,并不限于"一行为一立案评估"。①

3. 行政行为"违法性"评估权重失衡

根据法律法规之规定可知,当行政机关"违法行使职权或不作为"的,检察机关可以依法提起行政公益诉讼,明确行政行为违法包括积极作为违法和消极不作为违法两种状态。办案实践中,检察机关以监督行政机关消极不作为违法为主。具体到立案阶段,针对行政行为违法性评估,检察机关时有混淆行政公益诉讼"阶段构造",忽略立案阶段检察权能配置的特殊性,适用诉前督促阶段的判断标准,侧重核查并证成行政行为存在违法性,不当加重检察机关履职负担,打击检察机关履职积极性。这主要表现在行政公益诉讼立案决定日期与检察建议制发日期高度重合方面。例如,在福建省闽侯县市监局等不依法履职案中,闽侯县人民检察院通过案件线索评估,在证成因虚假标识存在食品安全公共利益遭受侵害、行政机关不依法履职的违法情形,且二者之间存在因果关系的基础上,于2018

---

① 胡婧:《行政监督管理职责公益诉讼检察监督的限度分析——以2017—2020年行政公益诉讼判决书为研究样本》,《河北法学》2021年第10期。

年4月2日作出立案决定,[1] 并于同一日向相关行政机关发出检察建议。[2] 类似情形在生态环境领域、国有资源领域等行政公益诉讼案件中均有体现（详见表2-4）。

表2-4　　　　检察建议发出时间与立案决定时间概况

序号	案例名称	立案决定时间	检察建议发出时间	间隔时间
1	陕西省宝鸡市环境保护局凤翔分局不依法履职案	2015年12月1日	2015年12月3日	2日
2	福建省南安市环保局不依法履职案	2016年5月25日	2016年5月25日	0日
3	湖北省黄石市国土资源局等机关不依法履职案	2018年5月18日	2018年5月21日	3日
4	北京市水务局不依法履职案	2016年12月19日	2016年12月23日	4日
5	宁夏中宁县市监局不依法履职案	2018年6月4日	2018年6月6日	2日
6	福建省闽侯县市场监管局等不依法履职案	2018年4月2日	2018年4月2日	—
7	四川省荣县自然资源和规划局不依法履职案	2018年5月8日	2018年5月8日	—
8	安徽省来安县城市管理行政执法局不依法履职案	2019年1月17日	2019年1月22日	5日
9	湖北省武汉市东湖生态旅游风景区管委会城管局不依法履职案	2020年7月31日	2020年7月31日	—

资料来源：相关数据根据最高人民检察院发布的典型案例和指导性案例立案决定书和检察建议书整理得出。

注：本表仅列举立案决定与发出检察建议书间隔5日之内的典型案例。

（三）公益遭受侵害与行政行为违法之间关系评估镜像

公共利益遭受侵害与行政行为违法之间关系评估标准的确定与适用，

---

[1] 福建省闽侯县人民检察院立案决定书，侯检行公建〔2018〕35012100004号。
[2] 福州市闽侯县人民检察院检察建议书，侯检行公建〔2018〕35012100004号。

既关联二者各自评估标准在立案评估一体化标准中的权重,直接影响行政公益诉讼成案率,是立案评估标准体系化建构中的核心,又关联行政公益诉讼检察权能的梯级构造,影响行政公益诉讼检察权能的结构性优化和一体化运行,反作用于立案阶段行政法律监督与公益维护之间的动态平衡。根据《行政诉讼法》之规定可知,法律仅采用"致使"一词笼统概括公共利益遭受侵害与行政行为违法之间的关系。考察有关行政公益诉讼的实施细则以及检察实践可知,在评估二者关系时,出现"两失衡"现象。

1. 规范表达逻辑失衡与评估权重失衡并存

作为《行政诉讼法》《公益诉讼解释》的补充,《办案指南》《办案规则》先后对立案评估公共利益遭受侵害与行政行为违法之间的关系作出规定,但是,二者在逻辑关系设定上以及评估权重分配上大相径庭,均存在不同程度的瑕疵。

在《办案指南》中,检察机关首次明确公共利益遭受侵害与行政行为违法在立案评估中的关系:首先,在权重上,围绕违法行政行为展开,明确当存在违法行政行为"可能"侵害公共利益的,应当评估立案;其次,在关系上,二者之间应该存在正向因果关系,即根据违法行政行为的存在,找寻受侵害的公共利益。这一立法安排,一方面,混淆了违法行政行为调查和公益诉讼调查[①],存在逻辑失衡。根据行政法律监督与公益维护之间的动态平衡可知,维护公共利益是行政公益诉讼制度设立的出发点。作为制度回应,结合认知过程,立案评估阶段应形成"结果—原因—办法"的认知逻辑,从公共利益遭受侵害的事实出发,探寻原因,寻求公益救济办法。然而,立法规定围绕违法行政行为展开评估,从违法行政行为入手,形成评估违法行为致使公共利益遭受侵害之逻辑,违背行政公益诉讼制度设计初衷,打破认知惯式。另一方面,混淆行政公益诉讼"阶段构造",侧重违法行政行为的权重分配和正向因果关系说明,存在评估权重失衡。正向因果关系的证明难易程度随着受保护公共利益的属性以及受侵害状态、违法履职主体数量以及监管职责性质的不同而有所区别。立案阶段,检察机关行使权力主要向内部负责,推动程序进程。要求过高的关系评估标准,将不当加重立案阶段检察权能运行负担,影响检察

[①] 刘本荣:《行政公益诉讼的要件分析——以要件事实理论为视角》,《北方法学》2020年第4期。

机关履职积极性。同时，侧重评估违法行政行为存在的权重分配，可能混淆行政公益诉讼"阶段构造"，影响行政公益诉讼检察权能一体化运行标准的体系化构建。

在《办案规则》中，虽然规则在逻辑上和权重上对《办案指南》作出修正：一方面，在权重上，立法围绕公共利益遭受侵害展开，明确以评估公益遭受侵害或遭受严重侵害为逻辑起点。另一方面，在关系上，以假定存在一定关联为主，以不作特别要求为辅，不必证成违法行为与侵害后果之间存在因果关系，侧重公共利益遭受侵害的权重分配。但是，《办案规则》却忽略公共利益遭受侵害与行政行为违法之间的动态关系，忽略预防公共利益遭受侵害的可能性，使得权重分配存在一定瑕疵。

2. 检察实践评估权重配比严重失衡

根据检察实践可知，一方面，检察机关并不严格区别公共利益遭受侵害与违法行政行为在立案评估中的权重分配，往往采用证成公共利益遭受侵害与违法行政行为同时存在，且二者之间存在因果关系的方式，保证行政公益诉讼成案率，使得评估权重严重失衡。这主要表现在调查核实权的实际运行方面。例如，在固始县交通运输局等不依法履职案[①]中，检察机关在评估案件线索和提出检察建议前，均调查核实环境遭受污染的事实、县交通运输局和县自然资源局负有监管职责但怠于履职的事实，以及怠于履职与环境遭受污染之间存在因果关系的事实。另一方面，检察机关并不严格区别立案程序与诉前督促程序，在评估公共利益遭受侵害、存在违法行政行为以及二者之间关系时，常常适用同一标准，模糊行政公益诉讼"阶段构造"设置的初衷。根据前文分析可知，这主要通过行政公益诉讼立案决定日期与检察建议制发日期高度重合予以表现。

二 行政公益诉讼案件线索评估标准的制度基础

审视并重塑行政公益诉讼案件线索评估标准应该以行政法律监督与公益维护之间的动态平衡为指导，兼顾立案程序与诉前督促程序、诉讼程序之间的制度安排，明确立案程序在行政公益诉讼"阶段构造"中的特殊性。

---

① 河南省固始县人民法院行政判决书，〔2019〕豫 1525 行初 61 号。

(一) 行政公益诉讼的"阶段构造"

根据《行政诉讼法》第 25 条第 4 款之规定可知,立法明确行政公益诉讼的阶段性特征,简要勾勒出行政公益诉讼的程序安排,并先后通过《办案指南》《办案规则》进行细化,明确提起行政公益诉讼须经三个阶段程序,形成"立案—诉前—诉讼""三阶构造"。之所以设计"三阶构造",除了分流案件,节约国家资源外,主要作阶段逻辑和权能运行区别。其中,立案阶段重在发现案件线索,最大限度维护公共利益和制度公益。根据前文分析可知,在立案阶段,检察机关重在内部程序上启动行政公益诉讼,通过案件线索发现予以实现,主要需要检察机关内部不同业务部门之间作权力协调。因此,此阶段检察权能运行具有较强主动性和一定封闭性。在诉前阶段,检察机关重在督促行政机关依法履职,通过提出检察建议予以实现,主要需要与行政机关充分沟通对话,在平衡行政法律监督权能与行政权的同时,提高行政机关补充行政行为合法性的积极性。因此,此阶段检察权能运行强调谦抑性和协同性。在诉讼阶段,检察机关重在保障行政机关依法履职,通过公共利益之维护倒逼行政机关予以实现,主要需要在穷尽行政救济、参考救济可能性基础上,通过维护公益之国家任务,平衡诉讼权能与行政权、审判权之间的关系。因此,此阶段检察机关权能运行强调救济性和保障性。然而,每一阶段检察权能实现要素是相对确定的,即主要围绕行政行为违法性、公共利益遭受侵害性以及二者之间关系三个要素展开。基于行政公益诉讼的"阶段构造",需要围绕不同阶段设置的逻辑前提与权能配置,兼顾不同阶段之间不可完全分离性,分别予以匹配评估标准,实现行政法律监督与公益维护之间的动态平衡,形成行政公益中检察机关权能一体化运行机制。基于"三阶构造",影响行政公益诉讼案件线索评估标准的一体化设定。

(二) 立案程序的特殊性:维护公共利益之强调

国家利益和社会公共利益是关系一个国家及其民众生存以及良好生活的利益。当行政机关违法行为致使国家利益或者社会公共利益受到侵害的,在顶层设计上,我们通过程序性民主排他选择作为国家的法律监督机关的检察机关,通过启动谦抑但主动的检察权能,实现保护公共利益之国家任务。根据第一章之论证可知,行政公益诉讼中检察机关权力运行整体以行政法律监督功能为统摄,以维护公共利益为出发点和落脚点,二者互为助力、互为界限。但是,根据行政公益诉讼"阶段构造"可知,不同阶段实现行政法律监督的权能及其实现要素的权重配比有所不同，需要根据不同阶段设定的逻辑前提，予以动态平衡。立案程序作为行政公益诉讼的首要阶段，回应维护公共利益作为出发点的任务安排，同时，结合"结果—原因—办法"的认知逻辑，应重点围绕公共利益遭受侵害要素展开，此阶段对维护公共利益之强调居于主要地位。同时，由于立案阶段检察机关主要是内部不同业务部门之间，以及不同类型检察权能之间的互动协调，因此，行政公益诉讼案件线索发现机制中，检察权能运行突出表现为主动性、效率性和相对封闭性，使得强调维护公共利益具有可行性。基于这样的出发点以及检察权能及其实现要素的配置，影响行政公益诉讼案件线索评估标准的一体化设定。

三　行政公益诉讼案件线索评估标准的规则构造

在审视现有案件线索评估标准的基础上，结合案件线索评估的制度基础，明确案件线索评估标准应以"维护公共利益作为出发点"之要义为指导，在动态处理公共利益遭受侵害与存在违法行政行为之间关系的基础上，明确公共利益评估标准和公共利益遭受侵害评估标准，灵活处理行政行为违法性评估标准，统一行政公益诉讼案件线索评估标准。

（一）公共利益评估标准：以价值+程序控制通往民主之路

根据前文分析可知，我国在价值层面，将公共利益范围限定为"国家利益"和"社会公共利益"；在技术层面，主要通过"列举+等"的立法技术限定公共利益的适用领域，并通过地方立法和检察实践不断拓展受保护公共利益的领域范围，呈现个性化有余，但一体化不足的现象。鉴于此，有必要丰富公共利益价值供给标准，统一拓展受保护领域的程序评估标准。

首先，在坚持受保护公共利益法定领域基础上，丰富"公共利益"价值供给标准。经法律保留确定存在国家利益或社会公共利益时，丰富并统一价值供给标准：一是明确主体标准，以"公"益为一般受保护主体，以"共"益为特殊受保护主体。"不确定多数人"之利益已成为描述"公共利益"公认的、最主要的标准，[①] 通过强调"不确定""多数"将公共

---

① 王万华：《完善检察机关提起行政公益诉讼制度的若干问题》，《法学杂志》2018年第1期。

的、非特定个人的权益（利）描述为"公"益。同时，根据宪法对人和公民享有的基本权利之确认可知，妇女、儿童、残疾人等群体，虽然居于"少数"且相对"确定"，但是，作为需要特别保护的群体，在"公"益基础上，还存在因生理因素、精神因素等特殊性带来的"共"益，因此，在"公"益基础上，针对特别群体的"共"益作为公共利益而存在，需要受到特殊保护。二是明确性质标准。并不是所有符合主体标准的利益均能进入"公益"涵摄。只有符合宪法价值以及其在行政法律领域的投射，方能构成"公益"。"公益"既可以构成限制基本权利享有的合宪性理由，又能以保障基本权利的面相出现。作为价值投射，行政法语境中，行政机关既可以基于公益限制公民合法权益，也应当保障公民享有合法权益（利）。简言之，所谓"公益"，是指行政机关可为之事。因此，"公益"具有"公共性"。同时，只有与宪法中国家任务价值相连的公共性，才属于公共利益的真正属性。根据利益重要性程度以及国家机构"权力性"表现可知，"公益"通过国家任务的达成予以实现。所谓国家任务主要包括两个组成部分，一是个体无法完全胜任的，但具有重大意义的公共任务；二是个体不愿处理的、具有重大要义的、由国家处理的任务。[①] 诸如宪法保障的生命、财产等基本权利（益）即属于公共利益。综上，所谓"公共利益"在性质上，应该是具有根本性的、重要性的、公共性的国家任务。

其次，在拓展受保护公共利益领域前提下，以统一程序的检察实践创新为次优选择，以立法保障为终极目标。在明确"公共利益"价值供给标准的基础上，通过工具理性拓展受保护公共利益领域，使得受保护公共利益与公共利益趋于周延。在路径选择方面，由于立法程序的复杂性以及谨慎性，在明确行政公益诉讼制度基础的前提下，以立法先行拓展受保护公共利益领域的路径，既不经济又不科学；以检察实践先行的路径，则可以通过试错以及积累经验，反哺科学立法。因此，自2018年至今，在行政公益诉讼领域，通过检察实践先行，拓展受保护公共利益领域的路径，获得国家权力机关和公众的肯定。然而，一方面，由于检察实践之拓展，在全国范围内，甚至在同一行政区划不同检察实践中，尚未形成统一评估标准，影响拓展受保护公共利益领域的可预见性；另一方面，结合我国

---

① 陈征：《国家权力与公民权利的宪法界限》，清华大学出版社2015年版，第28—29页。

"一元分立"的国家权力结构设计,参考世界各国和我国台湾地区公共利益受保护领域设定,明确检察实践的拓展模式仅是次优选择。因此,在肯定检察实践拓展模式的同时,有必要统一程序性要件,并最终回归立法保障。其中,在统一程序性要件方面,一是需要明确启动标准,综合考量客观因素和主观因素,基于社会发展性、群众感知性、舆情风险性的动态平衡,启动公益受保护领域的拓展程序;二是需要明确指导精神,在充分调研基础上,运行拓展程序;三是需要明确程序设计,引入有意义的参与机制,在科学设定磋商制度并对各个要素基本达成共识的基础上,初步确定受保护公共利益之扩围。在立法保障方面,虽然我们肯认检察续造取得的成果,但是,由于我国采用"一元分立"的政权组织形式,始终贯彻严格的立法主义模式,因此,立法依然是拓展公共利益受保护领域的最终模式。同时,结合国际惯例,各国(地区)多是根据法律保留而非通过司法实践拓展公共利益受保护领域。因此,我国最终通过立法模式拓展公共利益受保护领域符合履职规律。

(二)公益遭受侵害标准:以类型化控制通往立案之路

根据前文分析可知,虽然在规范表达上,《办案规则》分别在逻辑上和权重上作出修正,明确立案阶段突出维护公共利益的侧重。但是,规范表达仍未全方位回应维护公共利益与行政法律监督之间的动态平衡。同时,检察实践基于行政公益诉讼成案率之考量,采用功能主义无差别对待评估对象,从而妨碍预防公共利益遭受损害,阻碍认定行政行为存在违法性。鉴于此,对接行政公益诉讼"阶段构造",结合立案程序的特殊性,有必要根据遭受侵害公共利益所处状态,适用公共利益遭受侵害与违法行政行为之间动态关系理念,区别适用公益遭受侵害标准和行政行为违法性标准。

首先,针对实际损害,适用公共利益遭受侵害评估标准。所谓公共利益遭受侵害评估标准,是指围绕公共利益展开,包括证成公共利益真实存在、公共利益遭受实际损害可查性标准在内的评估标准,同时,不对行政行为违法性作要求。这一标准是案件线索评估中最主要、最关键的标准。一方面,在正向上,仅要求在适用公共利益评估标准证成存在公共利益的基础上,通过公共利益在性质上、物质上、精神上遭受损害的表现,查证公共利益遭受实际损害;另一方面,在反向上,无须查证行政行为违法性。无须查证行政行为违法性并不意味着对行政机关这一要素不作任何要求,而是强调在案件线索评估中,行政行为违法性不是行政公益诉讼立案的必要条件,针对"行政机关"以及"监督管理职责"要素,只需根据实体法查找并证明存在对相关公共利益负有监督管理职责的行政机关即可,至于行政机关是否列举完全、对"监督管理职责"的解释适用是否正确且完全,则不在案件线索评估标准中作明确要求。

其次,针对损害预防,变通适用行政行为违法性评估标准。这一标准在案件线索评估中起辅助的、变通的作用。所谓行政行为违法性评估标准,是指以显性违法行政行为为逻辑起点,倒推可能存在遭受侵害的公共利益。此标准的确立与适用需要行政行为所处状态、涉及领域以及案件线索来源机制予以配合。一方面,强调行政行为处于明显违法状态。在损害预防中,由于公共利益遭受损害本身尚未显现出来,只有当检察机关履行行政检察或其他职责过程中发现行政行为明显违法,并根据违法行为持续期限、影响范围以及行政公益诉讼类案件经验等,推定可能存在遭受侵害的公共利益,方可予以适用。另一方面,需要案件线索来源机制的整合予以配合。根据前文分析可知,行政行为违法性评估标准实则违背立案阶段维护公共利益之认知逻辑,但是,基于损害预防之特殊性,当所预防的损害在民众之间引发舆情、引起大范围恐慌,通过举报行政行为违法等途径拓展行政公益诉讼案件线索来源,可以反作用于公共利益之维护,故行政违法性评估标准可作为预防公益遭受损害的变通评估标准而存在。

本章小结

立案阶段作为行政公益诉讼"阶段构造"的首要阶段,检察机关主要通过履行案件线索发现权,在确定立案管辖、整合案件线索来源、评估案件线索基础上,开展案件线索发现工作,决定是否启动行政公益诉讼制度。根据行政法律监督功能,结合行政公益诉讼"阶段构造",反思现有案件线索发现机制可知。首先,在立案管辖方面,由于指定管辖难以适应行政公益诉讼案件办理统一性,跨区划集中管辖难以适应行政公益诉讼案件办理整体性和协同性,内设兼顾型办案机构容易降低行政公益诉讼案件办理专业性。因此,应在考量动态平衡理论和检察一体基础上,坚持

"条块管辖",突出违法行政机关所在地基层检察机关管辖规则;增补常态化跨区划立案管辖规则;调整专设办案机构数量,明确内部办案机构具体管辖规则。其次,在案件线索来源方面,我们不能仅侧重拓展案件线索来源途径,而应该在此基础上,充分契合行政法律监督功能之实现,根据行政法律监督功能的属性表达,在规则安排上,重点规范检察机关主动发现案源制度,统一规定案件线索管理制度,建立案件线索来源长效机制;在治理效能实现上,优化案件线索承载形式,落实案件线索保障机制,建立全方位、保障性案件线索来源机制。最后,在案件线索评估标准方面,应结合立案阶段在"阶段构造"中的特殊性,动态处理公共利益遭受侵害、行政行为违法性之间的评估权重,明确公共利益评估标准和公共利益遭受侵害标准,灵活处理行政行为违法性评估标准,统一行政公益诉讼案件线索评估标准,夯实行政公益诉讼"梯级秩序"中的第一级梯度。

第三章　诉前阶段检察机关督促履职机制检视

　　自 2015 年 7 月全国人大常委会授权行政公益诉讼试点之日起至今，各类有关行政公益诉讼制度的法律法规均明确规定，检察机关在向人民法院提起行政公益诉讼之前，应当通过检察建议督促行政机关依法履行职责，明确诉前程序是检察机关办理行政公益诉讼案件必须履行的法定程序，强调诉前检察机关办理行政公益诉讼案件的形式是通过检察建议督促履职。经过 5 年全面实施行政公益诉讼制度，检察机关通过诉前检察建议权运行，行政机关回复整改率从 2018 年的 97.2%持续上升至 2021 年的 99.5%，[①] 补强行政行为合法性，维护公共利益。学界和实务界因此多关注行政公益诉讼诉前程序，试图厘清行政公益诉讼检察建议的启动条件，注重研究确定检察机关认定行政行为违法性标准，取得一定成果。然而，现有研究在研究内容方面，忽略对行政法律监督权能多元可能实现方式研究，缺乏对行政法律监督权运行环节，尤其是检察建议权运行作系统性的、一体化的研究；在研究方法方面，忽略规范解释适用的逻辑前提，从而使得研究不免陷于形式工具主义，强调权力"动"起来，弱化价值功能主义，忽视权力"良性"动起来。鉴于此，有必要在国家治理体系现代化背景下，解构行政法律监督功能在诉前督促程序中的逻辑投射，明确诉前督促程序的价值逻辑和实践逻辑，并结合行政公益诉讼"阶段构造"和一体化优势，从诉前行政法律监督权启动条件、检察建议权运行标准两方面，审视并完善检察机关督促履职机制，以期充分发挥行政法律监督权能运行效能，在增补行政法治、维护公共利益方面实现"双赢多赢共赢"。

　　[①] 《最高检发布检察机关全面开展行政公益诉讼五周年工作情况　五年共立案公益诉讼案件 67 万余件》，https://www.spp.gov.cn/spp/xwfbh/wsfbt/202206/t20220630_561637.shtml#1，2022 年 7 月 1 日。

第一节 设置诉前督促程序之逻辑前提

行政公益诉讼诉前督促程序是设置公益诉讼制度的国家或地区的普遍经验。[①] 我国在 1997 年就出现行政公益诉讼诉前督促程序的雏形。[②] 虽然当时由检察机关自发兴起的公益诉讼试点工作的合法性有待商榷，但这一实践反映了现实需求，为之后解决行政公益诉讼诉前督促程序合法性问题提供参考。自 2015 年 7 月试点至今，我国先后颁行《试点工作决定》《试点工作实施办法》《公益诉讼解释》《办案规则》，修改《行政诉讼法》等法律法规，均延续诉前督促程序的相关规定。之所以要设定诉前督促程序，不仅契合检察机关的功能定位，凸显行政法律监督功能，平衡不同国家权力之间的"功能秩序"，同时，诉前督促程序的落地实现，还反哺并彰显国家治理体系现代化。结合现行规则体系以及国家权力结构，我国行政公益诉讼诉前督促程序设定的逻辑前提，可以分为价值逻辑和实践逻辑两个层次，共同构成检视检察权能配置及其运行质效的衡量标准。但是，二者在功能上仍有一定区别，其中，价值逻辑是第一层次的，是顶层设计的价值导向，是检察权能配置及其运行所应始终遵循的价值导向；实践逻辑是第二层次的，是对顶层设计的逻辑展开，是检察机关在遵循价值导向的前提下，运行权力所应遵守的基本规则。

一 价值逻辑：谦抑与协同

根据第一章的分析可知，行政公益诉讼始终贯彻行政法律监督功能，因此，行政公益诉讼制度本身以及相关检察权能的运行应始终围绕行政法律监督功能展开。具体到诉前督促程序的设置，一方面，是适用功能适当原则，平衡不同国家权力之间"功能秩序"，继续贯彻行政法律监督功能谦抑性的具体体现；另一方面，是在国家治理体系现代化背景下，鼓励多

[①] 例如，美国《清洁水法》[Federal Water Pollution Control (Clean Water) Act] 第 1365 条规定，公民在提起公益诉讼前须将主张的违法行为通知环保署长、违法行为发生地所在州政府以及任何主张违反前述标准、限制或命令者，且环保署长或州政府未向联邦法院起诉要求勤勉地执行一项民事或刑事诉讼。

[②] 为防止国有资产流失，河南省方城县检察院进行制度创新，以原告身份提起民事诉讼，督促行政机关依法履职。参见河南省方城县人民法院民事判决书，〔1997〕方民初字第 192 号。

方参与，创造性地贯彻行政法律监督协同治理功能的具体体现。

第一，继续契合行政法律监督的谦抑性。根据前文分析可知，所谓行政法律监督的谦抑性，是指在适用功能适当原则基础上，对监督条件和监督方式作出强调，明确当监督对象违法实施法律时，检察机关应该首先充分尊重监督对象的功能实现，仅得通过提醒等方式予以介入，平衡不同国家权力之间的"功能秩序"。在行政公益诉讼中，诉前督促程序的设置继续充分契合行政法律监督的谦抑性：一方面，在监督条件上，通过践行成熟原则和穷尽行政救济原则，充分尊重行政优先，平衡行政法律监督功能与公共行政功能、审判功能之间的"功能秩序"，契合行政法律监督谦抑性。行政机关因实现公共行政功能，配置了兼具专业性、灵活性、高效性、权威性等属性的行政权。在管理国家和社会公共事务方面，行政机关具有其他国家机关所不具备的天然优势，因此，需要尊重行政机关的优先判断权。同时，根据权力属性可知，行政机关行使权力通过自行检视或者通过外部鞭策，本身蕴含监督功能。①检察机关发现行政机关存在违法履职的情况，并不直接向人民法院提起诉讼，而是通过督促程序，将公共行政的主动权重新交到行政机关手中，从外部鞭策行政机关依法行政。另一方面，在监督方式上，通过践行监督建议而非强制制约的理念，充分彰显检察权能的有限处断性，平衡行政法律监督功能与公共行政功能之间的"功能秩序"，契合行政法律监督谦抑性。检察机关监督行政机关依法履行职责，不是替代行政机关履行监管职责，直接救济公共利益，而是提醒行政机关引起注意，②诱发行政机关自我追责，补强行政行为合法性。

第二，增补强调行政法律监督的协同性。根据前文分析可知，所谓行政法律监督的协同性，是指检察机关实现行政法律监督功能需要多方参与，通过持续的沟通对话，共同实现治理效能，从而打破检察机关线性的、封闭式的垂直履职模式，转而以相对开放的、平等的监督履职模式为假设前提，强调行政法律监督主体与被监督主体之间的协同合作。这在国家治理体系现代化背景下得以彰显，赋予行政法律监督以新的生命力。在行政公益诉讼中，诉前督促程序的设置本身即增补契合行政法律监督的协

---

① 沈开举、刑昕：《检察机关提起行政公益诉讼诉前程序实证研究》，《行政法学研究》2017年第5期。

② 黄学贤：《行政公益诉讼回顾与展望——基于"一决定三解释"及试点期间相关案例和〈行政诉讼法〉修正案的分析》，《苏州大学学报》（哲学社会科学版）2018年第2期。

同性。诉前程序本身就是检察机关主动督促行政机关履职的程序，是维护行政法制统一、维护公益的国家治理机制，不是也不应该是对行政机关的答责程序，① 亦不是直接维护权利的救济程序，更不是被动履职程序。督促过程中，为践行行政法律监督功能的谦抑性，在尊重行政机关履职基础上，为实现检察机关主动履职、促使行政机关接受法律监督，检察机关、行政机关、行政相对人等多方主体之间，打破传统行政法律监督关系中形成的对抗关系，转而践行"双赢多赢共赢"理念，共同参与国家治理，实现合作治理，契合行政法律监督的协同性。

二 实践逻辑：程序独立

为了践行诉前督促程序的价值导向，我国修改《行政诉讼法》，并出台一系列有关公益诉讼的司法解释和规范性文件，配置行政法律监督权，明确行政公益诉讼诉前督促程序的相对独立性，强调诉前督促程序形成以触发行政机关自我追责为内容，以公益协同维护为界限的实践逻辑。

第一，明确诉前督促程序独立于立案程序、诉讼程序而存在。诉前督促程序之所以具有独立价值，在外主要是基于不同国家机关功能区分与权力分立之考量，在内主要是基于检察机关权能分立之考量。为实现法律监督功能的宪法限定，《人民检察院组织法》第20条列举规定，检察机关行使检察权所享有的包括侦查权、公诉权、法律监督权在内的基本权能。根据第一章之论述可知，虽然在行政公益诉讼检察权能配置方面，以行政公益诉权为基本权力；在权能运行方面，案件线索发现权、行政法律监督权等权能围绕行政公益诉权展开；在权能存续方面，行政公益诉权早于诉讼阶段而存在，是串联行政公益诉讼"立案—诉前—诉讼"三个阶段的基础。但是，结合《人民检察院组织法》第20条第4项和第21条之规定，以及《行政诉讼法》第25条第4款之规定可知，立法者在设计行政公益诉讼制度时，通过民主决议形式区别不同阶段，并分别配置不同权能，共同辅助行政公益诉权的实现，以落实行政法律监督功能。其中，诉前督促程序是检察机关通过检察建议等形式，履行行政法律监督权能的体现；② 立案程序是检察机关通过行使法定检察权能，履行案件线索发现权

---

① 刘艺：《论国家治理体系下的检察公益诉讼》，《中国法学》2020年第2期。
② 徐日丹、贾阳：《依法履职稳步推进公益诉讼试点工作——最高人民检察院相关负责人解读〈检察机关提起公益诉讼改革试点方案〉》，《检察日报》2015年7月3日第2版。

能的体现；诉讼程序是检察机关通过行使起诉权、上诉权等权力形式，履行行政公益诉权的体现。三者虽统一于行政公益诉权之下，但相互独立：一方面，当诉前督促程序实现补强依法行政之功能时，行政公益诉讼制度即完成使命，予以终结；另一方面，当诉前督促不能时，则继续行政公益诉讼制度，启动诉讼程序。诉讼程序的启动不是行政法律监督权能在制度上的自然延伸，而是对诉前督促程序履行不能的制度保障。[①] 同时，亦不能混淆立案程序，立案程序的存在不是行政法律监督权的当然前提，而是甄别案件性质，分流案件类型的法定前提条件。

第二，形成以触发行政机关自我追责为内容，以公益协同维护为界限的实践逻辑。根据第一章的论证可知，检察机关通过督促行政机关依法行政，维护国家法制统一，是法律监督功能拟实现的根本国家任务；而维护公益则是通过实现行政法制统一自然而然予以实现的基本国家任务，因此，行政公益诉讼全过程应践行维护行政法制统一与维护公共利益之间的表里关系。同时，基于行政公益诉讼"阶段构造"和动态平衡理论，诉前督促程序在行政法律监督实现要素的权重配比方面有所不同：一方面，诉前督促程序以触发行政机关启动自我追责为主要内容，侧重证成行政行为违法性的权重配比。检察机关提起行政公益诉讼本身是一种补救措施，诉前督促程序则是在行政权自我监督失灵时起补充作用，是检察机关实现行政法律监督谦抑性的当然程序，诉前督促的实现需要与行政机关进行协调沟通，因此，在行政法律监督实现要素方面，应侧重强调行政行为违法性。另一方面，诉前督促程序以协同维护公益为界限，证成行政行为违法性有赖于实现公益维护。维护公共利益是行政公益诉讼制度设置的出发点和落脚点。在《行政诉讼法》增补行政公益诉讼条款的说明中明确指出，维护公益是检察机关提起行政公益诉讼制度的着眼点。[②] 作为回应，2018 年全国人大常委会修改《人民检察院组织法》立法目的时，增补"维护国家利益和社会公共利益"一项，在回归法律监督原旨基础上，肯认行政公益诉讼拟实现维护公益之任务。诉前督促程序作为行政公益诉讼制度组成部分，自然包含实现维护公益之任务。但

---

① 胡婧、朱福惠：《论行政公益诉讼诉前程序之优化》，《浙江学刊》2020 年第 2 期。
② 曹建明：《关于〈中华人民共和国行政诉讼法修正案（草案）〉和〈中华人民共和国民事诉讼法修正案（草案）〉说明——2017 年 6 月 22 日在第十二届全国人民代表大会常务委员会第二十八次会议上》，http://www.npc.gov.cn/zgrdw/npc/xinwen/2017-06/29/content_2024890.htm，2022 年 3 月 27 日。

是，由于行政公益诉讼不同阶段侧重不同，对维护公益之强调亦有所区别。在诉前督促阶段，维护公益是限定行政法律监督权运行的界限，既避免行政法律监督越权，又限定行政法律监督以有助于实现公益维护任务的标准评估行政行为。同时，应避免逻辑偏差，在行政法律监督权现实要素中，应践行"督促行政合法行为—有助于实现公益维护"之逻辑，而非"为了实现公益维护—证成行政行为违法性"之逻辑。

综上，行政公益诉讼诉前督促程序的设定，一方面，彰显行政法律监督功能的谦抑性和协同性。申言之，是提醒而非替代行政机关履行职责，同时，为了实现检察机关的有效提醒，需要各方国家机关以及原行政法律关系中的相关主体保持持续性的沟通对话。另一方面，凸显诉前督促程序的独立性。申言之，诉前督促程序是在践行行政法律监督功能价值导向的基础上，独立于立案程序和诉讼程序而存在，并秉承督促依法行政与维护公共利益之间的表里关系，侧重证成行政行为违法性的权重配比。

第二节　行政法律监督权启动条件之确立路径

诉前督促程序的设置有助于平衡不同国家权力之间的"功能秩序"，发挥行政法律监督的谦抑性、协同性，诉前督促程序逻辑前提的落地又有助于检察机关行政法律监督权的优化配置与良性运行。实践中，如何落实诉前督促程序的逻辑前提，良性运行行政法律监督权，权能启动条件的设置是关键。学界和实务界多关注行政行为违法性的认定标准，却缺乏在行政公益诉讼"阶段构造"中考量违法性认定标准，缺乏对启动条件作整体性研究，可能因此导致检察权能在诉前行使的片面性，难以形成统一的启动条件。然而，只有确立相对一体化的启动条件才能有助于检察机关形成一致的规律性认识，减少诉前督促规则创制和适用过程中的分歧，弥补规则供给不足以及检察实践不统一的缺失。鉴于此，笔者采用规范分析法，在考察立法安排和检察实践侧重基础上，分析其中缺失，并结合诉前督促程序的逻辑前提，一体化确立行政法律监督权启动条件。

一　行政法律监督权启动条件的演进

通过把梳有关诉前督促程序的立法安排和办案实践可知，立法机关和检察机关分别通过功能设定、履职阶段限定、履职形式表达、行为违法性判断、公益损害判断、行为与结果之间关系判断六个方面的选择组合，试图厘定诉前行政法律监督权的启动条件，但是，在规范表达上和检察实践中分别有所侧重。

(一) 启动条件的规范表达

中央先后通过发布授权性规范文件、修改法律、出台司法解释和规范性文件，地方通过颁行专项决定等方式不断完善行政法律监督权的启动条件。从内容来看，诉前行政法律监督权的启动条件主要涉及以下六个方面，经过五年全面实施行政公益诉讼制度，各个方面的规定日趋周延（详见表3-1）。

表3-1 行政公益诉讼诉前督促程序启动条件规则规定情况

规范名称	制定时间及主体	启动条件					
^	^	功能	履职阶段	履职形式	行为违法	损害事实	行为和结果关系
《试点工作决定》	2015年7月，全国人大常委会	督促	提起诉讼前	—	—	—	—
《试点工作实施办法》	2015年12月，最高人民检察院	督促	立案之日起三个月内，提起诉讼前	检察建议	状态：违法、不作为	实际损害	造成
《行政诉讼法》	2017年7月，全国人大常委会	督促	提起诉讼前	检察建议	状态：违法、不作为	—	致使
《公益诉讼解释》	2018年2月出，2020年12月修，最高人民法院、最高人民检察院	督促	提起诉讼前	检察建议	状态：违法、不作为	实际损害	致使
《办案指南》	2018年3月，最高人民检察院	督促	立案调查后，提起诉讼前	检察建议	状态：违法、不作为；标准：职权法定性、结果有效性	实际损害	致使因果
《加强协作污染防治的意见》	2019年1月，最高人民检察院与生态环境部等9部委	—	提起诉讼前	检察建议	状态：不依法；依据：适用法律、参照权力清单、责任清单；标准：行为有效性、行为全面性、结果有效性	实际损害	致使

续表

规范名称	制定时间及主体	启动条件					
		功能	履职阶段	履职形式	行为违法	损害事实	行为和结果关系
《加强协作保障食品药品安全的意见》	2020年7月，最高人民检察院、中央网信办等11部门	—	立案调查后，提起诉讼前	检察建议探索磋商	状态：不依法 依据：适用法律、参照权力清单、责任清单 标准：行为有效性、行为全面性、结果有效性、客观因素阻却	实际损害	致使
《办案规则》	2021年7月，最高人民检察院	—	立案调查后，提起诉讼前	可磋商检察建议	状态：违法、不作为 依据：适用法律、参照"三定方案"、权力清单、责任清单 标准：行为全面性、结果有效性、客观因素阻却	实际损害	致使关联
《安全生产法》	2021年6月，全国人大常委会	—	—	—	依据：行政诉讼法	实际损害 重大安全隐患	致使
《加强检察公益诉讼工作规定》	2019年，云南人大常委会；2020年，陕西人大常委会	督促	提起诉讼前	检察建议	状态：违法、不作为 种类：管理和制度制定	实际损害 可能损害	致使
《加强检察公益诉讼工作规定》	2020年，浙江人大常委会；2020年，广东人大常委会	监督确保	提起诉讼前	磋商听证建议函检察建议	状态：违法、不作为	实际损害 风险隐患	致使
《加强检察公益诉讼工作规定》	2020年，上海人大常委会；2021年，山西人大常委会	督促	提起诉讼前	—	状态：违法、不作为 种类：规范性文件制定	实际损害	致使

资料来源：本表按照规范性文件适用范围由中央到地方、出台时间由先到后排列。

注：关于地方人大出台的有关公益诉讼的专项决定，尚未有特殊规定的，本表不予列举。

第一，在功能设定方面，始终坚持督促依法行政这一主要功能。无论是2015年7月由全国人大常委会发布的授权决定，还是2021年7月由最高人民检察院出台的《办案规则》,各个规范性文件均一以贯之地强调检察机关通过"督促"提醒行政机关依法履职,补强行政行为合法性。同时,鉴于与维护公益的表里关系,督促功能还意味着存在督促之必要与可能,即存在公益遭受侵害的事实,以及通过督促行政机关依法行政,可以解决公益遭受侵害的问题。

第二,在履职阶段方面,从强调"应当"在提起诉讼之前开展诉前督促,发展到增补强调应在立案调查之后启动诉前督促。例如,最高人民检察院出台《办案指南》,明确规定应当在提起诉讼前,立案调查后启动诉前督促程序。《办案规则》继承《办案指南》之规定,明确立案、诉前督促、诉讼三阶段之间作区别构造。

第三,在履职形式方面,从检察建议为唯一形式,发展到增补磋商、听证、圆桌会议等并行形式。向行政机关发出检察建议是自 2015 年 12 月出台《试点工作实施办法》之日起,各类规范性文件确定检察机关诉前履职的唯一方式。但是,近年来,在检察机关单独或与其他部门联合制定的规范性文件中,以及在地方人大出台的有关行政公益诉讼的专项决定中,除明确检察建议之外,还零星地、创造性地增补规定通过磋商、听证、圆桌会议等形式,实现行政法律监督权。例如,《关于在检察公益诉讼中加强协作配合依法保障食品药品安全的意见》(以下简称《加强协作保障食品药品安全的意见》)"关于诉前程序的问题"章节,建议探索确立立案后的磋商程序。浙江省人大常委会出台《关于加强检察公益诉讼工作的规定》,规定检察机关应当通过磋商、公开听证、诉前检察建议等方式,督促行政机关依法履职。

第四,在行政行为违法性判断方面,从列举行为违法状态、笼统规定审查对象,发展到增补规定行为违法性判断依据和判断标准、细化被审查对象。自试点开始至《行政诉讼法》修改,各类规范性文件均明确审查违法履行职权和不作为两类行为违法状态,笼统规定"行政行为"作为被审查对象,但尚未确定两类违法行为存在的判断依据和判断标准。直到 2018 年 3 月,最高人民检察院出台《办案指南》以来才有所发展。其中,在判断依据方面,2019 年 1 月出台的《关于在检察公益诉讼中加强协作配合依法打好污染防治攻坚战的意见》(以下简称《加强协作污染防治的意见》)首次明确判断依据,即以法律为依据,以执法权力清单和责任清单为参照。《办案规则》在此基础上增补法规规章为依据,增补行政机关"三定"方案等为参照。在判断标准方面,《办案指南》概括性地规定通过适用职权标准和结果有效性标准,判断行政行为是否存在违法性。《加强协作污染防治的意见》予以细化,确定适用包括行为有效性、行为全面性、结果有效性在内的正向判断标准作判断。《加强协作保障食品药品安全的意见》在此基础上增补规定客观阻却履职因素的反向标准作判断。在审查对象方面,诸如上海等地方人大出台地方性法规,明确将行政规范性文件的制定作为被审查对象,细化审查行政行为的种类。

第五,在公益受侵害判断方面,从实际损害判断发展到增补损害预防判断。在立法之初,法律法规虽未直接规定救济公共利益所处状态,但是,根据提起行政公益诉讼的条件、提交的起诉材料之规定可知,《试点工作实施办法》《公益诉讼解释》《办案指南》之规定均倾向于救济遭受实际损害的公共利益。然而,基于公共利益的重要性、遭受损害的不可逆性,根据实际侵害救济公共利益遭到多方诟病。鉴于此,一些地方通过出台有关公益诉讼的专项决定增补规定,当发现存在严重侵害公益之风险的,或者存在导致公共利益遭受损害之可能的,可以启动行政法律监督权,预防公共利益遭受损害。例如,浙江省人大常委会出台《关于加强检察公益诉讼工作的规定》,规定发现公共利益存在遭受严重侵害风险的,可以发出检察建议,督促行政机关消除隐患。

第六,在行为违法性和公益受侵害性之间关系方面,从适用因果关系发展到适用关联关系。试点期间,《试点工作实施办法》明确规定,只有当违法行政行为造成公共利益遭受侵害的,方可启动行政法律监督权。行政公益诉讼入法以来,立法者改"造成"为"致使",在解释"致使"语词,明晰违法行政行为和公益遭受侵害之间关系时,最高人民检察院出台《办案指南》明确只有当证明违法行为和损害后果之间存在因果关系的,方可启动行政法律监督权。然而,2021年,《办案规则》对此作出修改,明确只要能够证明违法行政行为与公共利益遭受侵害之间存在关联性即可。

(二) 启动条件的适用图景

虽然检察行政公益诉讼经过5年全面实施,有关行政法律监督权启动条件的规则供给日趋完善,但是,由于规则规定的相对原则性,以及不同规则之间存在衔接冲突,检察机关在适用相关规则处理行政公益诉讼案件时,呈现自身特点。同时,根据诉前督促程序设定的逻辑前提可知,诉前行政法律监督兼具谦抑性、协同性和非强制性，因此，检察机关在履职过程中相对灵活，往往通过检察实践续造，完善行政法律监督权启动条件的规则设定。为更好地分析检察机关适用行政法律监督权启动条件的现实图景，笔者主要以"中国裁判文书网"检索收集的921件行政公益诉讼案件、最高人民检察院发布的180件指导性案例和典型案例，以及笔者对特定地区开展调研收集的案例资料为研究样本，分析发现检察机关在适用和续造有关行政法律监督权启动条件的法律法规时，主要在公益诉讼类型选择、行为违法性判断、公益受损判断、履行形式四个方面不断发展完善，呈现自身特性。

1. 诉讼类型选择：由"二诉合一"向"三诉一体"发展

根据《民事诉讼法》和《行政诉讼法》之规定，在规则设计上，民事公益诉讼和行政公益诉讼并行不悖，分别以侵权主体以及受侵犯公益的性质差异予以区分。然而，实践中，民事公益诉讼侵权主体出现侵犯特定社会公益的情形，往往因行政机关监管不力造成，因此，可能出现两诉竞合现象。① 当两诉竞合时，最初出现两类检察实践：一是处理违法行政行为作为先决行为的，采取附带诉讼形式，同时运行两诉诉前程序。例如，在白山市江源区卫生和计划生育局不依法履职案②中，因江源区卫计局怠于履行对违法排放医疗污水的监管职责，江源区检察机关同时向江源区卫计局发出检察建议，并咨询确定符合法定条件的公益组织。二是处理纠正违法行政行为作为救济补充的，采取两诉并行形式，启动民事公益诉讼以及行政法律监督权。例如，在内蒙古阜丰生物科技有限公司大气污染案③中，呼和浩特市因科技公司侵害城区居民生活环境的行为，向法院提起民事公益诉讼，同时，为及时制止侵害行为，检察机关还向呼和浩特市环保局发出行政公益诉讼检察建议，督促市环保局依法履职。发展到今天，检察实践灵活采取刑事、民事和公益诉讼"三诉一体"的形式，共同处理行政公益诉讼案件。例如，在江苏省睢宁县生态环境

---

① 巩固：《检察公益"两诉"衔接机制探索——以"检察公益诉讼解释"的完善为切入》，《浙江工商大学学报》2018年第5期。

② 白山市江源区卫生和计划生育局及江源区中医院行政附带民事公益诉讼案件，检例第29号。

③ 《检察公益诉讼全面实施两周年典型案例》，https：//www.spp.gov.cn/spp/xwfbh/wsfbh/201910/t20191010_434047.shtml，2022年3月27日。

局不依法履职案①中,冯某某等非法倾倒船舶清舱油泥,检察机关先后运用刑事附带民事公益诉讼、发出检察建议、提起行政公益诉讼的形式,采用"三诉一体"手段,督促睢宁县生态环境局依法履行环境监管职责。

2. 行为违法性判断:判断要素侧重不一

首先,在监督行为状态上,以行政不作为为主,以行政违法作为为辅;以行为结果为主,以行为过程为辅。检察机关依法通过判断行政机关是否履行特定监管职责、是否实现行为效果、是否遵守法定程序评估行政行为履行状态。根据2017—2021年公布的判决书样本可知,检察机关在绝大多数案件中通过行政行为及其实现结果判断行政机关怠于履职,认定行政行为处于违法状态。虽然在认定过程中,检察机关对行政监管职责的介入兼具行为结果和行政过程判断,但侧重点有所不同:针对完全怠于履职的,检察机关重点考察行政机关是否履行且实现特定监管职责这一结果;针对违法履职以及部分不全面履职的,检察机关则重点考察行政机关履行监管职责的全过程,评价行为的每一环节是否合法(详见表3-2)。

表3-2　　行政法律监督行政行为履行状态案件统计一览

侧重介入内容	履职状态		判决书(件)	占比(%)
行为结果	怠于履行监管职责	完全怠于履行监管职责	587	63.74
		怠于全面履行监管职责	152	16.50
	违法履行监管职责		0	0
	合计		739	80.24
行为过程	怠于履行监管职责	完全怠于履行监管职责	0	0
		怠于全面履行监管职责	107	11.62
	违法履行监管职责		75	8.14
	合计		182	19.76

资料来源:根据"中国裁判文书网"2017—2021年公布的判决书整理得出。

其次,在监督行为类型上,以法律性行政行为为主,以其他行政行为为辅。根据2017—2021年公布的判决书样本可知,检察机关将法定"监督管理职责"转化为特定行政行为予以判断。根据行政行为性质划分可

---

① 江苏省睢宁县人民检察院检察建议书,睢检行公〔2019〕32032400004号。

知，检察实践将法律性行政行为、准行政行为、事实行为以及内部行政行为均纳入行政法律监督范围。其中，行政法律监督行政行为类型包括不作为的抽象行政行为、行政征收、行政许可、行政处罚、行政强制以及其他行政处理行为在内的单类或多类法律性行政行为。但脱胎于实现行政监督管理职责的行政行为类型并不囊括所有法律性行政行为，行政调解、行政仲裁等行政司法行为，以及涉嫌违法作为的抽象行政行为目前不在行政法律监督实践范围内（详见表3-3）。

表3-3 监督行政行为类型案件统计一览表

受监督行政行为的性质	行为类型	判决书（件）	占比（%）
法律性行政行为	行政处罚、行政许可、行政强制、行政征收	795	86.32
事实行为	行政指导	14	1.52
	行政检查	44	4.78
	行政调查	20	2.17
	合计	78	8.47
准行政行为	标识行为	9	0.98
	通知	7	0.76
	合计	16	1.74
内部行政行为	是否执行上级命令或向上级报告	16	1.74
	工作人员是否接受培训	9	0.98
	行政机关是否进行内部问责	7	0.76
	合计	32	3.47

资料来源：根据"中国裁判文书网"2017—2021年公布的判决书整理得出。

最后，在判断标准上，以单一的行为标准为主，复合性标准次之，以单一的结果标准为辅。根据2017—2021年公布的判决书样本可知，检察机关在办案实践中多适用正向行为标准，通过行为有效性、全面性判断行政行为是否存在违法性。其次适用复合性标准，在承认行为标准和结果标准并列的基础上，通过综合考量行为有效性、全面性和结果有效性，以及公益遭受侵害的结果事实，判断行政行为是否存在违法性。较少适用结果标准，仅通过公共利益遭受侵害的结果事实，反向推导行政行为存在违法性（详见表3-4）。

表 3-4　　　　　行政法律监督适用判断标准案件统计一览

判断标准		导向	判决书（件）	占比（%）
单一性标准	行为标准	正向判断	363	39.4
	结果标准	反向推导	256	27.8
复合性标准		双向评价	302	32.8
合计			921	100

资料来源：根据"中国裁判文书网"2017—2021年公布的判决书整理得出。

3. 公益受损判断：由实际损害向损害预防突破

根据 2017—2021 年公布的判决书样本可知，检察机关在 836 件案件中，因公共利益存在实际损害而启动诉前督促程序，占 90.77%。但是，由于公共利益的重要性、损害的不可逆性，检察实践突破实际损害之限定，将损害预防理念引入行政公益诉讼。例如，在湖北省孝感市孝南区自然资源和规划局不依法履职案[①]中，区自然资源和规划局违法作出建设工程规划许可。根据该项目规划建设住宅楼，一方面可能影响铁路桥梁稳定，产生高铁运行安全隐患；另一方面可能干扰群众安宁生活，产生生活安全隐患，在符合其他启动条件的情况下，武汉铁检院向区规划局发出行政公益诉讼检察建议。检察机关在办理其他有关环境保护、生产安全领域的行政公益诉讼案件时，亦有适用损害预防的尝试（详见表 3-5）。

表 3-5　　　　　预防性行政公益诉讼典型案例概况表

序号	案件名称	建议发出时间	预防公益性质
1	河南三门峡市治理违建塘坝危害高铁运营安全案	2018年2月28日	防洪安全隐患，严重威胁国家财产和人民群众生命安全
2	黑龙江鸡西市鸡冠区治理城市二次供水安全案	2018年9月28日	饮用水安全隐患，威胁人民群众生命健康
3	陕西略阳县治理尾矿库安全隐患案	2018年10月11日	尾矿库安全隐患，可能造成安全事故和生态环境问题，威胁周边群众生命财产安全
4	浙江衢州市衢江区整治自备储油加油设施安全隐患案	2019年4月28日	自备成品油安全隐患

① 《安全生产领域公益诉讼典型案例》，https://www.spp.gov.cn/spp/xwfbh/wsfbt/202103/t20210323_513617.shtml#2，2022年2月17日。

续表

序号	案件名称	建议发出时间	预防公益性质
5	山西晋中市榆次区整治违法施工案	2019年6月19日	违法施工威胁周边群众生命财产安全
6	江西宜丰县保护熊雄烈士故居案	2019年11月25日	文物损毁风险及安全隐患
7	广西永福县整治路上跨铁路立交桥危害铁路运输案	2019年12月23日	安全隐患
8	湖北孝感市治理违规建设工程规划许可危害高铁运行安全案	2020年6月17日	项目规划实现可能导致高铁运行和群众生活双重安全隐患
9	福建晋江市保护金门炮战遗迹案	2020年6月24日	毓秀楼存在倒塌灭失的现实风险
10	黑龙江七台河市治理燃气安全隐患系列案	2020年7月	燃气安全隐患,威胁燃气安全生产和人民群众生命财产安全
11	浙江海宁市整治加油站扫码支付安全隐患案	2020年7月7日	加油站手机扫码安全隐患,威胁人民群众生命财产安全
12	江苏泰州市治理违建安全隐患案	2020年7月31日	违法建设带来的安全隐患
13	四川彭州市治理现制现售水安全案	2020年8月4日	饮用水安全隐患
14	江苏南京市治理小区树木侵入危害铁路运行安全案	2020年8月5日	树木侵入铁路线路安全保护区产生安全隐患
15	江西贵溪市治理危险化学品安全案	2020年9月7日	危险化学品安全隐患
16	甘肃平凉市保护公民个人信息案	2020年9月8日	快递收发存在泄露个人信息风险
17	四川旺苍县保护木门会议纪念馆案	2020年9月10日	消防安全隐患
18	山西大西高铁沿线地下水禁采区违法取水危害高铁运行安全系列案	2020年9月17日	违法抽取地下水,可能致地面沉降,危及高铁运行安全
19	湖南平江县保护革命文物案	2020年9月25日	文物设施受损,存在重大安全隐患

资料来源:根据最高检发布的典型案例和指导性案例整理得出。

4. 履职形式:由单一线性形式向多元治理形式突破

为了促使行政机关与检察机关就行政监管达成共识,积极接受检察机关监督,最大限度发挥诉前督促程序效能,检察实践在严格遵守诉前督促程序的基础上，引入磋商、公开听证、圆桌会议等方式，鼓励多方参与，拓展履职形式，由线性的、封闭的检察建议形式，向多方参与的多元协同治理形式突破。例如，在四川省旺苍县文化旅游和体育局不依法履职案[①]中，作为国家重点文物保护单位的木门军事会议会址因防火装置不到位，存在重大消防安全隐患。然而，旺苍县文化旅游和体育局和镇政府因当地行政执法改革，没有及时理顺监管职责，致使纪念馆长期存在消防安全隐患。为厘定相关行政主体的监管职责，提高诉前督促程序效能，旺苍县人民检察院组织召开公开听证会，邀请旺苍县人大、旺苍县政协及人大代表、人民监督员参加。检察机关在办理信息安全、公共安全等领域行政公益诉讼案件时，为厘定行政机关承担的监管职责、存在受损公益等法律要件和事实要件，诉前检察机关履职形式亦有向多元治理形式突破的趋势（详见表3-6）。

表3-6　　　　行政法律监督权能新型表现形式典型案例情况

序号	案件名称	会议召开时间	形式	功能	参与主体
1	江苏无锡市检院督促保护学生个人信息案	2019年11月4日	圆桌会议	确认教育部门怠于履职与个人信息泄露关联	无锡市教育局
2	福建晋江市检院督促保护"八·二三"金门炮战遗迹案	2020年5月	磋商会议	拟订履职方案	晋江市文化和旅游局、金井镇政府
3	贵州省检院督促保护红色遗址案	2020年5月	圆桌会议磋商会议	制定刀靶水红色文物保护方案	遵义市检院、播州区检院及相关职能部门
4	浙江海宁市检院督促整治加油站扫码支付安全隐患案	2020年7月3日	听证	确认在加油站爆炸危险区域扫码支付存在安全隐患	专家、海宁人大代表及政协委员、公众代表、海宁市应急管理局
5	江西南昌市检院督促保护公民个人信息案	2020年8月21日	磋商听证	明晰负有监管职责的机关、确认社会公益遭受侵害	人民监督员、高校教授、律师、相关行政职能部门

---

① 《红色资源保护公益诉讼典型案例》，https://www.spp.gov.cn/spp/xwfbh/wsfbt/202106/t20210627_522474.shtml#2，2022年3月27日。

续表

序号	案件名称	会议召开时间	形式	功能	参与主体
6	甘肃平凉市检院保护公民个人信息案	2020年8月	磋商听证	完善保护措施，确认公益遭受侵害	平凉市人大代表、政协委员、人民监督员、律师、公益诉讼志愿者
7	四川旺苍县检院督促保护木门军事会议纪念馆案	2020年9月3日	公开听证	厘定监管职责	旺苍县人大、政协及人大代表和人民监督员
8	西宁铁检院、西宁军检院督促保护铁道兵英烈纪念设施案	2021年3月29日、3月30日	听证会	全面了解检察机关监督意见，确认整改方案	刚察县和天峻县退役军人事务局、人大代表、政协委员、退役军人代表、职工代表、藏族群众
9	浙江开化县检院督促保护红色革命史迹系列案	2021年4月	磋商纪要	拟订履职方案	浙江省检察院、杭州军检院、开化县党史办、专家、相关行政职能部门

资料来源：相关数据根据最高检发布的典型案例和指导性案例整理得出。

注：2021年7月22日，最高人民检察院发布行政公益诉讼检察听证典型案例共计11件，不再单独列举。

二 行政法律监督权启动条件的缺失

根据前文考察可知，虽然经过五年全面实施检察行政公益诉讼，行政法律监督权启动条件的规范表达和检察实践不断完善，但是，由于立法者和检察机关尚未明晰诉前督促程序的逻辑前提，有混淆价值逻辑和实践逻辑之嫌，从而导致规范表达和检察实践之间出现逻辑裂隙，使得行政法律监督权启动条件的设置与适用存在诸多缺失：一方面，尚未充分明确行政法律监督功能的谦抑性和协同性，偏差定位行政法律监督功能与维护公共利益之间的关系，在权力外部层面，减损行政法律监督权与行政权之间的"功能秩序"平衡，弱化协同治理；另一方面，尚未充分彰显诉前督促程序的独立性，模糊处理行政公益诉讼"阶段构造"，在权能内部配置层面，忽略行政法律监督权实现行政法律监督的差异性，阻碍行政公益诉讼检察权能结构性优化。

（一）谦抑性偏差减损"功能秩序"平衡

根据功能适当原则之精神，为了实现不同国家任务，国家机关分享治权，各自承担互补功能，彼此之间既相互制约又协调共治，形成相对平衡的"功能秩序"。然而，根据前文分析可知，行政法律监督权启动条件的规范表达与检察实践出现一定缺失，有打破"功能秩序"平衡的倾向，这主要体现在行政行为违法性判断标准选择适用不当、监督行为类型选择不当、公益损害预防标准选择适用不当三个方面。

第一，行政行为违法性判断标准选择适用不当，突破行政法律监督谦抑性，逾越功能区分边界。根据规范表达可知，诉前检察机关可以适用包括行为有效性、行为全面性、结果有效性在内的正向判断标准，以及客观阻却履职因素的反向标准，较全面判断行政行为是否存在违法性，但是，针对正向判断标准内部，法律法规尚未明确不同标准之间的关系与适用顺位。实践中，检察机关不仅根据规范主义选择适用复合性标准，以及以行为有效性、全面性判断为主的行为标准，还根据功能主义单独适用结果标准，凭借公共利益遭受侵害的事实，直接反向推导认定行政行为违法性。然而，在诉前督促阶段，检察机关仅仅通过强调救济遭受侵害的公共利益，忽略审查行政行为本身及其阻却因素，可能因偏差定位行政法律监督功能与公益维护任务之间的关系，不当设置行政法律监督功能实现要素的权重配比，不仅因此加深价值逻辑与实践逻辑之间的逻辑裂隙，还不当突破行政法律监督的谦抑性，消解行政机关履行监管职责的首次判断权，违背功能适当原则，逾越功能区分边界。

第二，监督行为类型选择不当，影响行政法律监督谦抑性之周延表达，减损"功能秩序"平衡。一方面，监督行为类型不当的宽泛，不当扩展行政法律监督谦抑性的内涵，逾越功能区分边界。虽然规范表达多笼统规定，检察机关应通过判断实现行政监督管理职责的行政行为本身，启动行政法律监督权。但是，检察实践中，检察机关审查行政行为类型不仅包括法律性行政行为、事实行为、准行政行为等多样性行为，还根据行政机关作出的内部行政行为[①]，监督行政监督管理职责履行状态，认定行政

---

① 例如，在甘肃省天水市麦积区中滩镇人民政府不依法履职案中，检察机关根据中滩镇政府未将影响区域环境质量的行为上报，认定镇政府怠于履职，进而启动行政法律监督权。参见甘肃省天水市秦州区人民法院行政判决书，〔2018〕甘 0502 行初 27 号。

行为违法性。然而，相较于其他行政行为，内部行政行为是行政机关实现公共行政功能的过程性要件，较少表现出外部公共行政属性和侵益性，理应具有更多的自决性。检察机关监督内部行政行为，虚化行政机关承担法律责任，有替代行政机关履职之虞。另一方面，监督行为类型不当的保守，限缩行政法律监督谦抑性的外延，阻碍行政法律监督功能结构性优化。这主要表现在将抽象行政行为排除在监督类型之外。虽然检察实践将不作为型抽象行政行为①纳入监督范围，却常常将作为型抽象行政行为排除出监督范围。即使在个别地方性法规和个案②中有所增补，却也并不判断作为型抽象行政行为的违法性。然而，行政机关制定规章以下其他规范性文件的行为主要是为行使行政行为，尤其是为行使行政裁量提供正当性佐证，因此，存在通过实施法律的抽象行政行为损害制度公益的风险，③故将规章以下规范性文件排除出监督范围，不当限缩行政法律监督谦抑性的涵摄，将影响行政法律监督效能发挥。

第三，公益损害预防标准适用不当，限缩行政法律监督谦抑性的外延，减损"功能秩序"平衡。根据行政公益诉讼的功能设定可知，检察机关通过补强行政行为合法性，实现维护制度公益和公共利益之任务。有学者根据检察机关履职积极性以及权力平衡理念，主张不得也不必适用预防标准维护公共利益。④然而，不论制度公益还是其他公共利益，一经损害多产生不可逆的后果，因此，采用公益损害预防标准，启动行政法律监督权具有必要性。同时，根据前文分析可知，在规范表达上以及检察实践中，已有个别地方性法规和个案中适用公益损害预防标准，彰显选择适用

---

① 例如，在湖北省荆门市东宝区城市管理执法局不依法履职案中，房屋拆除现场大量建筑垃圾露天堆放，且未按规定采取防护措施，为避免辖区内再次发生建筑垃圾长期露天堆放破坏生态环境的事件，检察机关建议东宝区城管局作出抽象行政行为，形成建筑垃圾依法处理的长效机制。参见湖北省荆门市掇刀区人民法院行政判决书，〔2019〕鄂 0804 行初 135 号。

② 例如，在湖南省常德市住建局不依法履职案中，常德市检察机关在诉前程序中认定，市住建局制定的《常德市市直管建设工程前期施工监管制度（试行）》违反《行政许可法》之规定，遂向市人民政府法制办发出社会治理检察建议。参见《检察公益诉讼全面实施两周年典型案例》，https: //www. spp. gov. cn/spp/xwfbh/wsfbh/201910/t20191010 _ 434047. shtml，2022 年 1 月 16 日。

③ 梁鸿飞：《检察公益诉讼：法理检视与改革前瞻》，《法制与社会发展》2019 年第 5 期。

④ 姜涛：《检察机关提起行政公益诉讼制度：一个中国问题的思考》，《政法论坛》2015 年第 6 期。

公益损害预防标准的可能性。但是，截至2022年9月，预防性公益诉讼的规范表达仅限于浙江、云南、陕西、广东等局部地区，公益领域仅限于安全生产等局部领域；检察实践保护公益领域多限于安全生产领域和生态环境领域，因此，适用公益损害预防标准存在诸多限制。在风险社会中，行政机关对风险预防和损害预防起重要作用，忽略行政法律监督权启动条件中公益损害预防标准的适用，将不当限缩行政法律监督谦抑性外延，打破"功能秩序"平衡。同时，即使在局地和局部领域引入公益损害预防标准，但是，在规范表达上以及检察实践中，尚未区别风险预防与损害预防，更未分别对应不同预防属性，区别行政法律监督权启动条件的差异性，从而影响行政法律监督功能效果实现，不利于行政法律监督功能结构性优化。

（二）协同性偏差弱化治理效能

根据协同治理之理念可知，为了实现国家治理体系现代化，其中关键一环便是根据国家权力结构以及"国家—社会"二元划分，在国家机关之间以及国家与社会之间分享治权，强调不同主体之间产生协同而非对抗关系。然而，根据前文分析可知，行政法律监督权启动条件的规范表达与检察实践尚未厘定行政法律监督协同性的具体表现，弱化协同治理理念，影响治理效能。这主要体现在履职形式选择方面。

第一，不同履职形式之间功能和关系定位不清，使得协同流于形式，弱化治理效能。为了契合国家治理体系现代化，彰显行政法律监督协同而非对抗的治理功能，行政法律监督权启动条件在规范表达与检察实践中，主要引入磋商、听证、圆桌会议等履职形式，有意识地增补鼓励多方参与协助检察机关履职，实现行政法律监督权。但是，根据引入履职新形式的规范表达可知，法律法规多将磋商、听证与检察建议并列规定，尚未明确新增履职形式各自的功能定位，亦未明确新增履职形式与法定检察建议之间的关系，有择其一启动行政法律监督权之虞。例如，浙江省人大常委会出台《关于加强检察公益诉讼工作的决定》规定，检察机关"应当通过磋商、公开听证、诉前检察建议等方式"，督促行政机关依法履职。然而，这一类规则表达形式既可能混淆磋商、听证、检察建议各自的功能定位和相互之间的关系定位，又可能模糊不同主体通过磋商、公开听证等形式，能够参与法律专业类事项和事实类事项的讨论范围，[1]弱化协同治理

---

[1] 霍敏：《检察听证制度完善研究》，《国家检察官学院学报》2022年第1期。

效能。

第二，新增履职形式尚未形成长效机制，削减行政法律监督协同性，弱化治理效能。根据规范表达和检察实践可知，最高人民检察院以及多地省级检察院出台有关公益诉讼听证和开展圆桌会议的规则，通过强调"应听尽听""应开尽开"的理念，要求适用新增履职形式，为行政机关接受法律监督，实现协同治理提供契机。多地亦针对行政机关职责之确定、公共利益之存在与否等内容，采用磋商、听证或圆桌会议形式，邀请行政公益诉讼当事人、利害关系人参与治理。但是，实践中，通过磋商、听证、圆桌会议等新增形式，邀请多方主体协同履职，尚未得到广泛推广。同时，规范表达的相对原则性，以及检察实践对协同履职的范围和领域的认识尚未达成共识，因此，新增履职形式并未形成长效机制，从而削减行政法律监督协同性，弱化治理效能。

(三) 独立性模糊阻碍检察权能优化

在行政公益诉讼领域，检察机关为了实现行政法律监督功能，设置不同履职阶段，并分别配置不同权能及其实现要素，但是，由于不同阶段独立性界定不清，使得检察机关行使行政法律监督权出现违背权能分立原则，以及混同权能实现要素权重配比之情势，模糊诉前督促程序独立性，阻碍行政公益诉讼检察权能优化进程，这主要体现在诉讼类型选择适用不当，以及结果标准选择适用不当两个方面。

第一，诉讼类型选择适用不当，阻碍行政公益诉讼检察权能体系化建构。虽然在规范表达方面，尚未规定行政公益诉讼和民事公益诉讼竞合时的处理规则，但是，在实践中，出于功能主义之考量，两诉竞合时往往采用"二诉合一"或"三诉一体"的形式。然而，不当同时适用"合一"或"一体"形式，可能模糊不同类型公益诉讼之立意，影响行政公益诉讼检察权能体系化建构：一方面，在行政附带民事公益诉讼中，同时适用两诉诉前程序的实践，偏离诉前督促程序提醒行政机关自我追责的实践逻辑。民事公益诉讼诉前程序本身不涉及侵权问题，亦不直接监督行政机关履职。两诉竞合源头多在于行政机关不依法履职，同时启动两诉诉前程序，并不因此强化行政法律监督。另一方面，在民事公益诉讼或刑事附带民事公益诉讼中，同时适用两诉或三诉的实践，既可能偏离不同诉讼分别设置的目的，同时也可能模糊诉前督促程序独立性的实践逻辑。虽然在民事公益诉讼或刑事附带民事公益诉讼中，适用诉前督促程序是为了实现民事公益诉讼不能实现的目标,但是,督促行政机关依法履职即可从源头上实现救济公共利益之任务,此时仍然单独或附带开展民事公益诉讼,可能违背两诉同时设立的初衷,也可能偏离诉前督促程序独立于诉讼程序的实践逻辑。[1]

第二,结果标准选择适用不当,阻碍行政法律监督权结构性优化。实践中,检察机关根据公共利益遭受侵害的事实单独适用结果判断标准,启动行政法律监督权,认定行政行为违法性。然而,在行政公益诉讼"阶段构造"中,立法者区别了立案阶段和诉前督促阶段,明确二者在逻辑前提和权能实现要素权重配比上存在差异。根据第二章之论证可知,为及时补强行政行为合法性、维护公共利益,结合认知逻辑以及权力运行的相对封闭性,在立案阶段,检察机关有必要也有可能单独适用公共利益遭受侵害的结果标准,假定存在违法行政行为,触发行政公益诉讼立案程序。但是,诉前督促阶段,行政法律监督权运行需要直面行政机关,提醒行政机关依法行政,如若检察机关仍单独适用结果判断标准,仅仅强调对公共利益的救济,缺乏行政行为违法的确切证据,则可能不当干预行政机关履职,混淆立案程序和诉前督促程序,违背诉前督促程序的实践逻辑,阻碍行政法律监督权结构性优化。

三 围绕逻辑前提确立行政法律监督权启动条件

现行行政法律监督权启动条件在规范表达和检察实践中存在一定缺失,究其根源在于与诉前督促程序的逻辑前提发生冲突。为弥补缺失,行政法律监督权一体化启动条件需要在契合诉前督促程序逻辑前提的基础上,结合现有启动条件之优势,予以确立。

(一) 明确诉讼类型选择

截至2022年9月,规范表达以及检察实践扩大检察机关监督行政监管职责的适用范围,将《民事诉讼法》《行政诉讼法》救济的特定社会公益范围作"等外等"解释,形成"4+N"的模式,从而大大提高两诉竞合可能性。通常情况下,就同一违法行为择一而诉,即可满足救济社会公共利益之需求。只有在特殊情况下,任一诉讼类型不能充分救济社会公共利益时,才可能有限适用附带诉讼制度,或者引入复合诉前方式。然而,

---

[1] 胡婧、朱福惠:《论行政公益诉讼诉前程序之优化》,《浙江学刊》2020年第2期。

公益诉讼检察实践中，出现采用"两诉合一"或"三诉一体"形式，弥补不能充分救济社会公益的情形。其中，针对"民事公益诉讼+诉前督促"的形式，虽然实践是为了及时维护公益，实现诸如责令停产、限产之目的，但是，针对同一违法行为，同时采用行政公益诉讼和民事公益诉讼这两种性质不同的诉讼类型，可能混淆分别设立两诉之目的，造成混乱。因此，未来选择诉讼类型时，应避免不同诉讼类型同时适用，转而有限适用行政附带民事公益诉讼制度；或者在民事公益诉讼中，选择诉前禁令等方式及时维护社会公益。针对行政附带民事公益诉讼的形式，为了弥补实践中存在的缺失，回应两诉竞合之现实需求，在调整规则体系或优化检察实践时，应结合诉前督促条款之逻辑前提以及行政优先原理，规定"行政附带民事公益诉讼"条款，明确采用诉前督促程序而非民事诉讼诉前程序。针对"刑事附带民事公益诉讼+诉前督促"的形式，应明确刑事处罚与行政监管之间不能相互替代的本质，但是，不能因此夸大"三诉一体"形式的作用，在调整规则体系或优化检察实践时，应根据诉前督促程序之逻辑前提以及行政优先原理，以必要为前提，确定"三诉一体"形式的适用范围。

（二）统一行政行为违法性判断要素

根据诉前督促程序的逻辑前提可知，判断存在违法行政行为是启动行政法律监督权的关键条件之一，但是，现有规范表达相对原则，检察实践相对混乱。鉴于此，应在考量行政公益诉讼"阶段构造"形成"梯级秩序"的基础上，结合诉前督促程序的逻辑前提，分别明确监督违法行为类型、适用的判断依据和判断标准，统一行政行为违法性判断要素。

第一，在判断依据方面，坚持以法律法规为依据、以规范性文件和权责清单等为参照。根据规范表达和检察实践可知，行政机关根据法律保留、行政合同承诺、合法先行行为之约束作出行政行为。[①] 根据职权法定原则以及功能适当原则之要义可知，不同性质和位阶的规范表达约束力有所不同，形成以法律法规为依据、以其他规范性文件为参照的一般性适用顺位规则。但是，同一位阶不同规范之间就同一领域不同行政机关的监管职责作出交叉规定的，立法尚未明确适用顺位，检察实践亦未予以统一。

---

① 张晋：《论检察建议的监督属性——以行政公益诉讼中行政机关执行检察建议为视角》，《四川师范大学学报》（社会科学版）2018 年第 6 期。

为了建构一体化启动条件,应根据诉前督促程序的逻辑前提,在检察实践中作进一步区别,统一适用顺位。根据规范表达可知,法律法规常常针对同一公益诉讼领域,区别行政机关分别规定履行统一监管职责和专业监管职责,此时,根据行政法律监督的谦抑性,检察实践应首先尊重行政机关的优先判断,当行政机关通过权责清单等作出细化的,应予以尊重;当行政机关尚未作出明确的,需要发挥行政法律监督的协同性,在磋商基础上,结合相关行政机关的监管效能,确定判断依据的适用顺位。

第二,在行为类型方面,增补监督法律性行政行为类型、排除监督内部行政行为。根据研究样本可知,检察实践将监督的"监督管理职责"限定在法律性行政行为、事实行为、准行政行为和内部行政行为的范围内。然而,根据前文分析可知,这一行政法律监督现状可能影响行政法律监督的谦抑性,以及适用范围的周延性,减损"功能秩序"平衡。因此,宜充分考量行政法律监督概念涵摄,结合法制统一原则予以修正:一方面,根据行政法律监督概念逻辑,将抽象行政行为纳入监督范围。法律监督是指对一切实施法律的公权力行为是否符合法律实行监督。行政机关发布具有普遍约束力的行政命令、决定,出台行政规范性文件的行为属于实施法律的行政行为,在应然层面属于法律监督的对象,理应成为行政法律监督审查对象。[①] 如若将作为型抽象性行政行为排除出审查范围,那么,抽象性行政行为可能因为行政裁量背书而侵蚀法制统一,从源头上对制度公益造成侵害,减损法律监督效能,反而侵害公共利益;另一方面,坚持权责法定原则,将内部行政行为排除出审查范围。内部行政行为是指发生于行政组织内部,只影响行政机关内部事务的措施。相较于根据行政法律关系产生的法律性行政行为,内部行政行为是基于行政隶属关系而产生的。检察机关法律监督功能本应定着于实施法律的行为,除非内部行政行为表现出外部性,成为影响行政法律关系的必要条件,否则,检察机关不得以行使行政法律监督权对抗行政法律关系,挑战权责法定原则。

第三,在判断标准方面,坚持并类型化行为标准,统一适用顺位。根据前文分析可知,检察实践尚未统一行政行为违法性判断标准。其中,运用功能主义单独以公益是否遭受侵害之结果标准,反向推定行政机关是否依法履行监管职责的,往往忽视审查行政行为本身的有效性和全面性,不

[①] 温辉:《行政诉讼法中"监督管理职责"的理解与适用》,《法学杂志》2020年第4期。

当加重行政机关履职负担,在外打破"功能秩序"平衡,在内混淆"阶段构造",从而使得行政公益诉讼制度趋向空转。因此,笔者认为,应打破以结果标准"一刀切"式审查惯式,在诉前督促程序逻辑前提指导下,回应规范主义和功能主义之争,在顶层设计时,考量功能主义元素的引导;在检察实践中,回归规范主义,回应诉前实践逻辑,坚持以行政行为作为判断基准,确定以行政行为有效性为基础,以结果有效性为参照,以行政行为全面性为兜底,以行政行为客观不能为调节的一体化适用顺位。进一步,结合审查内容和行为性质,根据一体化适用顺位,将行为标准予以类型化,指导检察实践:首先,针对完全怠于或违法履行监督管理职责的,由于权责法定原则之释明以及诉前督促程序的独立性,宜先后根据行政行为有效性和全面性,判断行政行为是否存在违法性;其次,针对不完全履行监管职责的,应平衡行政机关自我追责和维护公益之间的关系,宜先后根据行政行为有效性、结果有效性和行为全面性,判断行政行为是否存在违法性,并以客观不能予以修正。在此过程中,还应特别注意区别行为有效性和结果有效性的权重配比。申言之,当行政机关已经履行监管职责,但仍存在侵害结果的,宜综合考量行政机关行使行为本身的勤勉和充分程度,考量行为规律和客观不能的合理性。

(三) 类型化引入公益损害预防标准

现行法律法规和检察实践仍以公共利益遭受实际损害为主,有限引入预防理念,启动行政法律监督权,处理行政公益诉讼案件。然而,根据前文分析可知,有限适用预防性理念处理行政公益诉讼案件的,不当限缩行政法律监督谦抑性外延,减损"功能秩序"平衡,阻碍行政法律监督结构性优化。因此,为契合诉前督促程序的逻辑前提,在规范表达上和检察实践中,不应也不能将公益损害预防标准局限适用于某一领域。更进一步,为引导检察实践,应根据诉前督促程序的逻辑前提,在适用范围和适用类型两方面予以规范化。

第一,在适用范围方面,根据价值逻辑拓展适用领域,将预防理念引入行政公益诉讼制度本身而非局限于某类领域。首先,根据行政法律监督谦抑性,结合法制统一原则,划定检察权能边界,明确预防理念适用于行政公益诉讼本身,反作用于行政法律监督谦抑性。同时,适用关联关系而非因果关系,处理违法行政行为与公益损害之间的关系,使得全面引入预防性行政公益诉讼具有可行性。其次,根据协同治理理念,通过检察机关和行政机关磋商达成共识，可以确定是否存在公共利益，以及公共利益是否应该获得救济，使得全面引入预防理念处理行政公益诉讼案件具有可行性。

第二，在适用类型方面，根据逻辑前提区别预防属性、行政行为状态和公益属性，明确将损害预防原则全面纳入行政公益诉讼，将风险预防原则有限纳入行政公益诉讼。根据属性划分可知，预防原则通常分为风险预防和损害预防两种类型。前者具有较强不确定性，后者通过经验通常可以作出相对确切判断。[1] 根据前文分析可知，在现有规范表达和检察实践中，尚未将二者予以区分，相反，在检察实践中，常常假"风险"之名行损害预防之实。然而，由于风险的不确定性，公众对之感知程度差异较大，在行政监管过程中，行政机关多保持克制，将风险管控的决定权交由公众行使，仅提供决策选择机会。鉴于此，在行政公益诉讼中，处理公益损害风险时，应遵循行政法律监督谦抑性，平衡行政法律监督与公益维护之间的关系，仅得在行政监管风险决策与公众风险认知之间发生重大冲突时，检察机关方可启动行政法律监督权予以介入。[2] 处理公益损害可能时，则须根据行政行为状态和公益属性之不同，结合行政法律监督谦抑性，予以类型化。其中，针对行政违法作为的，当行政行为作出后，或者行政行为作出但尚未执行的，公益损害可能发生的；当行政行为根据违法依据作出，在法定受保护公益领域，制度公益损害可能发生的，以及针对行政违法不作为的，当行政机关不作为本身与公益可能受损存在一定关联的，可以适用损害预防标准，启动行政法律监督权。

（四）增补多元履职形式

检察实践探索多方参与诉前督促程序，并反哺法律法规之修改，取得一定成效。但是，新增履职形式尚未形成长效机制，同时，不同履职形式之间因功能定位和关系定位不清，使得协同流于形式，弱化治理效能。为了契合国家治理体系现代化，彰显行政法律监督协同治理功能，应在坚持检察建议履职形式的基础上，增补磋商形式作为检察建议的法定必经前置

---

[1] Ludwig K. and Emanuela Orlando, *Principles of Environmental Law*, Cheltenham: Edward Elgar Publishing, 2018, pp. 161–183.

[2] 张百灵：《预防性环境行政公益诉讼的理论基础与制度展开》，《行政法学研究》2021年第6期。

程序、增补听证、圆桌会议等形式作为磋商纪要、检察建议书形成的多元手段。

一方面，增补磋商作为检察建议法定的、必经的前置程序，共同组成诉前督促程序的履职形式。根据诉前督促程序的实践逻辑可知，诉前督促程序设置的直接功能即是通过检察机关的提醒，督促行政机关依法履职。检察建议履职形式的确定确实可以实现这一功能，契合逻辑前提，但是，即使检察建议不具有强制性，作为法定形式制发的检察建议仍然是对行政机关履职的一种否定。因此，为了充分调动行政机关履职积极性，缓和检察机关与行政机关之间的对立，补强行政行为合法性，实现协同治理，有必要引入更具灵活性和高效性的磋商作为法定履职形式。同时，在制定磋商规则时，应明确行政机关与检察机关之间的沟通内容、沟通时间以及磋商不能的后续程序，明确磋商不能替代检察建议本身，当出现拒绝磋商、磋商不成、磋商后消极履职的，应继续且及时发出检察建议。

另一方面，增补听证、圆桌会议等多元参与形式作为磋商纪要、检察建议书形成的手段。根据行政法律监督的协同性可知，为了提高磋商和检察建议的实效，促使行政机关积极接受法律监督，行政机关与检察机关就是否履职、如何履职达成共识是其中关键。通过听证、圆桌会议等形式，不仅邀请公益诉讼当事人，还邀请其他监督人员、专家或者原行政法律关系中的利害关系人，形成行政机关可以接受的、同时实现行政法律监督的履职方案，提高磋商和检察建议的质效，实现协同治理。此外，在制定听证或圆桌会议规则时，应根据参与主体的不同区别沟通内容，明确听证、圆桌会议是形成磋商纪要、检察建议书的手段，不具有排他性，不能单独存在。

第三节　行政公益诉讼检察建议权运行之优化方向

根据《行政诉讼法》之规定，行政公益诉讼检察建议是检察机关开展诉前督促机制、实现行政法律监督权的唯一法定形式，是检察机关与行政机关沟通对话的重要方式，检察建议的制发质效直接影响诉前督促效能发挥。然而，学界和实务界多强调检察建议的谦抑性和非强制性，证成检察建议的权力属性，忽视国家治理体系现代化下，诉前督促程序的逻辑前提，模糊行政公益诉讼检察建议功能增量，偏差定位行政公益诉讼检察建议功能，致使检察机关制发检察建议存在诸多缺失。鉴于此，有必要在国家治理体系现代化视阈下，根据诉前督促程序的逻辑前提，厘定行政公益诉讼检察建议功能定位，并结合检察实践，审视检察建议权运行机制，以期弥补其中缺失，促使行政公益诉讼检察建议权良性运行，优化行政公益诉讼诉前督促机制。

一　行政公益诉讼检察建议权的功能定位

自 1981 年各级检察机关采取检察建议综合治理社会治安至今，检察建议作为发端于检察实践的重要措施，[①] 其适用范围从社会治安综合治理逐渐向诉讼监督、行政合法性监督扩围，并反哺法律法规之制定。2019 年，全国人大常委会修改《人民检察院组织法》明确增补"检察建议"作为检察机关行使法律监督职权的法定方式，初步确定检察建议定位。结合《行政诉讼法》以及《人民检察院检察建议工作规定》（以下简称《工作规定》）之规定，行政公益诉讼检察建议成为一类法定检察建议形式，除遵循法律监督功能谦抑性的逻辑前提，延续督促功能外，还因国家治理体系现代化视阈下，诉前督促程序协同性、独立性的增补，兼具协同治理功能和有限处断功能。

（一）谦抑性的承继与表达：督促履职功能

早在 21 世纪初，学界已对检察建议属性作出探讨，主要发展出"权力性""非权力性""部分权力性"三种观点。其中，持"权力性"观点的学者，根据行为后果以及功能实现，分别从正向[②]和反向[③]两方面，论证检察建议的权力属性，认定检察建议属于我国特有的功能性权力。持"非权力性"观点的学者，根据职权法定原则和非强制属性，否定检察建议的权力属性。[④] 持"部分权力性"观点的学者区别适用范围，认可检察建议实现法律监督时具有权力属性，否定检察建议实现社会治理时具有权

[①]　姜伟、杨隽：《检察建议法制化的历史、现实和比较》，《政治与法律》2010 年第 10 期。

[②]　张智辉：《论检察机关的建议权》，《西南政法大学学报》2007 年第 2 期。

[③]　韩成军：《检察建议的本质属性与法律规制》，《河南大学学报》（社会科学版）2014 年第 5 期。

[④]　吕涛：《检察建议的法理分析》，《法学论坛》2010 年第 2 期。

力属性。① 然而，无论根据系统论者还是"成本—效益"论者对权力的界定，是否具有强制力并非作为判断权力存在与否的唯一标准。② 相反，根据权力形成过程，论者分别类型化权力样态，区别科层式权力结构与协作式权力结构，将权力分为以强制力保障、严格等级的权力，以及以影响力保障、处断性有限的程序性权力。③

根据我国宪制规定，结合功能适当原则之要义可知，作为实现法律监督功能的法律监督机关，检察机关行使的各项权能具有权力属性，兼具事后性和程序性。行政公益诉讼检察建议作为检察机关履行法律监督职权的法定形式，符合职权法定原则，继承谦抑性，并通过事后性和程序性的权力予以表达，具备督促功能：一方面，检察建议具有权力属性。考察行政公益诉讼检察建议行使过程，检察建议具有公权力属性。首先，检察建议的行使主体为宪定国家机关。其次，检察建议的行使具有外部性，是检察机关针对其他国家机关作出的。再次，检察建议的载体以法定检察建议书的形式表现。最后，检察建议行使后果具有一定影响力和约束力，需要被建议主体予以回应。同时，《行政诉讼法》和《人民检察院组织法》的修订，弥补了检察建议权力法制属性不足之缺失，契合职权法定原则。另一方面，检察建议承继并反作用于法律监督谦抑性，通过事后性、程序性权力予以表达，具有督促功能。作为履行法律监督职权的法定形式，检察建议自然而然继承实现法律监督的谦抑性，延续检察权事后性、程序性的权力属性。根据前文分析可知，作为诉前程序的唯一法定履职形式，行政公益诉讼检察建议以督促功能为主，既是对行政机关已经实施的法律行为开展的监督，延续权力的事后属性，又是以提醒而非替代行政机关依法行政的方式，延续权力的程序性，契合并反作用于谦抑性的规范表达。

（二）协同性的延伸与表达：协同治理功能

国家治理体系现代化通过治理的规范化、协同化、民主化等予以实现。行政法律监督权运行与国家治理体系现代化相耦合，转化为行政公益

---

① 万毅、李小东：《权力的边界：检察建议的实证分析》，《东方法学》2008 年第 1 期。
② 卢护锋：《检察建议的柔性效力及其保障》，《甘肃社会科学》2017 年第 5 期。
③ 李立景：《协同赋权：新时代中国检察建议的范式转型与重构》，《湖南社会科学》2020 年第 5 期。

诉讼检察建议权运行现代化，除延续根本的谦抑性外，还增补了协同性，确立协同治理功能。行政公益诉讼检察建议权运行全过程，即权力的启动、建议的形成、权力的终止均需要多方主体有意义地参与协调，增补协同治理功能。其中，在权力启动方面，根据前文分析可知，可以邀请行政公益诉讼关联人、行政法律关系当事人、听证人员等主体通过听证、圆桌会议等形式，就是否存在违法行政行为、是否存在公共利益、公共利益是否遭受侵害等事实问题和法律问题进行沟通。在建议内容形成方面，需要行政机关有意义地协同。检察机关不仅为行政机关提供参与机会，还充分考量行政机关的应答，综合评估行政机关的履职能力。在权力终止方面，需要行政机关与检察机关积极沟通。检察建议权的行使并不以检察建议的提出而结束，而是延续至对检察建议效果评估。评估过程中，仍然需要行政机关参与其中，积极与检察机关作过程性、结果性沟通。

（三）独立性和司法性的呼应与表达：有限处断功能

诉前督促程序相较于立案程序和诉讼程序具有一定独立性。为了实现独立性，需要践行行政机关补强行政行为合法性的实践逻辑。因此，相较于其他类型的检察建议，行政公益诉讼检察建议除了延续谦抑性，以提醒行政机关履职的柔性效力予以保障外，还需要保障诉前督促程序的独立性。为实现诉前督促程序的实践逻辑，保障诉前督促程序的独立性，需要对行政机关是否依法履职；是否应该通过履行法定监管职责，维护公共利益等实体性问题作出处断。但是，行政公益诉讼检察建议权对实体性问题的处断，并不是在处断内容上强制要求行政机关履职，而是在程序上要求监督对象对处断内容积极作出回应，否则将承担不利后果。[①] 因此，行政公益诉讼检察建议权对实体性问题的处断并不能替代行政机关履职，而是在遵循行政法律监督谦抑性的基础上，为保证诉前督促程序的独立性，对实体性问题作出的有限处断，从而使得行政公益诉讼检察建议权具有有限处断功能。

同时，通过独立性与司法性的互动，行政公益诉讼检察建议权以案件办理模式运行，反作用于行政公益诉讼检察建议权的有限处断功能。所谓"司法性"是指通过调查取证，以法定程序、法定形式确定违法事实，提出相应建议或要求。司法性强调事实证据证明性、程序仪式性、调查核实

---

① 王万华：《完善检察机关提起行政公益诉讼制度的若干问题》，《法学杂志》2018年第1期。

结果案卷性。① 根据中共中央的文件以及现有研究成果可知，作为外部性的检察权具有适度司法性已在学界和实务界达成共识。检察建议权作为检察机关履行检察权能的法定权力，其以案件办理模式运行，契合并反哺适度司法性。国家治理体系现代化背景下，行政公益诉讼诉前督促程序具有独立性的实践逻辑，经行政公益诉讼检察建议权司法性的彰显，检察机关通过调查行政机关违法事实、执行建议流程、形成案卷，增强检察机关对实体性问题处断的说服力，提高行政公益诉讼检察建议权有限处断功能的效能。

二　行政公益诉讼检察建议权的运行缺失

自行政公益诉讼试点开始至今，行政公益诉讼检察建议作为检察机关行政公益诉讼诉前实现法律监督功能的法定履职方式，在规范表达上，分别在文书制发、异议、反馈、跟进调查等权力实现要素方面不断予以规制完善（详见表3-7）。但是，由于行政公益诉讼检察建议权在运行过程中，忽略诉前督促程序的逻辑前提，尚未厘清权力的功能定位，因此，主要在文书制发和跟进两方面存在一定缺失。②

（一）文书制发机制不断完善，但整体缺乏规范性

检察机关通过行政公益诉讼检察建议权运行，促使行政机关回复整改率不断提高。究其原因，离不开检察建议书制发质量的不断提升：一方面，在规范表达上，不断增补、完善影响制发质量的实现要素，分别就文书载明内容、送达方式、送达时间、保障机制等作出明确规定，提高检察建议的接受度，以及在制发程序上的仪式感；另一方面，在检察建议形成过程中，引入听证、圆桌会议等多元协同手段，提高检察建议说服力和影响力。例如，山东省烟台市人民检察院出台《公益诉讼办案听证工作指引》，明确在形成检察建议过程中，当公共利益侵害事实、被监督对象及其履职状态存在争议时，可以邀请当事人、听证员等召开听证会议。然而，由于忽略诉前督促程序的逻辑前提，偏差认识权力的功能定位，行政

---

① 黄文艺、魏鹏：《国家治理现代化视野下检察建议制度研究》，《社会科学战线》2020年第11期。

② 需要特别说明，关于行政公益诉讼检察建议权的启动条件与诉前行政法律监督权的启动条件有高度重合之处，在此不再单独论证。

表 3-7　检察建议权实现要素规则规定情况

规范名称	出台时间	内容					
^	^	文书内容	救济	履职回复期	送达	程序	保障
《试点工作实施办法》	2015年12月16日	—	—	1个月	—	—	—
《公益诉讼解释》	2020年12月28日	行政机关名称、案源、违法事实和法律依据、提出法律依据、建议内容、期限、其他	—	2个月/15日	7日内	—	—
《办案指南》	2018年3月12日	违法事实和法律依据具体、精准，充分释法，不干涉正常履职和自由裁量	—	2个月/15日	—	跟进调查	—
《加强协作污染防治的意见》	2019年1月2日	阐明事实和依据、事实、违法情形或应消除隐患、建议内容及法律依据、异议、书面回复期、其他	—	—	—	—	—
《工作规定》	2019年2月26日	明确案源、违法事实、建议内容及法律依据准确，明确回复期、意见部分明确、充分释法说理	可异议，可变更或者撤回	2个月/尽快	书面或宣告，5日内备案	—	将制发质效纳入检察官履职绩效考核
《加强协作保障食品药品安全的意见》	2020年7月28日	准确写明违法事实和法律依据、具体、充分释法说理	—	—	—	—	—

续表

规范名称	出台时间	内容				
^	^	文书内容	救济	履职回复期	送达	程序	保障

规范名称	出台时间	文书内容	救济	履职回复期	送达	程序	保障
《办案规则》	2021年7月1日	行政机关名称、案源、公共利益侵害事实、行政机关不依法履行职责的事实和理由、提出检察建议的法律依据、建议内容、整改期限、其他	—	—	3日内送达，可宣告	跟进调查	必要时邀请人大代表、政协委员、监督员等
《辽宁省关于加强公益诉讼检察工作的决定》	2019年11月28日	强化内容的释法说理性，明确行政机关违法行使职权或不作为的事实、法律依据、意见要精准、具体	—	法定期限	宣告和公告	跟踪监督	建议报人大常委、监察机关及报建议单位上级部门；回复指标体系；绩效考核指标不落实的，监察机关追责
《广东省关于加强检察公益诉讼工作的决定》	2020年7月29日	准确适用违法行使职权或者不作为的认定标准，写明有关事实依据和法律依据，提出明确具体的意见	—	2个月/15日	—	跟进	回复列入依法行政考核指标

资料来源：本表按照规范性文件适用范围由中央到地方、出台时间由先到后排列。

注：关于地方人大出台的有关公益诉讼的专项决定，仅列举最具代表性的。

公益诉讼检察建议在制发过程中，仍然存在一定缺失，并通过检察建议书的形式、内容和建议三个方面表现出来。

第一，在形式上，文书制作格式化有余但类型化不足。根据法律法规之规定以及检察实践可知，行政公益诉讼检察建议书必须按照最高人民检察院统一制作的文书样本操作，主要由案件线索来源、公益受损事实、行政违法事实、建议四部分组成。虽然这一规定保证了权力运行的一体化，但是，在实践中却忽视了不同受保护公益领域的差异性，形成"千人一面"，模糊权力运行的异质性，影响行政公益诉讼检察建议权结构性优化。首先，在案件线索来源方面，根据前文分析可知，检察机关在31.7%的案件中并未明确案件线索来源，在45.17%的案件中模糊案件线索来源，笼统适用"履职过程中发现"之表达。笼统表达之适用，忽略救济不同公共利益案件线索来源的差异性，影响权力启动机制优化，尤其在智能化背景下不利于案源抓取。其次，在公益受损事实方面，检察建议书多陈述事实，并未论证存在公共利益本身，或者仅对存在公共利益作简单、笼统描述，缺乏说服力，尤其是在新领域，这一缺失带来的问题越发凸显，影响行政公益诉讼检察建议权督促功能和有限处断功能发挥。例如，在江西省龙南县文化广电新闻出版旅游局不依法履职案①中，检察机关仅描述客家围屋失修之事实，笼统定性"公益受损"，但是，具体是哪类公共利益遭受侵害，检察机关并未作出明确说明，无论不同公共利益采用不同类型的检察建议书，从而使得文书本身缺乏一定的说服力。

第二，在内容上，事实描述有余但规范性不足。检察机关先后通过《工作规定》《办案指南》《办案规则》等规范性文件，为检察建议应载明的具体内容提供框架，其中，载明存在行政行为违法性和公益遭受侵害性是检察建议书的重要组成部分。实践中，在行政行为违法性论证方面，检察机关多就事论事，虽然能够较详细描述违法事实，但是，在表达上，事实论证与工作总结类似，缺乏严肃性；在逻辑上，割裂违法事实与法律依据之间的关联性，呈现"两张皮"，缺乏说服力。例如，在江苏省睢宁县生态环境局不依法履职案②中，检察机关分段描述违法事实，并根据

---

① 江西省龙南县人民检察院检察建议书，龙检行公〔2019〕36072700012号。
② 江苏省睢宁县人民检察院检察建议书，检行公〔2019〕32032400004号。

《环保法》《固体废物污染环境防治法》之规定，笼统描述县环境局应承担本区划环保统一监管职责，但是，并未论证说明违法事实与法定职责之间的关系。在公益受损事实与违法行政行为之间关系论证方面，检察机关往往忽略论证二者之间的关联性，即使偶有论证，通常使用"行政机关违法履职侵害国家和社会公共利益"的表述，一笔带过。例如，在山西省长治市环境保护局不依法履职案①中，检察机关仅简单说明市环境保护局怠于监管不规范处理医疗废物的行为，"可能造成周边环境污染，侵害社会公共利益"，并未对公益遭受侵害与违法履职之间的关系生发过程作详细论证。

第三，在建议上，个性化有余但一体化不足。由于《办案指南》和《办案规则》都只是笼统规定检察建议书应载明"建议的具体内容"，并未对"具体内容"应包含的要素作统一要求，致使检察实践中，建议内容详略不一，类案倡导选择不一，使得建议内容缺乏统一性（详见表3-8）。其中，在建议内容详略方面，以相对笼统建议为主，以相对具体建议为辅。适用相对笼统建议的，检察机关在内容上仅列明违法行政机关、违法行政行为、侵权行为人、被侵害的公益。在表达上往往采用"建议相关行政机关就特定侵权行为依法履行监管职责"的格式化表述。例如，在吉林省白河森林公安局不依法履职案中，检察机关建议森林公安局"依法履行职责，恢复3106平方米国有林地原状"②。适用相对具体建议的，检察机关还列明履职时间、措施选择和法律要件选择。例如，在甘肃省岷县综合执法局不依法履职案中，检察机关建议县综合执法局"严格履行城市规划管理职责，制订整改方案，责令甘肃润宇建筑安装工程有限公司限期拆除违规建筑物，清除建筑垃圾，疏浚河道，确保行洪畅通和度汛安全"③。然而，当出现怠于全面履职或违法履职情势时，使用相对笼统建议的，使得建议内容并不具有明确的指引作用，从而减损协同治理效能。当出现完全怠于履职之情势时，使用相对具体建议，使得建议内容可能超越指引，逾越督促功能之边界。在类案倡导方面，为了达到"办理一案治理一片"的效果，检察机关在个案引导基础上，还通过历时性或共时性以点及面的形式，倡导行政机关在类案中依法行政。例如，在甘肃

---

① 山西省长治市城区人民检察院检察建议书，城检行公〔2018〕17号。
② 吉林省白河林区人民检察院检察建议书，白林检行公〔2019〕22990400003号。
③ 甘肃省岷县人民检察院检察建议书，岷检民（行）行政违监〔2018〕62112600002-2号。

省舟曲县水务局不依法履职案①中,检察机关不仅建议县水务局处罚行政相对人的违法行为,实现个案正义,还建议县水务局组织专项活动,对全县范围内非法偷采砂石、占用河道的情况开展专项督查,实现类案监督。虽然类案建议为救济公共利益作出一定贡献,但是,根据《公益诉讼解释》和《办案规则》之规定,检察机关提起行政公益诉讼的,以一定的证据材料和证明材料为前提。因此,在缺乏行政机关违法履职证据材料的情况下,不加限制地采用类案建议督促依法行政,可能使之沦为形式,降低行政公益诉讼检察建议权司法性,阻碍行政公益诉讼检察建议权有限处断功能之优化。

表 3-8　　　　　　　　检察建议内容情况案件统计一览

建议内容			案件数量（件）	占比（%）
建议详略	相对笼统		497	53.96
	相对具体	措施选择	197	21.39
		履职时限	136	14.77
		法律要件	91	9.88
		合计	424	46.04
类案建议	历时性以点及面		9	0.98
	共时性以点及面		78	8.47
	合计		87	9.45

资料来源：根据"中国裁判文书网"2017—2021 年公布的判决书整理得出。

（二）跟进程序不断加强,但权力间沟通/衔接不畅

根据法律法规之规定可知,行政公益诉讼检察建议权运行并不以文书的送达而终止,而是以跟进程序的完成为节点,通过跟进评估行政机关依法履职情况和公共利益获得救济的情况,完成权力运行,结束诉前督促程序。实践中,自 2018 年《公益诉讼解释》和《办案指南》出台以来,检察机关通过完善行政机关履职期限规定、增补行政机关履职阻却事由的合法性规定,不断重视和加强跟进调查,保证诉前督促程序逻辑前提的实现。但是,在判断行政机关是否依法履职以及行政机关异议表达方面,行政公益诉讼检察建议权分别与行政权、行政公益诉权沟

---

① 甘肃省舟曲县人民检察院检察建议书,舟检民（行）行政违监〔2018〕62302300004 号。

通、衔接不畅。

第一，更加尊重行政优先，但仍欠缺一体化依法行政判断标准，行政公益诉讼检察建议权与行政公益诉权衔接不畅。在规范表达上，检察机关跟进判断行政机关是否依法行政时，仍践行诉前督促程序启动条件中的一般规定，并且，根据《办案规则》之规定，跟进调查在启动条件基础上，特别强调客观不能成为阻却行政机关依法履职的合法条件，并通过践行穷尽行政救济原则和考察行政勤勉程度，完善客观不能的成立条件，回应检察实践仅凭公益受保护结果或者行政机关怠于回复检察建议的行为，不当运行行政公益诉权启动诉讼程序的情势。但是，无论规范表达还是检察实践仍未统一行为有效性、行为全面性、结果有效性判断标准的适用顺位，尚未就依法行政形成一体化判断标准。根据2017—2021年公布的判决书样本可知，检察机关在279件案件中单独适用结果标准，认定行政机关履职状态，占30.29%；在330件案件中适用行为有效性和全面性标准，认定行政机关履职状态，占35.83%；在312件案件中通过同时跟进调查核实行政行为履行状态和遭受侵害公共利益的状态，认定行政机关履职状态，占33.88%，从而影响行政公益诉讼检察权能内部检察建议权与诉权之间的衔接。同时，根据前文分析可知，诉前检察实践以单一结果为导向，反向判定行政机关是否依法履行监管职责的，可能违背行政法律监督的规范要义，不当加重行政机关履职负担，打破"功能秩序"平衡。跟进调查仍在30.29%的案件中单独适用结果判断标准，可能使得行政公益诉讼制度面临空转的困境。

第二，异议期缺乏可操作性，行政公益诉讼检察建议权与行政权沟通不畅。根据《工作规定》之规定，行政机关享有异议权。但是，无论根据《办案规则》之规定还是根据检察实践，检察机关并未区别履职回复期限和异议期限，亦未单独设定异议期限。虽然现行规则体系强调行政机关履职阻却事由的合法性，但是，阻却事由主要适用于履职回复期内，行政机关勤勉履职之后，行政机关因履职规律或自然规律等客观阻却，可与检察机关沟通。行政机关不能在勤勉履职前，针对检察机关不当履职情况提出异议。并且，在磋商程序尚未形成长效机制时，或者在磋商、听证之后出现新增情势时，行政机关缺乏因检察机关不当履职的异议沟通，阻碍行政公益诉讼检察建议权与行政权之间沟通的不良后果将更加凸显。例如，在云南省建水县人民防空办公室不依法履职案①中，行政机关在诉讼中答辩，主张自身并不属于追缴利息的责任主体，检察机关属于不当履职，审判机关依法支持行政机关抗辩。如若在跟进调查中增设异议期，则可以疏导行政公益诉讼检察建议权与行政权进行充分沟通。

三 围绕功能定位优化行政公益诉讼检察建议权运行

根据检察实践可知，一方面，模糊行政公益诉讼检察建议权不同功能对应诉前督促程序不同逻辑前提的表征，忽略督促行政机关履职与尊重行政机关首次判断权之间的平衡，在权力外部层面偏差定位检察建议权之功能，在制发内容上、建议上，以及在跟进调查异议上，缺乏规范性和可操作性；另一方面，强调检察权能之间法律监督功能的共性，忽略其中的差异性，往往在权力内部配置层面，偏差定位有限处断功能，模糊不同类型检察建议权之间，以及行政公益诉讼检察建议权与行政公益诉权之间的边界，使得行政公益诉讼检察建议权运行存在一定缺失。因此，为了在行政公益诉讼诉前阶段实现检察机关与行政机关之间的协调共治，平衡检察权与行政权之间的"功能秩序"，优化行政公益诉讼检察建议权力结构，需要回归诉前督促程序的逻辑前提，围绕行政公益诉讼检察建议权的功能定位，弥补检察实践缺失，分别从制发和跟进两方面，厘定行政公益诉讼检察建议权的运行限度，从而提高行政公益诉讼诉前督促效能，顺应国家治理体系现代化的发展要求。

（一）提高文书制发规范性

围绕行政公益诉讼检察建议权功能定位，分别在检察建议制发的形式上增加类型化处理、内容上增加说服力、建议上增加指引性，不断规范文书制发。

第一，在形式上，区别公益类型，调整文书格式。根据前文分析可知，为了统一行政公益诉讼检察建议文书形式，必须按照最高人民检察院制作的格式文书样本予以操作。然而，实践中，不同公共利益的性质存在一定差异，证明不同公共利益存在以及遭受侵害的证明程度因此有所不同，尤其在证明新领域存在公共利益时，其证明程度与法定公益的证明程度存在较大区别。通过格式化文书样本的适用，各级各类检察机关制发检

---

① 云南省建水县人民法院行政判决书，〔2017〕云 2524 行初字第 2 号。

察建议时，不仅在结构上趋于雷同，在表达上亦趋于格式化，缺乏必要的差异化。因此，在统一文书样本的同时，应根据功能定位，以规范性、说理性为指导，结合公共利益差异性，给予各级各类检察机关以一定的能动空间。

第二，在内容上，突出规范援引和关系说明，增强说理性。根据前文分析可知，检察建议虽然在内容效力上不具有强制力，但是，检察建议仍然具有权力属性，属于法律行为，应该具有一定的规范性。同时，相较于其他类型检察建议权，行政公益诉讼检察建议权因诉前督促程序的独立性与检察权能本身的司法性的相互作用，增补有限处断功能，而有限处断功能的实现与否主要取决于行政机关对检察建议的信服程度。鉴于此，有必要以提高检察建议说理力和可操作性为指引，围绕功能定位优化现有法律法规和检察实践。一方面，明确应援引规范的部分。一是增补援引行政公益诉讼检察建议权全过程运行的法律依据，包括但不限于检察建议启动依据、作出建议的依据、跟进调查的依据；二是增补援引维护公共利益的法律依据，分别通过实体法和程序法之规定，确定受保护的公共利益；[①] 三是继续明确援引行政监管职责的依据。另一方面，明确关系说明。一是增补规则与公共利益之间的关系说明，明确公共利益存在且受法律保护，[②] 二是优化规则与违法行政之间的关系说明，使得证明违法行为有据可依，三是增补违法行政与公益遭受侵害之间的关系说明，弥合违法行为与公益遭受侵害之间的"两张皮"，使得监督违法行政行为具有明确的针对性。

第三，在建议上，类型化建议内容，慎用类案建议，增强指引性和规范性。首先，在内容详略安排方面，需要将建议内容予以类型化。由于检察机关依法采取检察建议督促行政机关履职，需要将督促情况反馈给行政机关，因此，载明具体内容的检察建议应当具有指引作用，能够引导行政机关纠正违法行政行为。然而，根据前文分析可知，检察机关在尚未区分违法履行监管职责具体状态的前提下，采用相对笼统建议或相对具体建议，指引行政机关补强履职合法性的，出现指代不明或者直接替代履职的缺失。因此，应在法制统一原则指导下，在区别检察建议功能的基础上，

[①] 关保英：《行政公益诉讼中检察建议援用法律研究》，《法学评论》2021年第2期。
[②] 封蔚然：《行政公益诉讼检察建议的制度完善》，《江西社会科学》2020年第8期。

根据行政监管职责履行状态，将建议内容予以类型化：一是针对完全怠于或违法履行监管职责的，宜采用相对笼统建议的形式，向行政机关反馈的内容载明违法行政主体和违法行为，有足够的指向性即可；二是针对不完全履行监管职责的，宜采用相对具体建议的形式，向行政机关反馈的内容不仅应当载明违法行政主体和违法行为，还应当载明尚未履行的监管职责、履职依据等内容。其次，在类案建议适用方面，需要限定类案建议适用范围。根据《公益诉讼解释》和《办案规则》之规定，检察机关提起行政公益诉讼的，以一定的证据材料和证明材料为前提。然而，根据前文分析可知，检察机关适用类案建议介入行政监管职责的实践可能阻碍检察建议权之优化，因此，宜围绕谦抑的督促功能和有限的处断功能，修正类案建议适用范围，明确仅得在调查核实形成一定证据链条的基础上，方可适用类案督促方式，促使行政机关纠正履职时有据可依，增强检察建议权行使规范性。

（二）增强跟进调查沟通环节

突出强调行政公益诉讼检察建议权的督促功能和协同治理功能，分别在行政行为违法性判断标准上作一体化处理、在异议程序上作强调，增强跟进调查的沟通环节。

第一，统一行政行为违法性判断标准。根据前文分析可知，规范表达尚未在跟进调查中统一行政行为违法性判断标准，检察实践仍有以单一结果为导向，反向判定行政机关仍不依法履行监管职责的情形。因此，为了避免行政公益诉讼制度趋向空转，增强行政公益诉讼检察建议权与行政权、行政公益诉权之间的沟通，维持行政公益诉讼检察建议权与外部行政权、内部行政公益诉权之间的秩序平衡，仍应始终贯彻诉前督促程序的逻辑前提，并根据行政法律监督权启动条件中确立的行政行为违法性判断标准，调整跟进调查中应确立的行政行为违法性判断标准，坚持以行政行为作为基本判断标准，确定以行政行为有效性为基础，以结果有效性为参照，以行政行为全面性为兜底的一体化适用顺位。同时，由于跟进调查需要与诉讼程序相衔接，因此，相较于启动条件中的判断标准，跟进调查中行政行为违法性判断标准，应更加重视客观不能因素的阻却，强调行政机关作出行政行为在主观上的勤勉和充分程度，以及在客观上履职不能的合理性。

第二，增补强调异议期。根据前文分析可知，现行规则体系中有关异议期的规定形同虚设。然而，具有可操作性的异议期可以加强检察机关与行政机关之间的沟通，增强行政公益诉讼检察建议权的影响力和约束力。因此，为了平衡行政公益诉讼检察建议权的督促功能以及协同治理功能，应增设行政机关针对检察建议的异议期，并分别在功能、内容、程序、期限四个方面作出限定。其中，在功能上，与履职回复相区别，明确以纠正不当检察建议为主；在内容上，以行政机关无需承担监管职责为主；在程序上，异议期独立于履职回复期而存在；在期限上，不宜过长，根据履职规律，可规定在收到检察建议书之日起3个工作日内提出。

本章小结

行政公益诉讼诉前督促程序作为行政公益诉讼"阶段构造"的第二阶段，检察机关主要通过履行行政法律监督权，在确定权能启动条件、主要履职形式运行的基础上，开展督促行政机关依法履职工作。根据国家治理体系现代化对行政法律监督的逻辑投射，反思现有督促履职机制可知，现有立法安排和检察实践在行政法律监督权能启动条件和运行条件方面，不仅忽略行政公益诉讼"阶段构造"，而且还缺乏一体化标准。为了夯实行政公益诉讼"梯级秩序"中的第二级梯度，有必要结合一体化优势，在考量行政法律监督权与行政权协同治理，侧重行政行为违法性判断要素权重配比的基础上，统一行政法律监督权能启动条件，优化行政公益诉讼检察建议权运行条件，反哺诉前督促程序的规则修正和履职形式增补。

在统一启动条件方面，须分别在公益诉讼类型选择、履职阶段、违法行为判断要素、公共利益受损事实、履职形式五个方面作一体化修正。其中，在诉讼类型选择方面，明确"三诉一体"诉讼类型适用必要性。在违法行政行为判断依据方面，根据规则位阶差异，在坚持以法律法规为依据、以规范性文件和权责清单等为参照的基础上，辅之以尊重行政机关的优先判断。在违法行政行为审查类型方面，增补审查作为型抽象行政行为、排除审查不具有外部性的内部行政行为。在违法行为判断标准方面，坚持以行政行为作为基本判断标准，确定以行政行为有效性为基础，以结果有效性为参照，以行政行为全面性为兜底，以行政行为客观不能为调节的一体化适用顺位。同时，结合审查内容和行为性质，类型化行为标准指导检察实践。在公益受损事实判断方面，引入预防理念，区别预防属性、行政行为状态和公益属性，明确全面适用损害预防原则，有限适用风险预防原则。在履职形式方面，增补磋商作为检察建议法定的必经前置程序，增补听证、圆桌会议等作为磋商纪要、检察建议书形成的多元手段。

在优化行政公益诉讼检察建议权运行条件方面，需要在文书形式上，保障文书统一性的同时，兼顾公益类型调整文书格式；在内容上，增补援引权力全过程运行的法律依据、维护公共利益的法律依据，延续援引行政监管职责的法律依据。增补并优化法律依据与公共利益之间、与违法行政之间，以及违法行政与公益遭受侵害之间的关系说明；在建议上，根据行政监管职责履行状态，类型化建议内容，限定适用类案建议，提高文书制发规范性。同时，需要在行政法律监督权启动条件基础上，强调客观不能因素的阻却，统一跟进调查判断违法行政行为适用的标准；明确增设异议期，增强跟进调查的沟通环节。

第四章　诉讼阶段检察机关保障履职机制检视

《行政诉讼法》第25条第4款规定，"行政机关不依法履行职责的，人民检察院依法向人民法院提起诉讼"。在原则上明确当行政机关不依法履职的，检察机关享有向审判机关提起行政公益诉讼，保障行政机关依法履职的权能。《公益诉讼解释》《办案规则》作出细化，强调检察机关以"公益诉讼起诉人"身份提起行政公益诉讼，并依照《行政诉讼法》之规定，享有诉讼权利，履行诉讼义务。经过5年全面实施行政公益诉讼制度，检察机关通过诉权运行，向人民法院提起行政公益诉讼的案件数量整体偏少且偶有回落，[①] 同时，各地检察实践分布严重不均（详见附件2、附件3）。学界和实务界因此较少关注行政公益诉讼程序，主要通过检察机关"公益代表"身份之强调，分析行政行为违法性判断、起诉期限设定和举证责任承担问题，取得一定成果，但并未就相关问题形成共识，亦缺乏对诉讼阶段检察机关诉权运行机制作整体性、系统性研究，从而阻碍行政公益诉讼检察权能运行机制的一体化构建。究其根源在于不当弱化诉讼程序在行政公益诉讼"阶段构造"中的地位，忽略行政法律监督的功能统摄，以及行政法律监督与公益维护之间的动态平衡。鉴于此，有必要解构行政法律监督功能在诉讼阶段的逻辑投射，明确诉讼程序的价值逻辑和实践逻辑，厘清诉讼阶段检察机关的功能定位，并结合行政公益诉讼"阶段构造"和一体化优势，从起诉条件、审判过程中撤诉权和上诉权运行条件两方面，审视并完善检察机关保障履职机制，以期充分发挥行政公益诉权运行效能，构建行政公益诉讼检察权能一体化运行机制。

[①] 笔者根据最高人民检察院2018—2022年度工作报告、公益诉讼工作通报以及调研整理得出检察机关提起行政公益诉讼的相关数据。其中，2017年检察机关提起行政公益诉讼的案件数量为1000余件，2018年为400余件，2019年为2300余件，2020年为2100余件，2021年为1.1万余件。

第一节　设置诉讼保障程序之逻辑前提

根据法律法规之规定可知，当经过诉前督促阶段，行政机关仍不依法履行职责，公共利益仍处于受侵害状态的，检察机关应当以公益诉讼起诉人身份依法提起行政公益诉讼。有学者因此主张，在诉讼阶段，检察机关"公益诉讼人的身份是主要的、第一性的，法律监督机关是补充的、第二性的"[①]。然而，这一论断可能因忽略行政法律监督的功能统摄，盲目追求公益之维护，混淆功能与实现功能要素之间的逻辑关系，打破行政法律监督与公益维护之间的动态平衡，模糊行政公益诉讼程序设置的逻辑前提。因此，有必要根据第一章之论述，在贯彻行政法律监督功能的基础上，结合行政公益诉讼的"阶段构造"和动态平衡理论，明确诉讼程序设置的价值逻辑和实践逻辑，厘清"公益诉讼起诉人"的逻辑表征，并反作用于行政法律监督和公益维护之间的平衡。

一　价值逻辑：谦抑、协同与有限司法

根据第一章的论证可知，在整体上，行政公益诉讼始终贯彻行政法律监督功能，以实现公益维护为基本国家任务，"公益代表"是法律监督拟实现国家任务的当然延伸。在诉讼阶段，行政法律监督功能在价值逻辑的统辖主要表现为协同性、谦抑性和司法性的实现。法律法规设定"公益诉讼起诉人"身份，对公益维护之强调，既有助于实现行政法律监督的谦抑性，又形塑诉讼程序实践逻辑的表征，并不对诉讼程序贯彻行政法律监督功能起颠覆作用。

第一，继续贯彻行政法律监督的谦抑性。虽然《办案指南》和《办案规则》对检察机关提起行政公益诉讼的条件之规定有一定差异性，但是，在时间条件、主体条件、触发条件和主观条件四个方面均作出相对一致的限定，体现行政法律监督的谦抑性。一是通过起诉时间限定，体现行政法律监督谦抑性。《办案指南》和《办案规则》均规定，提起诉讼需要经过诉前督促程序，否则，检察机关不得因行政机关违法履职，侵害公共

[①] 秦前红：《检察机关参与行政公益诉讼理论与实践的若干问题探讨》，《政治与法律》2016年第11期。

利益，直接向审判机关提起诉讼。二是通过主体条件限定，体现行政法律监督谦抑性。《办案指南》和《办案规则》均规定检察机关以"公益诉讼起诉人"之身份提起行政公益诉讼。论者多据此突出强调"公益"之落脚点，主张诉讼阶段应彰显检察机关公益代表身份，甚至认为检察机关兼具"法律监督机关"和"公益诉讼起诉人"身份，可能打破诉讼平衡结构。① 然而，"公益诉讼起诉人"之身份限定还通过"起诉人"之强调，突出行政法律监督的程序性，强调检察机关提起行政公益诉讼还需要与《行政诉讼法》等程序法的一般性规定相衔接。三是通过触发条件限定，体现行政法律监督谦抑性。《办案指南》和《办案规则》规定，行政机关尚未纠正违法行政行为，公共利益仍处于受侵害状态的，检察机关享有行政公益诉权。否则，当行政行为违法性消失或者公益遭受侵害性消失的，检察机关则在个案中丧失行政公益诉权。四是通过主观条件限定，体现行政法律监督谦抑性。《办案指南》和《办案规则》明确规定当符合起诉条件的，检察机关不得随意处置行政公益诉权，而是"应当"行使行政公益诉权，提起行政公益诉讼。

第二，继续贯彻行政法律监督的协同性。根据前文分析可知，法律监督协同性在国家治理体系现代化背景下，具有举足轻重之作用，作为法律监督的制度增量，始终贯穿法律监督属性表达。相较于诉前督促阶段，在诉讼阶段，行政法律监督协同性分别在协同主体和协同功能两方面获得增补。首先，在协同主体方面，增加审判机关作为居中裁断一方，形成三方协同格局。其次，在协同功能方面，增加对实体问题相对完全的处断功能，保证行政机关依法履职，在检察权、行政权和审判权之间形成"功能秩序"。不同于诉前检察机关对实体问题作有限处断，在诉讼阶段，以审判机关对实体问题享有相对完全处断作保障，检察机关、行政机关与审判机关各司其职，实现协同治理。其中，检察机关主要承担启动诉讼程序、推进诉讼程序的职责，并以诉讼场域限定，直接或者变通适用行政诉讼程序法律之规定；行政机关主要根据检察机关之主张承担提出抗辩、辅助诉讼进程的职责，并在审判过程中补强行政行为合法性，或者执行裁判结果；审判机关主要承担实体问题以及程序问题的处断、明晰行政机关应

---

① 姜涛：《检察机关提起行政公益诉讼制度：一个中国问题的思考》，《政法论坛》2015年第6期。

承担权责的职责,在处断结果实现方面,可强制行政机关依法履职。

第三,突出表现行政法律监督的有限司法性。根据前文分析可知,行政法律监督的司法化强调事实证据证明性和程序仪式性。结合诉讼本身强调两造对抗和居中裁断,① 在诉讼阶段,为了说服居中裁断的审判机关作出有利于一方的裁判,需要检察机关和行政机关严格遵守行政诉讼的法定程序,对双方争议事项进行充分说理。因此,诉讼程序本身对程序仪式性的强调可以增强行政法律监督的仪式性。同时,诉讼中的充分说理性要求检察机关充分调查核实行政行为的违法事实、公益遭受侵害的结果事实以及二者之间的关系,因此形成诉讼中可用的证据,夯实事实证据证明性,② 从而反作用于行政法律监督的司法性。但是,不同于行政私益诉讼中的两造对抗,行政公益诉讼中,检察机关和行政机关之间实则行"对抗"之名,证明行政机关是否不依法履职,却实现协同治理之实,补强行政行为合法性,维护公共利益。

二 实践逻辑:程序保障

为了践行诉讼程序的价值导向,我国颁行一系列法律法规,配置行政公益诉权,明确当诉前督促不能时,检察机关应当以公益诉讼起诉人之身份提起行政公益诉讼,强调诉讼程序的保障性,形成以维护公益为内容,以行政法律监督为界限的实践逻辑。

第一,明确诉讼程序的保障性。根据法律法规之规定,结合诉讼程序的价值逻辑可知,作为行政法律监督谦抑性的投射,诉讼程序是诉前督促履职不能的制度保障,并通过"阶段构造"以及相对独立的权能配置予以表达。首先,在"阶段构造"方面,诉讼程序与诉前督促程序相衔接,当诉前督促机制失灵时,以司法救济作为最后救济途径,保障维护公益任务之实现,形成"为了实现公益维护—强调依法行政"之逻辑,作为对诉前督促程序"督促行政机关依法行政—实现公益维护"之逻辑保障。其次,在权能配置方面,以行政公益诉权的独立配置为基础,实现相对独立的保障功能。根据第一章之论证可知,为了实现行政法律监督功能,通

---

① 王春业:《论行政公益诉讼诉前程序的改革——以适度司法化为导向》,《当代法学》2020年第1期。

② 胡婧:《行政公益诉讼领域检察调查核实权之理论证成与体系化建构》,《甘肃政法学院学报》2020年第4期。

过程序性民主根据行政公益诉讼"阶段构造"分别配置案件线索发现权、行政法律监督权以及行政公益诉权，形成行政公益诉讼检察权能体系。在逻辑关系上，案件线索发现权和行政法律监督权以行政公益诉权的存在为前提和保障，相应地，诉讼程序因此不是行政法律监督权的当然延伸，而是以行政公益诉权为基础，通过行政公益诉权的行使，自成一体。作为"梯级秩序"的最后一梯度，检察机关在诉讼阶段形成侧重不同的权力运行机制，相对独立地实现行政法律监督功能，完成维护公益之任务。

第二，形成以维护公益为内容，以行政法律监督为界限的实践逻辑。根据第一章的论证可知，行政公益诉讼全过程应践行行政法律监督与公益维护之间的表里关系，但我们不能因此否认行政公益诉讼各阶段的特殊性。[①] 根据行政公益诉讼"阶段构造"可知，如果说诉前是通过督促机制有助于实现公益维护，那么，诉讼阶段则是为了实现公益维护，通过保障履职机制，强调依法行政。前者强调实现手段，同时，不得忽略公益维护对行政机关补强行政合法性之限定；后者强调任务实现，同时，不得忽略维护公益任务之实现受制于行政法律监督的事实。因此，行政公益诉权实现要素的权重配比主要侧重结果要素。

一方面，作为诉前督促的保障机制，检察机关通过"公益诉讼起诉人"身份，强调实现公益维护，侧重救济遭受侵害的公益。诉讼程序根据"为了实现公益维护—强调依法行政"之逻辑，在诉前督促不能基础上，为实现公益维护，行政公益诉权实现要素的权重配比应侧重证成公共利益仍然遭受侵害的结果事实。当然，侧重结果事实不是对行政行为违法性的完全摒弃，不能根据公共利益遭受侵害而当然认定行政行为违法，而应在"阶段构造"基础上，强调侵害结果的吸收性。[②] 换言之，虽然公益仍处于遭受侵害的状态是因行政机关尚未纠正违法行政行为导致的，但是，根据行政公益诉讼检察权能之间的"梯级秩序"，检察机关应该通过吸收行为标准，适用结果有效性标准，判断公益仍处于遭受侵害的状态。

另一方面，维护公益以行政法律监督为界限，救济遭受侵害的公益仍受制于诉讼程序的价值逻辑。申言之，虽然诉讼阶段行政公益诉权的

[①] 刘辉：《检察公益诉讼的目的与构造》，《法学论坛》2019 年第 5 期。
[②] 刘加良：《行政公益诉讼中被告依法履行职责的判断标准及其程序应对》，《国家检察官学院学报》2022 年第 2 期。

实现侧重结果要素,但是,仍以行政法律监督的谦抑性、协同性和司法性限定实现维护公益的手段。检察机关仍应尊重行政机关对公共行政的自由裁量,不得以审判机关对实体问题享有的处断为保障,任意要求行政机关作出任何有助于维护公益的行政行为,替代行政机关履职。同时,还应对接《行政诉讼法》的一般性规定,通过限定行政法律监督边界,实现公益之维护,避免对外打破检察权、行政权、审判权之间的"功能秩序"平衡,对内打破行政法律监督权与行政公益诉权之间的"梯级秩序"平衡。

第二节 检察机关提起行政公益诉讼条件之重构

为实现诉讼程序的逻辑前提,发挥行政法律监督协同治理效能,平衡不同国家权力之间的"功能秩序",我国法律法规通过配置行政公益诉权,明确当行政机关不依法履职的,检察机关享有向审判机关提起行政公益诉讼的权能。作为行使行政公益诉权、启动保障履职机制的关键,起诉条件的设置是核心。学界和实务界多关注行政机关"不依法履职"的认定标准,却在研究场域方面,缺乏考量行政公益诉讼"阶段构造";在研究内容方面,缺乏对起诉条件的构成要件作整体性研究,难以形成一体化起诉条件。然而,只有确立相对一体化的起诉条件,才能有助于检察机关形成一致的规律性认识,弥补规则供给不足以及检察实践不统一的缺失。鉴于此,笔者采用规范分析法,在考察立法演进和检察实践侧重基础上,分析其中缺失,并结合诉讼程序的逻辑前提,确定行政公益诉权启动条件的构成要件,重构检察机关提起行政公益诉讼的条件。

一 行政公益诉讼起诉条件的规范表达及其适用

通过把梳有关起诉条件的立法安排和办案实践可知,检察机关分别通过程序性条件和实体性条件的选择组合,试图厘定起诉条件的构成要件,优化各项构成要件组成,但是,在规范表达上和检察实践中分别有所侧重。

(一)起诉条件的立法演进

中央和地方先后通过出台法律法规和规范性文件的形式,分别从包括不依法履职判断、诉请、被告适格、诉讼管辖等在内的实体性条件,以及包括前置程序、主观条件等在内的程序性条件两方面，不断修改完善行政公益诉讼起诉条件的相关规定。其中，在实体性条件方面，一方面，与《行政诉讼法》相衔接，各个规范性文件均原则性地规定检察机关提起行政公益诉讼的，应当具备适格被告、具体诉请、属于人民法院管辖三项条件；另一方面，突出行政公益诉讼的特殊性，各个规范性文件还原则性地规定检察机关提起行政公益诉讼的，应当在法定领域认定行政机关存在不依法履职的事实。但是，各个规范性文件对行政机关不依法履职判断要素、诉请类型及内容、诉讼管辖、适格被告的规定详略不一，侧重不同。在程序性条件方面，各个规范性文件始终强调检察机关只有经过诉前督促程序，行政机关仍然不依法履职的，检察机关才能向审判机关提起行政公益诉讼。但是，不同规范性文件对检察机关提起行政公益诉讼的主观条件规定存在一定差异（详见表4-1）。

第一，在"不依法履职"判断方面，从列举行为违法状态、模糊判断依据、适用结果标准，发展到概括行为违法状态、区别判断依据、适用行为标准。其中，在行为违法状态方面，《试点工作实施办法》通过列举"拒不"纠正违法行为和不作为两类违法状态，明确检察机关监督行为类型。入法以来，各个规范性文件笼统规定检察机关监督行政机关"不依法"履职的违法状态，避免违法状态列举不完全带来的履职缺失。在判断依据方面，《试点工作实施办案》《行政诉讼法》《公益诉讼解释》均笼统强调"依法性"，但是，具体依据何种类型、何种位阶的"法"则未作规定。《办案指南》在此基础上规定"没有回复"检察建议，公共利益处于受侵害状态的，检察机关应当起诉。有将检察建议纳入判断依据组成之趋势。一些省级人大常委会通过有关公益诉讼的专项决定亦作出类似规定。《办案规则》则通过判断标准的表述，明确将检察建议排除出判断依据组成。在判断标准方面，试点期间，检察机关主要根据公共利益仍然处于遭受侵害的状态，适用结果标准判断行政机关不依法履职。入法以来，《办案指南》首次对"不依法履职"的判断标准作出规定，修改强调根据行政行为履行状态，适用行政标准审查行为全面性、有效性和结果有效性，同时，需要考量客观阻却因素的影响。《办案规则》则在《办案指南》的基础上作出调整，虽然仍然规定适用行为标准，但是，行为标准的组成出现增量，不仅强调行为全面性、有效性和结果有效性，还强调行为执行性，同时排除考量客观阻却因素。

表 4-1　行政公益诉讼起诉条件规则规定情况

规范名称	制定时间及主体	不依法履职 状态	不依法履职 依据	不依法履职 标准	起诉条件 诉请 类型	起诉条件 诉请 内容	诉讼管辖	适格被告	前置程序	主观条件
《试点工作实施办法》	2015年12月，最高人民检察院	拒不履行	—	仍处于受害状态	—	—	—	行政机关、法律法规章授权组织	经过诉前	可以
《行政诉讼法》	2017年7月，全国人大常委会	不依法	依法	不依法履职	—	—	—	行政机关	经过诉前	—
《行政诉讼法司法解释》	2017年11月，最高人民法院	—	—	—	撤销变更 确认 赔偿 解决争议 一并审查 一并解决	具体	—	—	—	—
《公益诉讼解释》	2018年2月，"两高"	违法不作为	—	仍不履职，致使公益受侵害	—	具体	被诉行政机关所在地	行政机关	经过诉前	—
《办案指南》	2018年3月，最高人民检察院	不整改消极部分违法	法律法规清单检察建议	仍未履职，公益持续受侵害	确认 撤销 责令履行 变更	具体，与建议相匹配	协商	行政机关、行政机关的法定派出机构	回复期满	—

第四章　诉讼阶段检察机关保障履职机制检视　　141

续表

规范名称	制定时间及主体	不依法履职			起诉条件					主观条件
		状态	依据	标准	诉请			诉讼管辖	适格被告	前置程序
					类型	内容				
《办案规则》	2021年7月,最高人民检察院	消极部分违法	法律法规规章方案清单	未有效整改、公益处于受侵害状态	确认撤销责令履行变更	与建议相衔接不予载明相对人损益	与立案管辖衔接	行政机关	经督促	应当
《关于加强检察公益诉讼工作的规定》	2019年黑龙江、广西、云南人大常委会,2020年新疆人大常委会	仍不依法履职	—	结果有效性	—	—	—	行政机关	经过诉前	应当
《关于加强检察公益诉讼工作的规定》	2019年内蒙古人大常委会,2020年宁夏人大常委会	消极部分违法	法律法规规章文件	行为有效性、全面性结果有效性	—	—	—	行政机关	经过诉前	应当
《关于加强检察公益诉讼工作的规定》	2020年上海、江苏人大常委会,2021年四川人大常委会	不回复虚假回复消极	法律法规规章检察建议	—	—	—	—	行政机关	经过诉前	应当

资料来源：本表按照规范性文件适用范围由中央到地方，出台时间由先到后排列。

注：关于地方人大出台的有关公益诉讼的专项决定，尚未有特殊规定的，本表不予列举。

第二，在诉请类型及内容方面，从原则性类推规定发展到衔接、细化规定。其中，在诉请类型方面，《试点工作实施办法》《公益诉讼解释》并未对诉请类型作特别规定，彼时只能根据法制统一原则，适用《行政诉讼法》有关判决类型之规定，倒推确定行政公益诉讼诉请类型。《办案指南》则对检察机关提起行政公益诉讼的诉请作类型化规定，明确检察机关可以提出确认违法或无效、撤销、责令履行、变更之诉请，并初步明确不同类型诉请之间的关系，以及不同类型诉请的配套要求。《办案规则》沿用《办案指南》的类型化规定。在诉请内容方面，《办案指南》原则性地规定，诉请内容应当与《检察建议书》的建议内容相匹配。但"相匹配"是指一一对应，还是包含与被包含的关系，《办案指南》并未释明。《办案规则》则从正向和反向两方面限定诉请内容。首先，在正向方面，《办案规则》在《办案指南》基础上作出调整，明确诉请应当与《检察建议书》的建议内容相衔接。相较于"相匹配"，适用"相衔接"不仅在表意上作出明示，明确诉请内容以检察建议内容作基础进行调整，避免表意不明。同时，还在逻辑上表明，诉请不仅需要与《检察建议书》相衔接，还需要兼顾审判机关受案范围，避免诉讼不能。其次，在反向方面，《办案规则》细化责令履行诉请的内容，否定诉请载明有关行政相对人损益的事项，在一定程度上尊重行政机关对公共行政的裁量。

第三，在与诉讼管辖衔接方面，从原则性规定发展到衔接规定。一方面，《公益诉讼解释》根据《行政诉讼法》之规定，原则性地规定检察机关提起行政公益诉讼的，应该属于受诉人民法院管辖；另一方面，《公益诉讼解释》确定管辖法院的层级和地域，明确由被告所在地基层法院管辖。但是，当检察机关立案管辖与被告因指定管辖、提级管辖等相分离时，如何确定管辖法院，《公益诉讼解释》未作相应规定。《办案规则》则作出弥补，在《公益诉讼解释》原则性规定基础上，明确当检察机关立案管辖与人民法院诉讼管辖不对应的，应当将案件移送有管辖权人民法院对应的同级检察机关提起行政公益诉讼，调整行政公益诉权行使主体，与审判机关诉讼管辖相衔接。

第四，在适格被告方面，从行政主体发展到行政机关。试点期间，根据《试点工作实施办法》之规定可知，被告不仅包括违法行政机关，还包括法律法规的授权组织。入法以来，《行政诉讼法》《公益诉讼解释》将被告笼统限定为行政机关。《办案指南》则规定，被告包括行政机关及其法定派出机构，不再包括其他类型授权组织。

第五，在主观条件方面，从强调主观性发展到强调客观性。试点期间，《试点工作实施办法》规定经过诉前督促，行政机关仍不依法履职，公共利益仍遭受侵害的，检察机关"可以"提起行政公益诉讼，强调检察机关提起诉讼的主观性。入法以来，在中央层面，《行政诉讼法》《公益诉讼解释》《办案指南》回避主观条件问题，仅笼统规定"依法"起诉。直到 2021 年 7 月，《办案规则》修改规定，当经过诉前督促行政机关仍未依法履职，公共利益处于受侵害状态的，检察机关"应当"依法起诉，明确检察机关提起诉讼不以主观意志为转移，强调起诉客观性。在地方层面，有 14 个省级行政区[①]在有关公益诉讼的专项决定中，强调检察机关提起行政公益诉讼的客观性。例如，陕西省人大常委会出台《关于加强检察公益诉讼工作的规定》，明确行政机关仍未依法履行职责，公共利益仍处受侵害状态或有重大危险的，检察机关应当依法起诉。

（二）起诉条件的适用镜像

检察机关适用相关法律法规之规定提起行政公益诉讼的，主要在起诉条件构成要件方面，以及法定要素适用标准方面存在争议，尚未形成统一标准。一方面，在起诉条件构成要件方面，起诉期限是否属于检察机关提起行政公益诉讼的条件，检察实践尚未达成共识；另一方面，在法定要素适用标准方面，不依法履职判断、诉请类型及内容表达、与诉讼管辖衔接四方面尚未形成统一标准。

第一，在起诉期限方面，检察实践主要对检察机关是否受起诉期限限制以及起诉期限的性质存在争议。其中，在是否受起诉期限限制方面，办案实践以认定检察机关应受限制为主，认定检察机关不受限制为辅（详见表 4-2）。一方面，审判机关主要根据行政公益诉讼所属类型，裁定检察机关应受起诉期限限制。例如，在四川省三台县人防办不依法履职案中，县法院认为"行政公益诉讼作为行政诉讼的一种，公益诉讼起诉人和被告在行政诉讼中具有平等的法律地位，即使法律没有明确规定，公益诉讼起诉人也应当受到诸如起诉期限等诉讼制度的限制"[②]，裁定检察机

[①] 这 14 个省级行政区包括安徽、广东、湖北、辽宁、江苏、云南、新疆、广西、黑龙江、陕西、重庆、上海、内蒙古、四川。

[②] 四川省三台县人民法院行政裁定书，〔2019〕川 0722 行初 14 号。

第四章 诉讼阶段检察机关保障履职机制检视 145

表 4-2 检察机关是否受制于起诉期限案件情况一览

单位：件，%

形式			判决书						裁定书					
		2017年	2018年	2019年	2020年	2021年	合计	占比	2017年	2018年	2019年	2020年	2021年	合计	占比
受限制	酌定期限	0	1	5	0	0	6	13.95	0	0	0	0	0	0	0
	法定期限	13	5	1	1	0	20	46.51	1	0	1	0	0	2	66.67
	合计	13	6	6	1	0	26	60.47	1	0	1	0	0	2	66.67
不受限制	无明文限定	0	1	1	2	0	4	9.3	0	0	0	0	0	0	0
	公益受侵	8	3	0	0	0	11	25.58	0	0	1	0	0	1	33.33
	合计	8	4	1	2	0	15	34.88	0	0	1	0	0	1	33.33
未作认定		2	0	0	0	0	2	4.65	0	0	0	0	0	0	0
合计							43	100			合计			3	100

资料来源：根据"中国裁判文书网"2017—2021年公布的判决书和裁定书整理得出。

关应遵循《行政诉讼法》有关起诉期限的一般规定。另一方面，部分审判机关根据行政公益诉讼拟实现任务，结合法制统一原则，认定检察机关不受起诉期限限制。例如，在湖北省黄石市水利和湖泊局不依法履职案中，被告辩称检察机关提起行政公益诉讼超过起诉期限。黄石港区法院则认为，检察行政公益诉讼"对于维护公共利益具有重大意义，不同于行政相对人起诉行政机关维护私人权益"，并且"目前并无法律规定行政公益诉讼应当受起诉期限的限制"①，从而认定检察机关不受起诉期限限制。在性质方面，办案实践以否定起诉期限作为起诉要件为主，肯定起诉期限作为起诉要件为辅。其中，否定起诉期限作为起诉要件的，审判机关主要在开庭审理阶段，审查认定检察机关是否超过起诉期限，适用"驳回起诉"而非"不予受理"的裁定方式，将起诉期限定性为本案要件组成。例如，在安徽省合肥市新站高新技术产业开发区瑶海社区管委会不依法履职案②中，被告在庭审阶段辩称，检察机关提起行政公益诉讼已超过起诉期限，主张审判机关驳回起诉。瑶海区法院将起诉期限作为本案要件组成，认定被告抗辩理由不能成立。肯认起诉期限作为起诉要件的，审判机关主要根据法制统一原则予以认定。例如，在吉林省延边朝鲜族自治州汪清县卫计局不依法履职案③中，敦化市法院在审查起诉条件时，认为检察机关在发出检察建议后提起行政公益诉讼，符合现行立法有关起诉期限的规定，肯认本院予以受理于法有据，认定应将起诉期限作为起诉条件对待。

第二，在"不依法履职"判断方面，检察实践尚未统一判断依据、判断标准和可诉标准。其中，在判断依据方面，"检察建议"能否作为依据存在争议，检察机关有根据不回复检察建议或者检察建议内容未被实现，认定行政机关不依法履职，提起诉讼的实践。例如，在吉林省龙井市国土资源局不依法履职案④中，市国资局接到检察建议后，在主观上充分认识尚未依法履职之事实，在客观上依法履行行政处罚强制执行程序，但未在履职回复期内予以回复，检察机关因此认定被告未依法履职，向市法

---

① 湖北省黄石市黄石港区人民法院行政判决书，〔2020〕鄂 0202 行初 6 号。
② 安徽省合肥市瑶海区人民法院行政判决书，〔2020〕皖 0102 行初 9 号。
③ 吉林省敦化市人民法院行政判决书，〔2016〕吉 2403 行初 13 号。
④ 吉林省延吉市人民法院行政判决书，〔2017〕吉 2401 行初 44 号。

院提起诉讼。又如，在湖北省石首市水利和湖泊局不依法履职案①中，检察机关根据核实桃花二水厂未申报取水许可证，出厂水、末梢水不符合卫生标准之事实，诉请法院直接按照检察建议书之内容确认被告怠于履职违法，责令被告继续履职。在判断标准方面，检察机关既未区别诉前权能启动条件和跟进终止条件，又未统一判断标准，仍以适用行为标准为主、复合性标准次之、结果标准为辅，判断行政机关是否不依法履职（详见表4-3）。例如，在贵州省毕节市七星关区撒拉溪镇人民政府不依法履职案②中，七星关区检察院适用行为标准，根据被告未完全整改，污染环境违法行为依然存在，审查行政行为的全面性和结果有效性，认定被告不依法履职，诉请黔西县法院判令被告依法履职。又如，在云南省武定县田心乡人民政府不依法履职案③中，武定县检察院适用结果标准，根据垃圾处理场未按国家标准作无害化处理，长期倾倒和焚烧垃圾行为严重破坏生态环境之结果，认定被告未依法全面履行监管职责，诉请元谋县法院确认被告不依法履职行为违法。在可诉性方面，检察机关主要将不同类型行政行为"一揽子"以行政活动的形式，确定可诉行为类型。例如，在重庆市小渡镇人民政府不依法履职案④中，检察机关一方面因镇政府不履行法律性行政行为，怠于对供水单位卫生工作的监管，另一方面因镇政府不履行事实行为和内部行政行为，怠于加强对水源监督管理人员培训，未落实饮用水消毒登记备案制，未建立饮用水问题问责制，未指导行政相对人行为，认定镇政府不依法履职，向潼南区法院提起诉讼。

表4-3　　　　　检察机关提起诉讼适用判断标准案件情况一览

判断标准	判决书（件）	占比（%）
行为标准	330	35.83
结果标准	279	30.29
复合性标准	312	33.88
合计	921	100

资料来源：根据"中国裁判文书网"2017—2021年公布的判决书整理得出。

① 湖北省石首市人民法院行政判决书，〔2019〕鄂1081行初32号。
② 贵州省黔西县人民法院行政判决书，〔2020〕黔0522行初213号。
③ 云南省元谋县人民法院行政判决书，〔2021〕云2328行初1号。
④ 重庆市潼南区人民法院行政判决书，〔2019〕渝0152行初19号。

第三，在诉请方面，检察实践尚未统一诉请类型选择及其内容表达（详见表4-4）。其中，在诉请类型选择方面，检察机关提起诉请的，往往以同时提起确认违法和责令履行的复合之诉①为主，履行之诉次之，确认违法之诉②又次之，提起其他类型的诉请为辅。在诉请内容表达方面，检察机关在超过91%的案件中提出履行之诉，其内容表达往往与检察建议内容保持一致性，甚至一一对应。例如，在荔波县综合行政执法局不依法履职案③中，检察机关根据县综合行政执法局对长期占道违法行为未严格依法履职，致使社会公益受到侵害之事实，建议该局加大巡察力度，严格执法，对占道违法行为履行监管职责。经过诉前督促，县综合执法局仍不依法履职的，检察机关诉请法院判令被告对占道违法行为依法履职。同时，根据表达形式，检察实践以相对笼统的诉请表达为主，以相对具体的诉请表达为辅。其中，适用相对笼统形式提起诉请的，通常载明违法行政机关、违法行政行为、侵权行为人、被侵害公益。例如，在抚顺市生态环境局不依法履职案④中，新抚区检察院诉请判令被告依法有效履职，停止相对人因违法生产对大气环境造成的损害。适用相对具体形式提起诉请的，不仅载明行政机关违法行为、侵权行为人、被侵害公益，还分别从履职依据、履职时限、履职措施等方面对行政机关履职提出要求。例如，在重庆市渝北区林业局不依法履职案中，渝北区检察院诉请法院判决被告"履行《中华人民共和国森林法》第39条规定的法定职责"⑤，限定履职依据。又如，在海南省文昌市海洋与渔业局不依法履职案中，海口市检察

---

① 例如，在内蒙古自治区锡林浩特市自然资源局不依法履职案中，市检察院因被告怠于监管市宝力根苏木界内违法采石行为，致使国家矿产资源和草原生态环境遭到破坏，向市法院提起复合之诉，请求判令"确认锡林浩特市自然资源局对宝力根苏木界内非法采石行为未依法履行监管职责的行为违法；判令锡林浩特市自然资源局依法继续履行监管职责，对已经破坏的草原生态环境进行恢复治理"。参见锡林浩特市人民法院行政判决书，〔2020〕内2502行初65号。

② 在贵州省紫云苗族布依族自治县水务局不依法履职案中，县检察院因被告一直未对项目建设单位欠缴水土保持补偿费的违法行为采取有效监管，向区法院提起确认违法之诉，请求判令"确认紫云自治县水务局未依法对紫云自治县交通发展有限责任公司的松山镇屯脚1号砂石矿项目怠于履行水土保持工作监管职责的行为违法"。参见贵州省安顺市西秀区人民法院行政判决书，〔2021〕黔0402行初71号。

③ 贵州省独山县人民法院行政判决书，〔2021〕黔2726行初2号。

④ 辽宁省抚顺市新抚区人民法院行政判决书，〔2021〕辽0402行初33号。

⑤ 重庆市渝北区人民法院行政判决书，〔2019〕渝0112行初150号。

院诉请法院"确认被告对辖区海域内大量存在的违法定置网怠于履行职责的行政行为违法；判令被告在六个月内继续履行法定职责"[①]，限定履职时限。

表 4-4 诉请类型及其内容表达案件情况一览

诉请实现要素			判决书（件）	占比（%）
类型	复合之诉		486	52.77
	履行之诉		356	38.65
	确认违法之诉	仍存在违法履职	24	2.61
		诉前存在违法履职	7	0.76
		继续履职客观不能	8	0.87
		延迟履行检察建议	4	0.43
		合计	43	4.67
	其他		36	3.91
	合计		921	100
内容表达	相对笼统		667	79.22
	相对具体	履职措施	89	10.57
		履职时限	65	7.72
		履职依据	21	2.49
		合计	175	20.78
	合计		842	100

资料来源：根据"中国裁判文书网"2017—2021年公布的判决书整理得出。

第四，在与诉讼管辖衔接方面，检察实践出现"分离"现象。根据法律法规之规定，行政公益诉讼案件管辖通常根据受监督行政机关所在地，确定同级检察机关和审判机关管辖，然而，检察实践时有出现被告所在地与诉讼管辖相分离，或者立案管辖、诉讼管辖、被告所在地均分离的情况（详见表4-5）。例如，在贵州省贵阳市乌当区综合行政执法局不依法履职案[②]中，公益诉讼起诉人为乌当区人民检察院，被告为乌当区综合行政执法局，受诉法院却是清镇市人民法院，出现被告所在地与立案管辖相匹配，却与诉讼管辖相分离的情况。在武汉市自然资源和规划局不依法

[①] 海口海事法院行政判决书，〔2019〕琼72行初20号。
[②] 贵州省清镇市人民法院行政判决书，〔2021〕黔0181行初1号。

履职案①中，公益诉讼起诉人为青山区人民检察院，受诉法院为青山区人民法院，被告却是武汉市自然资源和规划局（江岸区），出现立案管辖与诉讼管辖相匹配，却与被告所在地相分离的情况。在荆门市生态环境局不依法履职案②中，公益诉讼起诉人为钟祥市人民检察院，被告为荆门市生态环境局（东宝区），受诉法院为荆门市掇刀区人民法院，出现立案管辖、诉讼管辖、被告所在地均分离的情况。

表 4-5　　　　　　　与诉讼管辖相衔接案件统计一览

类型		判决书（件）	占比（%）
立案管辖、诉讼管辖、被告相匹配		595	64.60
诉讼管辖与被告相分离	立案管辖与被告相匹配，但与诉讼管辖相分离	201	21.82
	立案管辖与诉讼管辖相匹配，但与被告相分离	84	9.12
	立案管辖、诉讼管辖、被告相分离	24	2.61
	合计	309	33.55
诉讼管辖与被告相匹配，但与立案管辖相分离		13	1.41
不详		4	0.43
合计		921	100

资料来源：根据"中国裁判文书网"2017—2021年公布的判决书整理得出。
注：有案件未公布具体检察机关或被告，以"不详"类型计入统计数据。

二　行政公益诉讼起诉条件的缺失

根据前文考察可知，虽然行政公益诉讼起诉条件的规范表达和检察实践不断丰富完善，但是，由于立法者和检察机关尚未明晰诉讼程序的逻辑前提，有关起诉条件组成要件的设置与适用仍然存在缺失：一方面，偏差定位行政法律监督功能，模糊行政法律监督与维护公益之间的动态平衡，在权力外部层面，忽略行政公益诉权与行政权、审判权之间的"功能秩序"，既侵蚀法制统一，又减损"功能秩序"平衡；另一方面，尚未明确诉讼程序的保障性，模糊处理行政公益诉讼"阶段构造"，在权能内部层面，忽略行政法律监督权与行政公益诉权之间的"梯级秩序"，减损"梯级秩序"平衡。

---

① 湖北省武汉市青山区人民法院行政判决书，〔2020〕鄂0107行初26号。
② 湖北省荆门市掇刀区人民法院行政判决书，〔2020〕鄂0804行初74号。

（一）逻辑前提偏差侵蚀法制统一

根据法制统一原则可知，宪定机关根据宪法产生，由宪法和法律保留权责规定。然而，根据前文考察可知，检察机关提起诉讼的，因偏差定位行政法律监督与公益维护之间的关系，出现违背法制统一，侵蚀法律规制效能的倾向，这尤其体现在起诉期限适用不当、"不依法履职"判断依据选择适用不当、诉请类型选择适用不当三个方面。

第一，起诉期限适用不当，偏差定位公益维护之实践逻辑，违背法制统一原则。根据前文考察可知，一方面，规范表达和检察实践回避或否定起诉期限作为检察机关提起诉讼的条件组成，违背法制统一原则。根据法律法规之规定，结合行政私益诉讼之实践，起诉期限是行政诉讼起诉条件构成要件之一。一是根据《行政诉讼法》及其司法解释之规定可知，在规则结构设计上，起诉期限条款与起诉条件条款并列，作为"起诉与受理"部分的内容组成，当行政相对人提起行政诉讼的，需要同时满足法定起诉条件以及有关起诉期限的规定。在规范表达上，当行政相对人提起行政诉讼超出起诉期限涵摄的，审判机关尚未立案的，适用"不予受理"而非"驳回起诉"的裁定方式，否定行政相对人提起诉讼。二是诉讼实践中，以法院职权审查为主，根据诉讼阶段不同，分别采取形式审查和实质审查方式，认定起诉期限作为起诉要件。[1] 然而，在规范表达上，现行法律法规均回避检察机关起诉期限的定性与适用问题。在检察实践中，审判机关主要在诉讼审理阶段考察起诉期限问题，将起诉期限作为本案要件而非起诉条件予以适用，[2] 在法律法规尚未作出特别规定的情况下，检察实践有违背《行政诉讼法》之嫌。另一方面，否定适用起诉期限限定检察机关提起诉讼的实践，违背法制统一原则。否定适用之实践认为，为了实现维护公益之任务，检察机关不受起诉期限之限制。然而，这一实践实则忽略行政法律监督效能，以及行政法律秩序的安定性和稳定性，偏差定位公益维护之实践逻辑，忽略与《行政诉讼法》相衔接，侵蚀法制统一之规制效能。这一缺失在行政公益诉讼制度法制化、常态化的背景下更加凸显。

---

[1] 范伟：《行政诉讼中起诉期限的法律属性及其司法审查进路》，《江海学刊》2019年第2期。

[2] 刘艺：《检察行政公益诉讼起诉期限适用规制研判——评湖北省钟祥市人民检察院诉钟祥市人民防空办公室不全面履行职责案》，《中国法律评论》2020年第5期。

第二,"不依法履职"判断依据选择适用不当,偏差定位逻辑前提,侵蚀法制统一。根据行政诉讼法裁判原理以及规范性文件的位阶,结合行政公益诉讼的特殊性,检察机关判断行政机关是否仍不依法履职的依据主要是法律法规和规章,参照适用权责清单等文件。根据前文考察可知,在主要依据和参照基础上,一些地方有关公益诉讼的专项决定以及检察实践,为了对行政机关履职情况作否定性评价,力求充分维护公益,要求检察机关根据检察建议内容尚未实现,或者检察建议未得到回复,认定行政机关不依法履职。然而,根据第三章的论证,结合职权法定原则,检察建议并不能创设行政机关履行的监管职责,只能根据法律法规之规定指引行政机关依法履职,因此,检察建议对行政机关履职等实体问题并无直接强制力。行政机关不依据检察建议履职的,或者不回复检察建议的,仅在程序上产生不利后果,即检察机关可以据此跟进行政机关履职状态,在作否定判断时,可以因此作加重情节对待。① 因此,根据检察建议作实质判断的规范表达和检察实践实则逾越行政法律监督功能,过分强调维护公益,违背职权法定原则,侵蚀法制统一。

第三,诉请类型选择不当,偏差定位行政法律监督客观性,违背法制统一原则。首先,确认违法之诉选择适用不当,违背法制统一原则。根据现行法律法规之规定,检察机关提起确认违法之诉的,主要适用于三种情形:一是行政行为应当撤销,但撤销会给公益造成重大损害;二是行政行为违法,但不具有可撤销内容;三是缺乏主体要件,但没有重大且明显违法情形。根据立法原旨可知,确认违法之诉本身并不能消除行政行为造成的损害,也无可执行的内容,它是对责令履行之诉和撤销之诉的补充和宣示。② 然而,检察实践通过复合形式提起确认违法之诉,试图突出对行政机关履职之否定,彰显行政法律监督的客观性,却往往因此违背诉请类型化之初衷,扩大确认违法之诉请的适用范围,导致以复合形式出现的确认违法之诉请沦为一种格式。③ 其次,缺乏一并审查规章以下规范性文件的诉请类型,不当限缩诉请类型,减损行政法律监督的客观性。根据《行政诉讼法》司法解释的规定可知,原告可以诉请法院一并审查规章以下

---

① 张亮:《行政公益诉讼中不作为行为的判断与诉请》,《兰州学刊》2020年第2期。
② 王贵松:《论我国行政诉讼确认判决的定位》,《政治与法律》2018年第9期。
③ 胡婧:《行政监督管理职责公益诉讼检察监督的限度分析——以2017—2020年行政公益诉讼判决书为研究样本》,《河北法学》2021年第10期。

规范性文件。然而，不论有关行政公益诉讼的规范表达抑或办案实践，尚未有诉请法院一并审查之实践。根据第三章之论证可知，规章以下规范性文件本身多作为佐证行政裁量合法性和正当性的依据，可能在源头上构成行政行为违法，因此，诉请法院一并审查具有必要性。同时，行政法律监督本身具有维护制度公益之客观性，结合法制统一原则，诉请法院一并审查具有可行性。然而，规范表达和检察实践不当限缩列举诉请类型，偏差定位行政法律监督客观性，有违背法制统一原则之嫌。

（二）功能偏差减损"功能秩序"平衡

根据功能适当原则，结合《行政诉讼法》之一般规定，在诉讼阶段，行政公益诉权的行使应该与行政权、审判权协同，实现行政法律监督功能，完成维护公益之任务，形成相对平衡的"功能秩序"。然而，根据前文考察可知，行政公益诉讼起诉条件的规范表达与检察实践有打破"功能秩序"平衡的倾向，这主要体现在"不依法履职"判断标准选择适用不当、可诉性衔接不当、与诉讼管辖衔接不当三方面。

第一，"不依法履职"判断标准选择适用不当，突破行政法律监督谦抑性和协同性，逾越功能区分边界。根据规范表达可知，检察机关可以适用包括行为有效性、全面性、执行性以及结果有效性在内的行为标准，较全面判断行政机关是否依法行政，但是，法律法规尚未明确不同标准之间的关系与适用顺位。检察实践不仅选择适用行为标准和复合性标准，还单独适用结果标准，凭借公共利益遭受侵害的事实，反向推导认定行政行为违法性。例如，在安徽省全椒县环境保护局不依法履职案[1]中，诉前行政机关已采取公告方式送达催告通知书，补强行政行为合法性，同时，根据履职规律，行政处罚已超过法定期限，检察机关仍根据全椒昆仑公司未缴纳5万元罚款，国家利益遭受侵害之结果，诉请法院判令全椒县环保局继续履行行政处罚决定。然而，在诉讼阶段，检察机关如若仅仅通过强调救济遭受侵害的公共利益，忽略审查行政行为本身，则可能因偏差定位行政法律监督对实现公益维护任务的限定作用，不当设置行政法律监督功能实现要素的权重配比，不仅因此加深价值逻辑与实践逻辑之间的逻辑裂隙，还不当突破行政法律监督谦抑性和协同性，消解审判机关司法谦抑性，以及行政机关履职优先性，违背功

---

[1] 安徽省全椒县人民法院行政判决书，〔2019〕皖1124行初3号。

能适当原则，逾越功能区分边界。

第二，与可诉性衔接不当，偏差定位行政法律监督的谦抑性和协同性，减损"功能秩序"平衡。根据前文考察可知，检察机关提起诉讼的，时有直接援引检察建议之内容，适用"一揽子"形式将准行政行为、事实行为、内部行政行为与法律性行政行为一并提请审判机关裁判的实践。然而，检察机关以"一揽子"形式，一并将行政指导、行政调查、内部行政行为不加区别地诉请审判机关作出裁断的办案实践，既忽略诉前督促机制侧重强调督促的灵活性、引导性，需要与诉讼保障机制相区别的制度基础，又忽略诉讼保障机制侧重与审判机关形成司法合意，需要与《行政诉讼法》规定的受案范围相衔接的前提，消解审判机关的审判功能和行政机关的自由裁量，逾越功能区分边界。

第三，与诉讼管辖衔接不当，消解行政法律监督的协同性，减损"功能秩序"平衡。根据前文考察可知，检察实践出现被告所在地与诉讼管辖相分离，或者立案管辖、诉讼管辖、被诉行政机关所在地均分离的情况。这一实践忽略了行政机关履职与检察机关履职、审判机关履职之间的衔接性，既可能因审判机关根据属地管辖原则，误认为本院没有诉讼管辖权，造成诉讼不能，[1] 也可能因行政机关不服异地管辖裁判结果，开展"循环诉讼"，浪费诉讼资源，导致不同国家权力"功能秩序"之间的混乱，消解行政法律监督的协同性。

(三) 保障性偏差减损"梯级秩序"平衡

根据行政公益诉讼"阶段构造"可知，检察机关为了实现行政法律监督功能，设置不同履职阶段，并分别配置不同权能及其实现要素。但是，由于不同阶段界限不明，使得检察机关模糊处理行政法律监督权与行政公益诉权之分立，偏差定位诉讼程序的保障性，阻碍行政公益诉讼检察权能结构性优化，减损权能之间的"梯级秩序"平衡，这主要体现在"不依法履职"判断标准规范表达不当、确认违法之诉请适用不当以及诉请内容表达不当三方面。

第一，"不依法履职"判断标准规范表达不当，忽略诉讼程序的保障性，减损行政法律监督权和行政公益诉权之间的"梯级秩序"平衡，

---

[1] 刘艺：《行政公益诉讼管辖机制的实践探索与理论反思》，《国家检察官学院学报》2021年第4期。

逾越行政公益诉讼"阶段构造"边界。根据规范表达可知,检察机关提起诉讼主要适用包括行为有效性、行为全面性、结果有效性在内的行为标准,判断行政机关是否依法履职。针对客观阻却履职因素,《办案规则》则作排除考量。适用行政标准的规范表达,虽然正视行政法律监督功能发挥,同时,亦试图区别诉前督促程序与诉讼程序,但是,仍与诉前权能启动条件和跟进终止条件的规范表达在质上具有高度相类似性,将行政法律监督权和行政公益诉权实现要素权重配比作同质化处理,侧重行为有效性、全面性,轻结果有效性,忽略诉讼程序的保障性,忽略诉讼程序以维护公益为内容的实践逻辑在判断标准方面的逻辑投射。检察实践选择适用行为标准亦存在同样缺失,不当矮化行为标准中结果有效性的适用顺位,减损行政法律监督权和行政公益诉权之间的"梯级秩序"平衡。

第二,确认违法之诉请适用不当,忽略诉前督促与诉讼保障之间的"阶段构造",减损行政法律监督权与行政公益诉权之间的"梯级秩序"平衡。根据行政公益诉讼"阶段构造"可知,当行政机关在诉前开展自我追责,检察机关就实现行政法律监督功能,行政公益诉讼随之终结。然而,根据检察实践可知,检察机关诉请法院单独提出确认违法之诉的,存在行政机关已经过诉前督促完成履职的情形。例如,在湖北省荆门市东宝区水务局不依法履职案[1]中,东宝区水务局已按检察建议依法履职,督促子陵镇供水站改善消毒设备,配备水质自检设备,且水质检测结果已符合国家饮用水卫生标准。但是,检察机关认为,该局在提出检察建议之前,不依法履职的行为违反《湖北省农村供水管理办法》的相关规定,仍诉请法院确认水务局怠于履职行为违法。此时,检察机关选择单独提起确认违法之诉的,忽略行政公益诉讼"阶段构造",矮化诉讼程序的保障性,减损行政公益诉讼检察权能之间的"梯级秩序"平衡。

第三,诉请内容表达不当,忽略诉讼程序的保障性,阻碍行政公益诉权结构性优化,减损不同权能之间、不同权力之间的秩序平衡。一方面,诉请内容详略安排不当,既阻碍行政公益诉权结构性优化,又忽略诉讼程序的保障性,减损行政法律监督权与行政公益诉权之间的"梯级秩序"平衡。其中,诉请内容不当的详细,将履职依据、履职措施、履职时限等

---

[1] 湖北省荆门市东宝区人民法院行政判决书,〔2019〕鄂 0804 行初 2 号。

本应列入说明理由的内容不加区别列入诉请，混淆诉请与说明理由之间的界限，使得行政公益诉权不当负重，影响行政公益诉权结构性优化；诉请内容不当的笼统，忽略区别可诉监管职责的不同类型，既缺乏对行政机关依法履职的指引性，又缺乏对审判机关依法审判的引导性，使得诉请流于形式，阻碍行政公益诉权结构性优化。另一方面，诉请内容过于强调与检察建议内容相衔接，甚至强调二者之间一一对应，忽略诉讼程序的保障性，以及与审判机关之间的协同性，减损不同检察权能之间的"梯级秩序"平衡，以及与审判权之间的"功能秩序"平衡。根据第三章之考察可知，实践中，契合诉前督促程序的灵活性，检察机关多以笼统形式建议行政机关依法履职。但是，作为诉前督促不能的保障机制，如果诉请片面强调与检察建议之间的一致性，不强调检察建议与诉请之间的转化，则可能打破行政公益诉权与行政法律监督权之间的"梯级秩序"平衡，削减与审判权之间的协同性，导致诉请因缺乏准确性，不能获得审判机关之支持。

三　围绕逻辑前提重构行政公益诉讼起诉条件

现行行政公益诉讼起诉条件在规范表达和检察实践中，既对起诉要件构成存在争议，又对法定要件的实现要素缺乏统一认识，究其根源在于起诉条件的规范表达和检察实践与诉讼程序的逻辑前提发生冲突。为解决冲突问题，虽然最高人民检察院出台《办案规则》，增补有关立案管辖与诉讼管辖之间的衔接规定，在规范层面解决诉讼衔接不畅问题，但是，并未弥补其他类型的缺失。因此，需要在契合诉讼程序逻辑前提基础上，结合现有法定起诉条件之共识和优势，明确起诉条件构成，重构部分构成条件的实现要素，最终形成行政公益诉权一体化启动条件。

（一）排除适用起诉期限作为起诉条件

起诉期限能否作为起诉要件构成起诉条件，学界和实务界尚未形成共识。新出台的《办案规则》亦回避起诉期限之争议，仅增补审查起诉期限之规定。根据行政法律监督功能之要义，结合法制统一原则，有必要通过修改法律法规或出台司法解释之路径，明确检察机关提起行政公益诉讼的，应受起诉期限限制，但是，起诉期限不得作为检察机关提起行政公益诉讼的要件，限制检察机关履职。

一方面，检察机关提起行政公益诉讼的，应受起诉期限限制。根据法制统一原则的要求可知，虽然行政公益诉讼在设立目的以及制度结构方面具有特殊性，但是，并不因此排除对一般行政诉讼程序性规则的适用，不能根据法律未专门规定行政公益诉讼起诉期限，当然认定检察机关提起行政公益诉讼不受起诉期限限制。同时，行政法律安定性的保障以及行政法律监督效能的实现，需要检察机关受起诉期限限制。① 起诉期限制度设立之初便是基于诚信原则，在保护行政相对人诉权的同时，实现对行政法律关系安定性之维护。② 在行政公益诉讼领域，检察机关诉请审判机关督促行政机关履职过程中，必然会对行政法律关系的发生或变化产生反射作用。如若检察机关不受起诉期限限制，使行政法律关系长期处于不安定状态，则可能打破检察机关与行政机关、审判机关之间的"功能秩序"平衡，不当侵害行政法律关系中行政相对人和第三人的合法权益，减损行政法律监督公信力，消解行政法律监督效能。因此，有必要通过修改法律法规或出台司法解释之路径，明确检察机关提起行政公益诉讼的，应当受起诉期限限制。

另一方面，起诉期限不得作为起诉要件，但可以作为诉讼要件，限制检察机关实现行政法律监督功能。根据民事诉讼之实践可知，法院形成审查起诉要件、诉讼要件和本案要件的"三阶构造"。其中，审查诉讼要件是指对行政诉讼的提出要件作形式审查，审查本案要件是指对是否支持诉请作实质审查。③ 我国行政诉讼承继民事诉讼"三阶构造"。目前，根据法律法规之规定，起诉期限在我国行政私益诉讼中主要作为起诉要件予以规定。根据前文考察可知，实践中，行政公益诉讼起诉期限多作本案要件处理。在重塑行政公益诉讼起诉要件时，如果根据法制统一原则，沿袭行政私益诉讼起诉条件之规定，将起诉期限作为行政公益诉讼起诉要件，虽然可以尊重规范主义，但是，却可能因此偏离行政公益诉讼之功能，侵蚀行政法律监督之要义。行政公益诉讼本是检察机关通过协同，督促行政机关补强行政行为合法性，实现行政法律监督的制度，因此，行政公益诉讼程序之启动，必然伴随着行政法律关系之产生或变化。如果适用法制统一原则，将起诉期限定性为起诉要件，在法

---

① 张昊天：《行政公益诉讼起诉期限问题研究》，《清华法学》2021年第3期。
② 肖泽晟：《我国行政案件起诉期限的起算》，《清华法学》2013年第1期。
③ 王天华：《行政诉讼的构造：日本行政诉讼法研究》，法律出版社2010年版，第190—205页。

院立案阶段，要求检察机关证明提起行政公益诉讼符合时间要件，则可能因缺少行政机关以及第三人之参与，对其合法程序性权利造成不当侵害，并可能因此陷入"循环诉讼"。如果将办案实践规范化为一般规则，将起诉期限定性为本案要件，在庭审过程中作为审查检察机关诉请是否获得支持的条件之一，则可能使实体方面作出的质证显得徒劳，浪费司法资源。由此，为实现检察机关督促并尊重行政机关处理行政法律关系的首次判断权，避免浪费司法资源，结合法制统一原则，宜通过修改法律法规或出台司法解释之路径，将行政公益诉讼起诉期限定性为诉讼要件，在开庭审理阶段，率先予以审查。

（二）统一"不依法履职"判断要素

根据前文分析可知，在判断被告存在"不依法履职"时，现有规范表达虽然突出行政法律监督功能，在判断标准方面，强调适用行为标准监督行政机关履职，但是，尚未突出诉讼程序的实践逻辑，忽略维护公益之内容。检察实践亦未形成统一判断标准，在判断依据选择和可诉性衔接方面亦存在缺失。鉴于此，有必要在考量行政公益诉讼"阶段构造"形成"梯级秩序"的基础上，结合诉讼程序的逻辑前提，明确判断依据和判断标准，协调可诉性衔接，统一"不依法履职"判断要素。

第一，在判断依据方面，排除检察建议作为依据。一方面，与诉前督促程序相衔接，坚持以法律法规为依据，以规范性文件和权责清单等为参照，判断行政机关是否仍未依法履职；另一方面，根据法制统一原则，排除以检察建议作为依据，判断行政机关是否仍未依法履职。根据第三章的论证可知，检察建议的功能内外有别。虽然检察建议对内可以约束检察机关提起诉请的内容，但对外并不能创设行政机关履行的监管职责。因此，行政机关不依据检察建议履职的，或者不回复检察建议的，仅仅在程序上产生不利后果，检察机关不能据此在实质上判定行政机关仍不依法履职。

第二，在判断标准方面，适用结果有效性标准，不再考量客观阻却因素。根据前文分析可知，检察机关提起诉讼的，尚未统一"不依法履职"判断标准，反而与诉前督促实践具有高度同质性。其中，单独适用结果标准的，可能忽略诉讼程序的实践逻辑，模糊行政法律监督功能对实现维护公益内容的限定作用。适用行为标准和复合性标准的，无差别援引行政法律监督权优化启动条件和跟进机制的一体化行为标准，则可能忽略诉讼程序的保障性，不当弱化诉讼程序维护公益之内容。因此，有必要综合考量行政法律监督与公益维护在诉讼程序中的动态平衡，结合诉讼程序的保障性，一方面，适用结果有效性标准。不同于以公益遭受侵害、倒推行政行为违法的结果标准，亦不同于立案阶段对维护公益之认知逻辑的强调，诉讼阶段适用结果有效性标准，强调在诉前行为标准基础上，通过结果有效性标准吸收行为有效性标准和全面性标准，既彰显行政法律监督功能的统摄地位，又契合诉讼程序的保障性，体现检察建议对内约束检察机关行为之功能，实现维护公益之内容，提高"不依法履职"判断的针对性。另一方面，不再考量客观阻却因素。由于诉讼程序是对诉前督促不能的保障，检察机关在诉前跟进调查中，应充分考量行政机关履职阻却因素，因此，根据行政公益诉讼的整体性，在提起诉讼时，判断被告"不依法履职"的，不应再考量客观阻却因素。

第三，在可诉性衔接方面，注重根据诉前督促内容转化确定监督行为类型，与审判权形成协同治理之司法合意。根据前文考察可知，检察实践适用"一揽子"形式，不仅将监督的"行政监督管理职责"限定在法律性行政行为范围内，还直接援引检察建议，将事实行为、准行政行为和内部行政行为纳入诉讼范围，这一检察实践超越行政法律监督谦抑性和协同性，违背法制统一原则。因此，检察机关应该围绕诉讼程序的逻辑前提，结合法制统一原则，根据《行政诉讼法》之规定，将检察建议内容转化为行政诉讼受案范围的涵射情景，明确将内部行政行为、行政指导等不产生外部法律效力、不具有强制力的行政行为排除出诉请监督范围。

(三) 规范诉请类型及其内容表达

根据前文分析可知，规范表达和检察实践在诉请类型选择和内容表达方面存在一定缺失，因此，有必要根据诉讼程序的逻辑前提，分别予以规范弥补。

第一，在规范诉请类型方面，既需要分类规范确认违法之诉，又需要增补提请一并审查规章以下规范性文件的诉请类型。一是分类规范确认违法之诉。首先，检察机关单独提起确认违法之诉的，应回归行政公益诉讼"阶段构造"，结合法制统一原则，严格依法将单独提起确认违法之诉作为其他类型诉请的补充。其次，检察机关以复合形式提起确认违法之诉的，宜通过规范路径拓展确认之诉的适用范围，为提起复合诉请提供依据。能否适用复合方式提起确认违法之诉尚存争议：一方面，有论者根据规范主义否认复合之诉，认为确认之诉只能作为补充诉请而存在；① 另一方面，有论者根据行政公益诉讼实现制度公益和公益维护之双重任务②，以及"搭便车"理论③，认为可以通过复合方式提起确认违法之诉，但是，只能将程序性确认违法之诉与履行之诉相结合④。笔者认为，应正视行政法律监督客观性，同时，为避免超越确认之诉的规范涵摄，宜通过法律法规拓展确认之诉的适用范围，为提起复合诉请提供依据。二是增补提请一并审查规章以下规范性文件的诉请类型。根据第一章之论证可知，行政法律监督包括对行政机关实施法律的公权力行为是否合法进行监督。行政机关发布规章以下规范性文件的行为属于实施法律的行政行为，并且，该类规范性文件往往为行政裁量背书而侵蚀行政法秩序，从源头上对制度公益造成侵害。因此，检察机关有必要与审判机关形成司法合意，诉请法院予以审查。同时，结合《行政诉讼法》及其司法解释之规定，增补诉请一并审查具有可行性。

第二，在诉请内容表达方面，统一适用具有指引性的笼统表达。检察机关提出诉请监督行政机关不依法履职的，既需要指引行政机关纠正违法行政行为，又在一定程度上约束审判机关确定案件的审理思路、方向、内容以及裁判结果，因此，诉请内容表达相对格式化，须同时接受《行政诉讼法》和检察建议内容的约束。根据前文分析可知，检察机关在尚未区别行政法律监督权和行政公益诉权，又未与审判权相衔接的基础上，对应检察建议内容采用相对笼统或相对具体的表达形式提出诉请，在指引行政机关补强履职、约束审判机关裁判时，出现指代不明或者直接替代履职的缺失。因此，有必要侧重诉讼程序的保障性，结合行政法律监督协同性，采用相对笼统的诉请表达形式。一方面，在表达内容上，明确诉请内容小于或者等于检察建议内容范围，⑤ 并将检察建议内容根据行政补强情

---

① 安徽省临泉县人民法院行政判决书，〔2019〕皖 1221 行初 90 号。
② 刘艺：《构建行政公益诉讼的客观诉讼机制》，《法学研究》2018 年第 3 期。
③ 黄忠顺：《论诉的利益理论在公益诉讼制度中的运用——兼评〈关于检察公益诉讼案件适用法律若干问题的解释〉第 19、21、24 条》，《浙江工商大学学报》2018 年第 4 期。
④ 田亦尧、徐建宇：《环境行政公益诉讼的诉讼请求精准化研究——基于 540 份裁判文书的实证分析》，《南京工业大学学报》（社会科学版）2021 年第 5 期。
⑤ 刘加良：《行政公益诉讼中被告依法履行职责的判断标准及其程序应对》，《国家检察官学院学报》2022 年第 2 期。

况以及诉讼要求，转化为具有一定指向性的违法行政主体、违法行为及被侵害的公益即可；另一方面，在构成要件上，与说明理由部分配合，在理由构成中可载明相对精确的履职期限、履职措施和履职依据，以供行政机关自行判断或者交由审判机关裁断。

第三节 审判过程中行政公益诉权运行条件之重塑

根据法律法规之规定，结合第一章之论证，行政公益诉权主要由起诉权、撤诉权、上诉权等权利（力）组成。行政公益诉讼审判过程中，行政公益诉权之运行主要可以转化为撤诉权和上诉权之运行。由于行政公益诉讼办案数量较少，学界和实务界均未对诉讼程序以及其中涉及的检察权能运行作系统性研究。一方面，在规范层面，法律法规仅对撤诉权和上诉权之实际运行作出原则性规定；另一方面，在认识论层面，论者主要在讨论检察机关诉讼主体地位时，附带性探讨赋予检察机关上诉权抑或抗诉权之正当性问题。针对撤诉权的，无论针对撤回起诉还是撤回上诉问题，学界尚未作系统研究，实务界多适用格式化判断方式，使得撤诉权和上诉权之行使流于形式，从而反向阻碍行政公益诉权运行。鉴于此，为提高保障履职机制在审判过程中的效能，笔者采用规范分析法，在考察立法安排和检察实践基础上，分析其中缺失，并结合诉讼程序的逻辑前提，重塑形成检察机关撤诉权和上诉权一体化运行条件。

一 撤回起诉权运行条件的重塑

根据法律法规之规定可知，检察机关通过撤回起诉或撤回上诉的形式，行使撤诉权。由于撤回上诉主要涉及检察机关内部管理以及上诉权享有问题，在此不另作分析。通过耙梳有关撤回起诉权的立法安排和办案实践可知，检察机关分别通过时间条件、动因条件、主观条件、程序条件、约束力、跟进监督等权利（力）实现要素的选择组合，确定撤回起诉权的运行条件，但是，规范表达和检察实践各有所侧重。

（一）撤回起诉权运行条件的现实境况

1. 撤回起诉条件的立法演进

中央先后通过《试点工作实施办法》《公益诉讼解释》《办案指南》

《办案规则》等规范性文件不断完善撤回起诉条件。从内容来看，在时间和动因两方面，各规范性文件之规定具有高度一致性，均原则性地规定在行政公益诉讼案件审理过程中，检察机关可以撤回起诉。同时，各类规范性文件对撤回起诉作两方面限制：一是被告依法履职，二是诉请得以全部实现，二者缺一不可。换言之，被告既受法律限制，又受诉请限制，当被告依法履职，补强行政行为合法性，但诉请尚未全部实现的，检察机关不得撤回起诉。但是，在主观条件、程序条件、约束力和跟进监督四方面，各规范性文件之规定存在一定差异。

第一，在主观条件方面，各类规范性文件均强调检察机关"可以"撤回起诉，但是，受到必要性之限制，与变更诉请之间的转换规则存在差异。其中，《试点工作实施办法》《公益诉讼解释》《办案指南》将撤回起诉与变更诉请并列，在满足时间条件和动因条件下，检察机关既可以选择撤回起诉，也可以通过变更诉请替代撤回起诉，二者之间在规范表达上，没有明确的适用顺位。《办案规则》则作必要性之限制，明确当满足时间条件和动因条件时，检察机关以撤回起诉优先。只有当确有必要的，检察机关才变更诉请，以确认违法之诉补充撤回起诉权的行使。

第二，在程序条件方面，仅《办案指南》《办案规则》先后作出明确要求，但存在一定差异。首先，《办案指南》特别强调庭审过程的特殊性，在程序条件上对检察机关撤回起诉作出要求：一方面，在外要求检察机关向审判机关说明理由；另一方面，在内要求高级检察机关进行审批。《办案规则》在程序条件上仅在对内方面作特别要求，明确只要本院检察长决定撤回起诉即可，无需层报高级检察机关审批。

第三，在约束力方面，检察机关撤回起诉的，是否直接约束审判机关裁判，各类规范性文件作不同规定。其中，《试点工作实施办法》并未作特别规定，检察机关能否援引《行政诉讼法》"由审判机关裁量准许原告撤诉"之规定，在规范层面并未予以明确。入法以来，《公益诉讼解释》《办案指南》《办案规则》则作出原则性规定，明确一旦检察机关提出撤回起诉申请的，审判机关"应当"裁定准许，不享有司法裁量。

第四，在跟进监督方面，仅《办案指南》作特别规定，要求检察机关撤回起诉后，应当开展后续跟踪，保证行政机关履职到位。

2. 撤回起诉条件的检察适用

根据2017—2021年公布的裁定书①样本可知，撤回行政公益诉讼起诉的办案数量逐年增加②（详见图4-1），主要在表达形式、时间条件、动因条件、"诉请全部实现"判断、约束力五方面呈现特殊性。

第一，在表达形式方面，检察实践以相对笼统表达为主，相对具体表达为辅。其中，所谓相对笼统表达，是指检察机关在撤回起诉决定书中，笼统载明违法行政机关、补救措施、被侵害的公益等内容，通常适用"被告依法履职，被侵害公益得以救济，诉请已全部实现"的表达形式。检察机关适用相对笼统表达形式办案数量共计179件，占比72.47%。例如，在陕西省米脂县环境保护局不依法履职案③中，检察机关在撤回起诉决定书中载明，县环境保护局已采取有效措施整改存在的问题，杜家沟村环境问题已获治理，检察机关的诉请全部实现。所谓相对具体表达，是指检察机关在撤回起诉决定书中不仅载明违法行政机关、被侵害的公益、诉请要求，还列明行政机关履职依据、措施及其效果、是否获得审批等实体性和程序性要件。检察机关适用相对具体表达形式办案数量共计68件，占比27.53%。例如，在云南省富民县自然资源局不依法履职案④中，富民县检察院在撤回起诉决定书中不仅载明实体性要求，明确被告采取强制性整改恢复措施，促使第三人有效恢复资源，诉请均已得到整改；还载明程序性要求，明确撤诉决定已报请省、市检察院同意。

第二，在时间条件方面，审判机关多以检察机关"在审理过程中"提出撤回起诉的表达，反向证成检察机关提起撤回起诉的时间限定。在少数案件中，审判机关或者以"诉讼期间"等包含"审理过程"的笼统表达，或者以"经过庭审辩论"等限定"审理过程"的具体表达，表明检察机关履行撤回起诉权的时间条件。例如，在吉林省图们市水利局等不依法履职案中，审判机关仅笼统强调"图们市人民检察院在诉讼期间撤回起诉"⑤，表达检察机关行使撤回起诉权的时间限制。在广东省江门市蓬

---

① 截至2022年9月30日，通过筛选从"中国裁判文书网"获得的346份裁定书，最终获得247份有关撤回行政公益诉讼起诉的裁定文书。
② "中国裁判文书网"公布的2021年数据有所回落，原因暂不明。
③ 陕西省米脂县人民法院行政裁定书，〔2020〕陕0827行初2号。
④ 昆明铁路运输法院行政裁定书，〔2020〕云7101行初79号。
⑤ 吉林省敦化市人民法院行政裁定书，〔2021〕吉2403行初12号。

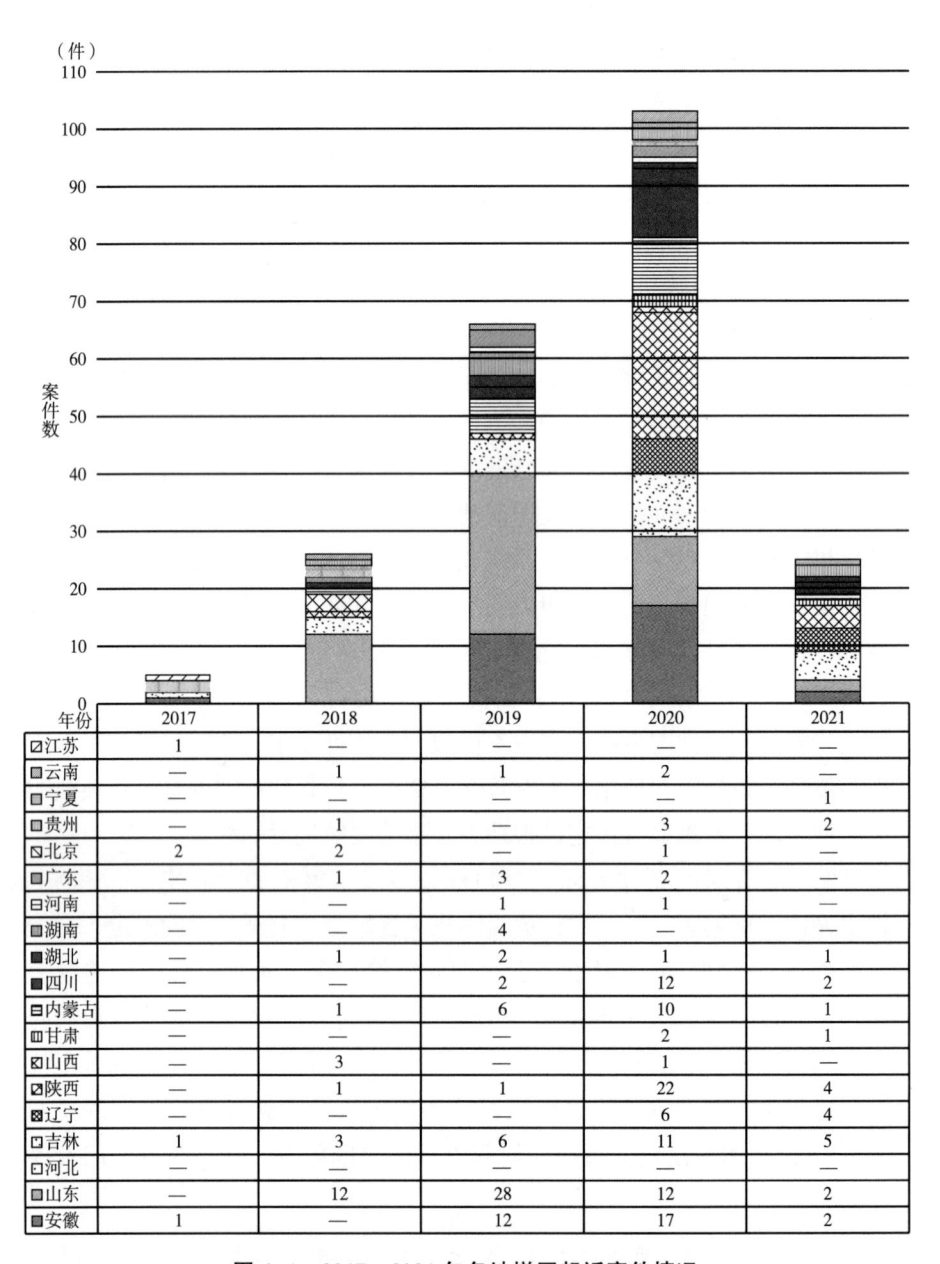

年份	2017	2018	2019	2020	2021
江苏	1	—	—	—	—
云南	—	1	1	2	—
宁夏	—	—	—	—	1
贵州	—	1	—	3	2
北京	2	2	—	1	—
广东	—	1	3	2	—
河南	—	—	1	1	—
湖南	—	—	4	—	—
湖北	—	1	2	1	1
四川	—	—	2	12	2
内蒙古	—	1	6	10	1
甘肃	—	—	—	2	1
山西	—	3	—	1	—
陕西	—	1	1	22	4
辽宁	—	—	—	6	4
吉林	1	3	6	11	5
河北	—	—	—	—	—
山东	—	12	28	12	2
安徽	1	—	12	17	2

图 4-1　2017—2021 年各地撤回起诉案件情况

资料来源：根据"中国裁判文书网"2017—2021 年公布的撤回行政公益诉讼起诉裁定书整理得出。

江区环境保护局不依法履职案①中，审判机关强调在庭审过程中，检察机关与被告经过充分辩论，各方当事人对被告经代履行处置进行土壤覆盖和复绿工作，实现全部诉请的事实无异议，表达检察机关行使撤回起诉权的具体时间限制。

第三，在动因条件方面，检察机关以诉请全部实现为主，以诉请实现不能以及实现诉请损害公益为例外，行使撤诉权。例如，在吉林省和龙市林业局等不依法履职案②中，市检察机关以和龙林业局仍未依法履职，涉案非法占用林地未得到有效恢复，公益损害仍持续为由，诉请审判机关责令市林业局依法履职，有效恢复被非法占用林地的植被。案件审理过程中，由于涉案林地已纳入市明岩水利枢纽工程征地范围内，被告客观上无法恢复植被，检察机关据此提出撤诉申请，以诉请不能实现为由行使撤诉权。在图们市自然资源局不依法履职案③中，敦化市检察机关因市自然资源局违法履职，使得第三人非法占用土地侵害公益，向审判机关提起诉讼。案件审理过程中，第三人在非法占用土地上建成并使用凉水服务区，敦化市检察机关以退还非法占地及拆除地上建筑物会给国家利益带来重大损失为由，行使撤诉权。

第四，在"诉请全部实现"判断方面，检察实践并未统一判断依据和判断标准（详见表4-6）。一是在判断依据选择方面，依据诉请内容抑或检察建议作出判断，检察实践尚未统一。根据研究样本可知，检察机关以依据诉请内容为主，以依据检察建议内容为辅，认定诉请是否全部得以实现。例如，在辽宁省南部县自然资源和规划局等不依法履职案④中，检察机关根据被告积极按照检察建议书的要求履行职责之事实，行使撤诉权。二是在判断标准适用方面，适用行为标准、复合性标准抑或结果标准，检察实践尚未统一。根据研究样本可知，检察机关在撤回起诉决定书中多适用"被告已依法履职，目的得以实现"之笼统表达，至于办案实践适用何种标准判断"诉请全部实现"，尚不明确。在明确考量因素的实践中，检察机关以适用包括行为全面性、有效性、积极性在内的行为标准为主，以适用包括行为标准和结果标准在内的复合性标准次之，以适用结

---

① 广东省江门市江海区人民法院行政裁定书，〔2019〕粤0704行初40号。
② 吉林省延吉市人民法院行政裁定书，〔2019〕吉2401行初145号。
③ 吉林省敦化市人民法院行政裁定书，〔2017〕吉2403行初30号。
④ 辽宁省朝阳市中级人民法院行政裁定书，〔2019〕辽13行初92号。

果标准为辅。例如,在山东省沾化区环保局不依法履职案①中,检察机关适用行为标准,根据被告转移皮革废料至符合环保标准的仓库贮存,并补签书面处置协议之行为,认定被告积极、全面履职,诉请得以全部实现。在江苏省沛县生态环境局不依法履职案②中,检察机关适用复合性标准,既审查被告履职积极性和行为有效性,核实第三人根据行政机关要求,对养殖场污染防治情况进行设施改造,又审查养殖场污染情况得到基本消除之结果,认定诉请得以全部实现。在山东省单县自然资源和规划局不依法履职案③中,检察机关适用结果标准,根据涉案土地闲置状况已经消失、公益得以挽回之结果,认定诉请得以全部实现。

表4-6 检察机关"诉请全部实现"适用判断标准案件情况一览

	类型		裁定书（件）	占比（%）
判断依据	诉请		218	88.26
	检察建议		29	11.74
	合计		247	100
判断标准	行为标准	行为有效性	17	6.88
		行为全面性	25	10.12
		行为全面性、积极性、有效性	18	7.29
		合计	60	24.29
	复合性标准		44	17.81
	结果标准		15	6.07
	不详		128	51.82
	合计		247	100

资料来源:根据"中国裁判文书网"2017—2021年公布的裁定书整理得出。

第五,在约束力方面,审判机关以实质审查为主,以形式审查为辅。所谓实质审查,是指审判机关准许撤诉的,主要审查诉请是否得以全部实现,附带审查检察机关意思表示。例如,在广东省江门市环境保护局不依法履职案④中,审判机关主要审查被告经代履行处置土壤覆盖和复绿工作

---

① 山东省滨州市沾化区人民法院行政裁定书,〔2018〕鲁1603行初28号。
② 徐州铁路运输法院行政裁定书,〔2019〕苏8601行初1065号。
③ 山东省单县人民法院行政裁定书,〔2020〕鲁1722行初76号。
④ 广东省江门市江海区人民法院行政裁定书,〔2019〕粤0704行初40号。

之事实，以及各方当事人对"现实全部诉请"无异议之结果，附带审查检察机关撤回起诉的意思表示，据此准许检察机关撤诉。形式审查是指审判机关准许撤诉的，仅审查检察机关的意思表示是否真实、自愿，审查撤诉申请是否损害公益，至于诉请是否得以实现，则根据检察机关提供的材料作形式审查。例如，在山东省昌乐县水利局不依法履职案[①]中，审判机关认为县检察机关提起撤诉申请属于自行处分自己的诉讼权利，符合法律规定，亦不损害国家、社会利益以及他人的合法权益，裁定准许撤回起诉。

(二) 撤回起诉权运行条件的缺失

根据前文考察可知，虽然检察机关撤回起诉的条件在规范表达和检察实践中不断丰富完善，但是，由于立法者和检察机关尚未明晰诉讼程序的逻辑前提，相关条件的设置与适用仍然存在缺失：一方面，偏差定位行政法律监督功能，在权力外部层面，忽略行政公益诉讼撤回起诉权与行政权、审判权之间的"功能秩序"，减损"功能秩序"平衡；另一方面，尚未明确诉讼程序的保障性，模糊处理行政公益诉讼"阶段构造"，在权能内部层面，忽略行政法律监督权与行政公益诉权之间的"梯级秩序"，减损"梯级秩序"平衡。

1. 功能偏差减损"功能秩序"平衡

根据诉讼程序之价值逻辑可知，检察机关行使撤回起诉权的，应该与行政权、审判权协同，实现行政法律监督功能，完成维护公益之任务，形成相对平衡的"功能秩序"。然而，根据前文考察可知，撤回起诉权运行条件的规范表达与检察实践有打破"功能秩序"平衡的倾向，这主要体现在时间条件选择适用不具体、与变更诉请衔接不畅、约束力不明确三方面。

第一，时间条件缺乏具体性，忽略行政法律监督的司法性和协同性，减损"功能秩序"平衡。法律法规和检察实践多笼统规定检察机关可以在审判过程中提出撤诉申请，甚至有一些检察实践扩大适用"诉讼期间"之条件，缺乏对审判阶段性作具体化要求。然而，如若提起撤诉申请在时间条件上缺乏具体性，尤其是未经充分辩论的，一方面，检察机关可能与行政机关达成妥协，既无法完成事实证据证明性，又无法实现协同补强行

---

① 山东省昌乐县人民法院行政裁定书，〔2018〕鲁 0725 行初 21 号。

政行为合法性，不利于行政法律监督功能之达成；另一方面，审判机关无法判断诉请是否在实质上得以实现，难以通过审判功能之实现，协同补强行政行为合法性，尤其是当审判机关采用实质审查方式，裁定是否准许检察机关撤回起诉时，时间条件缺乏具体性的弊端更加凸显。

第二，与变更诉请衔接不畅，忽略行政法律监督的客观性和协同性，减损"功能秩序"平衡。一是缺乏转化阻却因素，减损与审判权之间的平衡。虽然《办案规则》增补规定，当满足撤诉条件但确有必要的，检察机关可以变更诉请，适用确认违法之诉。但是，《办案规则》并未就何谓"必要"作进一步规定。办案实践中，检察机关在个案中变更适用确认违法之诉的，仅说明诉请内容已全部实现，未说明为何选择变更诉请。例如，在四川省大竹县自然资源局不依法履职案①中，检察机关诉请审判机关依法责令被告对绿水竹农家乐店非法占地行为履行法定监管职责。审理过程中，因被告重新作出处罚决定，检察机关即变更适用确认违法之诉，但并未说明原因。这一原则性处理，缺乏转化阻却因素，既可能减损法制统一性，出现同案不同办的情况，又可能浪费司法资源，减损与审判权之间的平衡。二是缺乏转化条件，减损与审判权、行政权之间的平衡。法律限定检察机关仅得在诉请全部实现的情况下，方可行使撤诉权。缺乏其他动因之例外规定，无论出现其他动因，与变更诉请之间转化条件的规定。虽然检察实践根据功能主义，在法定动因之外增补例外情形，但是，因诉请客观不能或实现诉请损害公益，是选择适用撤回起诉抑或适用变更诉请，规范表达和检察实践均未予以明确，既可能因偏差定位审判权的协同性，减损撤回起诉权与审判权之间的平衡，又可能因偏差定位行政法律监督的客观性，忽略对行政违法行为的否定，减损撤诉权与审判权、行政权之间的平衡。

第三，约束力不明确，忽略行政法律监督的司法性和协同性，减损"功能秩序"平衡。不同于《行政诉讼法》通过裁量准许原告撤诉之规定，《公益诉讼解释》《办案指南》《办案规则》均规定检察机关提起撤诉申请的，审判机关应当准许。但是，在司法实践中，审判机关尚未统一检察机关提出撤诉申请对自身的约束力，分别适用实质审查或者形式审查，裁定准许检察机关撤回起诉。其中，适用形式审查的，审判机关主要

---

① 四川省达州市通川区人民法院行政判决书，〔2019〕川 1702 行初 81 号。

审查检察机关提起撤诉申请的意思表示，并对检察机关之申请作形式审查。虽然这一司法实践符合法制统一原则，但是，却忽略行政法律监督的司法性和协同性，既不根据事实证据证明性，审查诉请是否得以实际实现，约束审判机关自身裁决，又在司法性得以实现的基础上，根据行政法律监督协同性，与检察机关形成司法合意，减损撤诉权与审判权之间的平衡。

2. 保障性偏差减损"梯级秩序"平衡

根据诉讼程序之实践逻辑可知，检察机关行使撤回起诉权的，应该直接与行政法律监督权相衔接，在尊重行政公益诉讼"阶段构造"的前提下，确定诉讼程序的保障性，并以实现公益维护为内容，以行政法律监督作限定，形成相对平衡的"梯级秩序"。然而，根据前文考察可知，撤诉权运行条件的规范表达与检察实践有偏差定位诉讼程序之逻辑前提，减损权能之间"梯级秩序"平衡的倾向，这主要体现在撤回起诉决定书表达形式不当笼统、"诉请完全实现"判断要素不统一、保障条件缺乏可操作性三方面。

第一，表达形式不当且笼统，忽略诉讼程序以保障性实现维护公益之内容，减损行政法律监督权与撤诉权之间的平衡。检察实践多以相对笼统的表达形式作出撤回起诉决定，并据此提出撤诉申请。如若撤回起诉决定书及撤诉申请不载明被告履职依据、具体措施以及获得救济的公益属性和类型，审判机关和监督公众等外部主体难以据此判断行政机关是否通过履行法定职责，实现维护公益之任务，行政机关与检察机关之间不能因此形成统一的、特别的履职规律，不能对特别履职规律形成统一认知。相反，可能模糊行政法律监督权与撤诉权之间的界限，通过同质化处理行政行为违法性、公共利益遭受侵害性以及二者之间的关系，减损行政公益诉讼检察权能之间的"梯级秩序"平衡。

第二，"诉请完全实现"判断依据和判断标准适用不当，忽略诉讼程序的保障性，减损行政法律监督权与撤诉权之间的平衡。首先，适用检察建议内容判断诉请是否全部实现之实践，忽略诉请对检察建议的转化，可能因检察建议内容灵活性有余、可诉性不足，导致撤诉权的行使超越诉讼规制，减损撤诉权与行政法律监督权、审判权之间的平衡。即使检察建议内容与诉请内容完全一致，适用检察建议内容而非诉请内容判断诉请是否全部实现，也因缺乏规范性而减损权能之间的"梯级秩序"平衡。其次，弱化结果有效性标准之适用，忽略诉讼程序保障性，减损权能之间的平衡。由于法律法规并未针对"诉请全部实现"的判断标准另作规定，根据法制统一原则，检察实践可以适用起诉条件中有关"不依法履职"之判断标准。但是，检察实践并未区别行政公益诉讼"阶段构造"，而是与诉前督促相类似，侧重审查行为有效性、全面性，轻结果有效性，忽略诉讼程序的保障性，忽略诉讼程序以维护公益为内容的实践逻辑在判断标准方面的投射。检察机关行使撤诉权，选择适用行为标准的实践亦存在同样缺失，不当矮化行为标准中结果有效性的适用顺位，减损权能之间的平衡。当适用笼统表达形式、缺乏具体时间条件、审判机关作形式审查时，减损权能之间平衡的缺失更加凸显。

第三，后续跟踪监督程序缺乏可操作性，忽略诉讼程序以保障性实现维护公益之内容，减损行政法律监督权与撤诉权之间的平衡。按照诉前督促程序之实践逻辑，当行政机关完成法定职责，检察机关即实现行政法律监督。不同于诉前督促程序之逻辑前提，诉讼程序更加强调对实现维护公益的保障性，因此，检察机关提出撤诉申请的，还应该保障采取跟踪程序，监督行政机关依法履职情况。① 然而，在立法安排上，仅《办案指南》对撤诉之后的跟踪监督作出原则性规定。在检察实践中，检察机关多强调诉前督促程序的跟踪监督以及"回头看"，几乎不涉及撤回起诉之后的跟踪监督，忽略诉讼程序以实现维护公益为内容的实践逻辑，减损权力之间、权能之间的平衡。

（三）围绕逻辑前提重塑撤回起诉权运行条件

现行撤回起诉条件在规范表达和检察实践中因对特定要件的实现要素缺乏统一认识，尚未形成一体化条件，究其根源在于撤回起诉权运行条件的规范表达和检察实践，与诉讼程序的逻辑前提发生冲突。为弥补缺失，需要在契合诉讼程序逻辑前提的基础上，结合行政公益诉讼"阶段构造"，分别在形式要件和实体要件两方面，重塑并形成行政公益诉讼撤回起诉权一体化运行条件。

1. 具体化重塑形式条件

在形式条件方面，为契合诉讼程序之逻辑前提，需要在撤诉决定表达形式、时间条件以及后续跟踪监督方面作具体化重塑。

---

① 陈晓景：《检察环境公益诉讼的理论优化与制度完善》，《中国法学》2022 年第 4 期。

一是明确撤诉决定以相对具体的形式予以表达。相对具体表达形式需明确列举被告、违法行政行为、遭受侵害的公益、诉请，以及被告采取的具体改进措施、公益获得救济的效果。不得以笼统以及含糊的表达形式申请撤回起诉，从而使得撤诉决定不仅具有指引性，而且还契合诉讼程序的保障性，具有针对性、靶向性，约束行政法律监督的实现方式。

二是明确将撤诉时间限定在庭审辩论结束后、判决作出前。一方面，限定具体时间条件具有必要性。检察机关提起撤回起诉申请的，被告原则上已依法履职，公益得到有效维护。经过庭审辩论，充分说明被告依法履职，实现维护公共利益之任务的时间要求，既不因此不当增加被告、检察机关之间的履职负担，又因具有充分说理性，实现行政法律监督司法性，降低检察机关与行政机关达成妥协的风险。另一方面，限定具体时间条件具有可行性。检察机关以现有关于原告撤诉制度框架为参照，可借鉴其中经验与优势。①

三是明确后续跟踪监督程序。通过规范表达以及检察实践采用定期或不定期跟踪监督程序，监督行政机关是否就履职情况及行为效果形成长效机制，契合诉讼程序的实践逻辑，夯实行政法律监督效能。

2. 类型化重塑实体条件

在实体条件方面，为契合诉讼程序之逻辑前提，需要在动因条件、"诉请全部实现"判断要素、与变更诉请衔接、约束力五方面作类型化重塑。

一是在动因条件方面，以诉请全部实现为原则，以客观不能为例外。不同于诉前行政机关依法履职判断标准之优化结果，客观不能在撤回起诉中强调，审理过程中出现客观不能的情况时，增补检察机关可以根据诉请内容实现不能，以及实现诉请内容损害公益，提出撤销起诉之申请的规定，契合诉讼程序以保障性条件独立于诉前督促程序之前提。

二是在"诉请全部实现"判断依据方面，排除依据检察建议内容作出判断。虽然检察建议内容可以在内部约束检察机关提起诉请之内容，但是，检察建议并不能创设行政履职，同时，提起诉请之后，诉请随即与检察建议内容发生分离。诉讼过程中，检察机关和审判机关主要根据诉请内

---

① 刘加良：《行政公益诉讼中被告依法履行职责的判断标准及其程序应对》，《国家检察官学院学报》2022 年第 2 期。

容行为，既实现行政公益诉讼的"阶段构造"，又实现诉讼程序的独立保障性。

三是在"诉请全部实现"判断标准方面，适用结果有效性标准。与一体化起诉条件相衔接，综合考量行政法律监督与公益维护在诉讼程序中的动态平衡，结合诉讼程序的保障性，适用结果有效性标准既彰显行政法律监督功能的统摄地位，又契合诉讼程序在"阶段构造"中的保障性。同时，明确适用结果有效性标准不以损害结果或者侵害风险的彻底消除为实现要素，而是以有效消除为实现要素。例如，在安徽省宣州区自然资源和规划局不依法履职案①中，检察机关根据被告依法全面、积极督促滥伐林木者补种树木，涉案公益林的植被基本修复，生态环境公益得到改善之事实，认定诉请全部实现。这一实践值得推广。

四是在与变更诉请衔接方面，以撤回起诉为优先，以确有必要变更为例外。当诉请全部得以实现的，为节约司法资源，形成协同实现行政法律监督之"功能秩序"，检察机关应优先行使撤回起诉权。为了实现行政法律监督客观性以及维护公益之指导性，一方面，当行政机关不依法履职性质恶劣的，检察机关应该变更诉请，请求确认行政机关违法履职。其中，在个案中，当行政机关在诉前既不依法履职又不积极回复检察建议的；在类案中，当行政机关多次因违法履职侵害公益的，可以视作"性质恶劣"，检察机关应当变更诉请。另一方面，根据功能主义，当增补动因条件，检察机关根据诉请实现不能或实现诉请损害公益的，应该选择变更诉请，请求确认行政机关违法履职。这在时间条件具体化后更具有可操作性。

五是在约束力方面，检察机关提起撤诉申请的，并不直接约束审判机关裁定。在重塑时间条件、动因条件、判断标准等组成要件前提下，审判机关不仅需要对检察机关撤回起诉申请作真实性、自愿性、不违法性等形式审查，还需要对诉请是否得以全部实现作实质审查。审判机关作实质审查并不因此增加自身以及行政机关、检察机关的履职负担，相反，在撤诉更有利于被告的情况下，采用实质审查，可以弥补检察机关履职可能存在的疏忽，充分实现维护公益之任务，实现诉讼程序的保障性。同时，《行政诉讼法》及其司法解释之规定，为审判机关作实质审查提供可资借鉴

---

① 安徽省宣城市宣州区人民法院行政裁定书，〔2020〕皖 1802 行初 74 号。

的参照。

二 上诉权运行条件的重塑

在诉讼阶段,检察机关应该享有"上诉权"抑或"抗诉权",在规范层面和认识论层面尚未形成共识。一方面,在规范层面,试点期间,《试点工作实施办法》赋予检察机关行使"抗诉权";入法以来,《公益诉讼解释》《办案指南》《办案规则》先后赋予检察机关享有"上诉权"。另一方面,在认识论层面,有学者根据诉讼本质,主张检察机关不能影响审判机关在审判中的主导地位,赋予检察机关上诉权可以促使行政公益诉讼回归诉讼本质。[1] 有学者根据检察监督补充性和保障性地位,主张行政公益诉讼超越私益诉讼模式,检察机关应该配置包括抗诉权在内的特殊诉讼主体权利义务。[2] 为避免陷入"循环论证"的窠臼,笔者认为,有必要根据功能适当原则之要义,结合诉讼程序之逻辑前提,分析检察机关享有法定上诉权是否有助于实现诉讼程序之逻辑前提,而不以实现诉讼程序逻辑前提应当配置上诉权抑或抗诉权之要义为指导。因此,通过把梳有关上诉权的立法安排和办案实践可知,检察机关分别通过主体条件、动因条件、主观条件等权利(力)实现要素的选择组合,确定上诉权的运行条件,但是,在规范表达上和检察实践中分别有所侧重。

(一) 上诉权运行条件的现实境况

1. 上诉条件的立法演进

第一,在主体条件方面,从规定提起主体发展到同时规定提起主体和参与主体。《公益诉讼解释》《办案指南》《办案规则》均明确由提起行政公益诉讼的检察机关享有上诉权,上一级检察机关享有派员出庭的权利(力)。但是,各类规范之具体规定有一定差异。其中,《公益诉讼解释》和《办案指南》仅通过笼统规定"人民检察院可以向上一级审判机关提起上诉",上一级检察机关可以派员共同出庭二审程序。至于提起公益诉讼的检察机关与上一级检察机关之间的关系则未作明确。《办案规则》在《公益上诉解释》和《办案指南》基础上作出调整:一方面,在主体身份

---

[1] 高志宏:《公共利益:行政公益诉讼的价值目的及其规范构造》,《学术界》2022年第7期。

[2] 谢鹏程:《论法律监督与公益代表——兼论检察机关在公益诉讼中的主体地位》,《国家检察官学院学报》2021年第1期。

方面，明确由提起公益诉讼的检察机关以"公益诉讼上诉人"身份提起上诉；另一方面，在检察机关之间关系方面，通过授权上一级检察机关享有指令撤回上诉、指令提起上诉之同步审查指导，以及强制共同派员出庭，明确上一级检察机关与提起公益诉讼的检察机关之间的领导与被领导关系。

第二，在动因条件方面，从"不服"发展到"确有错误"。《公益诉讼解释》延续《行政诉讼法》有关原告提起上诉之规定，明确检察机关因"不服"审判机关一审未生效裁判的，享有上诉权。《办案指南》和《办案规则》先后作出修改，明确当检察机关认为一审未生效裁判"确有错误"的，检察机关享有上诉权。

第三，在主观条件方面，从裁量上诉发展到强制上诉。《公益诉讼解释》和《办案指南》先后规定，当出现上诉动因的，检察机关"可以"提起上诉，享有上诉裁量权。《办案规则》则作出修改，明确当认为审判机关一审裁判确有错误的，检察机关"应当"提起上诉。并且，还通过赋予上一级检察机关同步审查指导，为上诉权的具体实施设置"安全阀"机制。申言之，当提起行政公益诉讼的检察机关应当提起上诉而不提的，或者虽然提起上诉但不当的，上一级检察机关应当指令提起上诉的检察机关正确履行上诉权。

2. 上诉条件的检察适用

根据研究样本可知，由检察机关提起上诉的案件较少（详见表4-7），主要在动因条件和约束力两方面呈现一定特点。

第一，在动因条件方面，检察机关主要根据行政机关是否存在不依法履职的事实认定错误、法律适用错误、程序适用错误三方面，行使上诉权。例如，在吉林省朝阳乡政府不依法履职案[①]中，检察机关认为一审法院认定乡政府不是适格被告的，存在事实错误，提出上诉申请。在广州市南沙区黄阁镇政府不依法履职案[②]中，检察机关认为提起公益诉讼属于司法行为，不受规制行政处罚行为之规范性文件的约束，认定一审法院根据规制行政处罚行为之规范性文件作出裁定，存在适用法律错误，提出上诉申请。在大安市林业局不依法履职案[③]中，检察机关认为一审法院在未经

[①] 吉林省长春市中级人民法院行政裁定书，〔2018〕吉01行终49号。
[②] 广州铁路运输中级人民法院行政裁定书，〔2017〕粤71行终1531号。
[③] 吉林省白城市中级人民法院行政裁定书，〔2018〕吉08行终10号。

第四章 诉讼阶段检察机关保障履职机制检视　　175

表4-7　检察机关提起上诉申请案件情况一览

序号	主体		案件编号	动因	裁判	
	上诉人	被上诉人			认定	结果
1	随州市曾都区人民检察院	随州市曾都区水利和湖泊局	湖北省随州市中级人民法院行政判决书，[2019]鄂13行终3号	适用法律错误事实认定错误	事实认定法律正确适用法律错误实体处理不当	维持履职判决撤销确认违法判决
2	通化市东昌区人民检察院	通化市水利局	吉林省通化市中级人民法院行政判决书，[2018]吉05行终68号	不公开宣告程序适用错误驳回经法庭认定的违法事实错误	事实认定清楚适用法律错误程序违法	维持履职判决撤销驳回其他诉请判决
3	珲春市人民检察院	珲春市国土资源局	吉林省延边朝鲜族自治州中级人民法院行政判决书，[2018]吉24行终104号	事实认定错误程序适用错误	主要事实认定正确适用法律合法审判程序合法裁判结论正确	驳回上诉
4	西安铁路运输人民检察院	周至县财政局	西安铁路运输中级人民法院行政判决书，[2018]陕71行终819号	事实认定不清驳回部分诉请错误否定公益诉请价值错误	事实认定清楚适用法律正确	驳回上诉
5	寿县人民检察院	寿县林业局、第三人	安徽省淮南市中级人民法院行政判决书，[2018]皖04行终69号	第三人违法明显不当	事实认定基本清楚适用法律正确	驳回上诉

续表

序号	主体 上诉人	主体 被上诉人	案件编号	动因	裁判 认定	裁判 结果
6	延吉市人民检察院	延吉市环境保护局、第三人	延边朝鲜族自治州中级人民法院行政判决书，[2018] 吉 24 行终 114 号	未审理诉请对市环保局主客观履职认定错误 超越诉请认定错误	主要事实认定清楚 适用法律正确 审判程序合法 裁判结论存正确	驳回上诉
7	三台县人民检察院	三台县人民防空办公室	四川省绵阳市中级人民法院行政裁定书，[2019] 川 07 行终 104 号	适用法律错误，不受起诉期限限制	事实清楚 适用法律正确	驳回上诉
8	辉南县人民检察院	辉南县水利局	吉林省通化市中级人民法院行政裁定书，[2019] 吉 05 行终 18 号	立案、起诉条件错误 适用法律错误 事实认定错误	适用法律错误	撤销裁定 指令立案
9	德惠市人民检察院	德惠市朝阳乡人民政府	吉林省长春市中级人民法院行政裁定书，[2018] 吉 01 行终 49 号	法定监管职责认定错误	被告非责任主体事实认定不清 诉请不受行政诉讼法调整	驳回上诉
10	大安市人民检察院	大安市林业局	吉林省白城市中级人民法院行政裁定书，[2018] 吉 08 行终 10 号	不符合起诉条件认定错误 法律适用错误 履职认定错误 程序错误严重	适用法律错误	撤销裁定 指令继续审理

续表

序号	主体 上诉人	主体 被上诉人	案件编号	动因	裁判 认定	裁判 结果
11	广州市南沙区人民检察院	广州市南沙区黄阁镇人民政府	广州铁路运输中级人民法院行政裁定书〔2017〕粤71行终1531号	适用行政处罚规制错误 责任认定错误 不符合起诉条件认定错误	事实认定清楚 适用法律正确 程序合法	驳回上诉
12	砀山县人民检察院	砀山县自然资源和规划局	安徽省宿州市中级人民法院行政裁定书〔2020〕皖13行终31号	不服一审判决	意思表示真实 不损害公益 不违反法律	准许撤回上诉
13	怀远县人民检察院	怀远县自然资源和规划局	安徽省蚌埠市中级人民法院行政裁定书〔2019〕皖03行终77号	不服一审判决	意思表示真实 不损害公益 不违反法律	准许撤回上诉

资料来源：根据"中国裁判文书网"2017—2021年公布的裁判书整理得出。

开庭审理、未对证据进行举证质证的情况下，认定被告已经履行法定监管职责，存在程序错误，提出上诉申请。

第二，在约束力方面，检察机关提起上诉的，不得直接约束审判机关，即使与行政机关达成合意，亦不得直接约束。根据研究样本可知，检察机关提起上诉的，在6件案件中，因检察机关事实认定错误，上诉请求被驳回，占比46.15%；在3件案件中，因原审法院法律适用错误，上诉请求获得支持，占比23.08%；在2件案件中，因原审法院法律适用错误，但事实认定正确，上诉请求获得部分支持，占比15.38%；在2件案件中，检察机关主动撤回上诉，占比15.38%。可见，在上诉过程中，审判机关仍居于主导地位，不受检察机关上诉申请直接约束。同时，即使检察机关与行政机关达成合意，亦不得直接约束审判机关。例如，在吉林省珲春市国土资源局不依法履职案[①]中，虽然珲春市国土局主张撤回书面答辩状，自认上诉人主张的事实，但是，市国土资源局的自认与其在原审的举证及二审答辩状中的陈述相悖，且与本案相关事实明显不符，审判机关不直接受检察机关与行政机关达成合意之约束，而是根据事实认定，驳回检察机关上诉请求。

（二）上诉权运行条件的缺失

根据前文考察可知，虽然有关检察机关行使上诉权条件的规范表达和检察实践不断丰富完善，但是，由于立法者和检察机关尚未明晰诉讼程序的逻辑前提，相关条件的设置仍未处理好行政法律监督与公益维护之间的动态平衡，同时，因忽略行政公益诉讼"阶段构造"，相关条件的适用仍存在一定缺失，这主要表现在主体条件不明晰、动因条件处理不当两方面。

第一，上诉权享有主体和实施主体区别不明，模糊上下级检察机关之间的关系，偏差定位诉讼程序的价值逻辑，影响行政公益诉权结构性优化。《办案规则》在《公益上诉解释》和《办案指南》基础上，授权上一级检察机关行使指令撤回上诉、指令提起上诉之同步审查指导，以及强制共同派员出庭，明确上一级检察机关与提起公益诉讼的检察机关之间领导与被领导关系，凸显检察一体，但这一领导关系与上诉权的享有以及具体实施之间有何联系，《办案规则》并未作出明确规定。虽然在形式上，

---

① 吉林省延边朝鲜族自治州中级人民法院行政判决书，〔2018〕吉24行终104号。

通过程序性民主安排检察机关享有上诉权脱胎于原告的诉讼权利,但是,在实质上,根据诉讼程序的价值逻辑可知,检察机关在诉讼过程中的权利(力)配置与运行仍统辖在行政法律监督功能之下。因此,在行使上诉权时,仅仅通过强调上下级检察机关之间的隶属关系,却没有特别强调二者之间共同实现行政法律监督的协同关系,将不当弱化行政法律监督实现公益维护任务之效能,最终影响行政公益诉权结构性优化。

第二,动因条件处理不当,偏差定位诉讼程序的实践逻辑,减损"梯级秩序"平衡,影响行政公益诉权结构性优化。根据前文考察可知,在规范表达上,《办案规则》改检察机关"不服"裁判为认为裁判"确有错误的",既试图在实质上与原告享有的上诉权作区别,又希望在形式上与刑事抗诉有差异,这一立法安排反而模糊行政法律监督功能。在实践中,检察机关主要因"不依法履职"的事实认定标准选择适用不当,被驳回上诉申请。根据研究样本可知,检察机关主要适用行为标准和复合性标准,认定行政机关仍需依法履职,却忽略与起诉条件的同源性,既不当处理与诉前督促程序之间的阶段划分,又不考量与起诉条件相衔接,偏差定位诉讼程序的保障性,减损权能之间的"梯级秩序",影响行政公益诉权结构性优化。例如,在珲春市国土资源局不依法履职案①中,检察机关认为市国土资源局应全面履职,上诉申请市国土资源局依法全面履职。然而,检察机关上诉申请因未考量履职阻却因素被驳回,忽略诉讼程序的保障性,模糊行政公益诉讼"阶段构造",减损"梯级秩序"平衡。在吉林省朝阳乡政府不依法履职案②中,检察机关根据法律法规对乡政府应该履行"治理"职责之规定,上诉申请乡政府应该履行清理垃圾的职责。然而,检察机关的上诉请求因笼统的"治理"职责没有可执行的具体行政行为被驳回,忽略与起诉条件的可诉性相衔接,模糊起诉权与上诉权之间的关联性。在安徽省寿县林业局不依法履职案③中,检察机关认为第三人根据同一违法事实,应同时承担刑事责任和行政责任,上诉申请县林业局作出行政处罚。然而,检察机关上诉请求因尚未处理好刑事责任和行政责任之间的递进关系被驳回,忽略行政法律监督与刑事诉讼监督之间的衔接关系,影响行政公益诉权结构性优化。

---

① 吉林省延边朝鲜族自治州中级人民法院行政判决书,〔2018〕吉24行终104号。
② 吉林省长春市中级人民法院行政裁定书,〔2018〕吉01行终49号。
③ 安徽省淮南市中级人民法院行政判决书,〔2018〕皖04行终69号。

（三）围绕逻辑前提重塑上诉权运行条件

现行上诉权运行尚未确定一体化条件，在规范表达和检察实践中存在一定缺失，究其根源在于忽略诉讼程序价值逻辑和实践逻辑的投射。为弥补缺失，需要在契合诉讼程序逻辑前提的基础上，结合行政公益诉讼"阶段构造"，分别在主体要件、动因要件、约束力、主观条件四方面重塑上诉权行使条件，形成一体化运行条件。

第一，在主体条件方面，区别上诉权的享有主体和实施主体，明确由提起行政公益诉讼的检察机关实施上诉权，由提起行政公益诉讼的检察机关及其上一级检察机关分享上诉权。虽然《办案规则》授权上一级检察机关享有指令撤回上诉、指令提起上诉之同步审查指导，以及强制共同派员出庭，但并未明确上一级检察机关与提起公益诉讼的检察机关分享上诉权。根据前文分析可知，虽然检察机关享有上诉权在规范表达上脱胎于行政上诉人的诉讼权利，但是，我们不能因此否定检察机关承担行政法律监督功能，忽略行政法律监督与公益维护之间的动态平衡。赋予上一级检察机关分享上诉权，一方面，在对内关系上，既可以彰显检察一体，同步监督下一级检察机关依法履职，分担诉讼责任，提高行政法律监督效能，又可以保障上诉权的优化行使，与行政公益诉讼办案亲历性相耦合，同时，避免提起诉讼的检察机关与行政机关妥协，优化行政公益诉权结构体系。另一方面，在对外关系上，上一级检察机关与受诉审判机关同一层级，可以更好地促使实施上诉权的检察机关与审判机关达成司法合意，保证公共利益得以充分维护。

第二，在动因条件方面，适用"不服"动因，并与起诉条件相衔接。首先，在规范表达上，适用"不服"动因替代"确有错误"动因。一方面，可以平衡行政法律监督与裁判之间的"功能秩序"。考察现有实践，检察机关均以"不服"动因提出上诉申请，检察机关、行政机关、审判机关各司其职，并不因此打破行政法律监督与裁判之间的"功能秩序"平衡。进一步，适用"不服"而非"确有错误"既可以彰显审判机关在裁判过程中的主导地位，同时又可以明确保障行政机关依法履职是审判机关和检察机关协同达成的司法合意。另一方面，符合法制统一原则。检察机关享有上诉权，更多的是为实现行政法律监督功能配置一项诉讼权利。在习惯上，适用"确有错误"更加突出检察机关法律监督机关的身份，未避免与诉讼监督相混淆，适用"不服"动因更贴合法制统一。同时，与约束力、主观条件配套,适用"不服"动因更无不妥。其次,在具体动因判断上,明确事实认定适用标准与重构的起诉条件相匹配。一是适用结果有效性标准,不再考量客观阻却因素。根据前文论证可知,检察机关在诉前跟踪监督过程中,需要充分考量行政机关履职阻却因素。为保障实现公益维护,诉讼程序作为独立的保障性程序,理应适用更严苛的标准。如若充分考量行政公益诉讼"阶段构造",检察机关不会因存在阻却因素仍提起上诉而承担败诉风险。二是明确行政机关法定监督职责可诉性,以专项、可执行的行政行为优先,确定适格被上诉人。三是共同承担法定刑事责任与行政责任。《办案规则》已明确规定,违法行为人刑事责任承担不得成为诉请行政机关仍需依法履职的阻却因素,上诉动因条件与起诉条件相匹配,可以化解实践中"不依法履职"判断缺乏规范性的矛盾。

第三,在约束力方面,仍坚持审判机关在裁判过程中的主导地位。虽然上诉权在形式上与原告享有的诉讼权利具有亲缘关系,但是,我们需要通过平衡审判机关与检察机关之间的"功能秩序",充分保障诉讼程序逻辑前提之实现。一方面,明确审判机关在二审裁判过程中享有主导地位。检察机关提起上诉申请的,以行使权利而非权力的形式予以保障,尊重审判机关的裁判功能,以强制力保障行政机关依法履职。同时,避免行政机关与检察机关之间为满足彼此政绩达成妥协,充分保障诉讼程序维护公益内容的最终实现。另一方面,明确审判机关主导地位的确定在于协同行政法律监督的实现。检察机关上诉权的行使仍以实现行政法律监督功能为指导。检察机关提起上诉的,虽以被驳回申请的实践居多,但是,驳回上诉申请并不意味着审判机关更加支持行政机关,而是帮助检察机关认识履职规律,使得审判机关与检察机关之间更好地达成司法合意,强制保障行政机关依法履职,更好地实现行政法律监督,达到同时维护制度公益和公共利益之效果。

第四,在主观条件方面,当出现不服一审未生效裁判的,检察机关应当提起上诉,不享有裁量权。首先,不同于原告上诉,检察机关提起上诉的,一方面,需要与行政法律监督的客观性相耦合,以保障行政法律监督而非实现诉讼监督为目的;另一方面,需要与维护公益之内容相匹配,不得随意处分上诉权,因此,检察机关享有上诉权的,不得在主观上作出裁量。其次,与上诉申请的约束力相匹配。虽然检察机关应当提起上诉,但是,上诉是否得值,裁判权仍在审判机关手中,因此,约束力的设置从反向方面为检察机关的主观条件设置"安全阈值"。

本章小结

　　行政公益诉讼程序作为行政公益诉讼"阶段构造"的第三阶段，检察机关主要通过履行行政公益诉权，在确定起诉权、撤诉权、上诉权运行条件的基础上，开展保障行政机关依法履职、维护公益的工作。根据诉讼程序的逻辑前提，反思现有保障履职机制可知，现有立法安排和检察实践在起诉条件以及撤诉权和上诉权运行条件方面，不仅忽略行政公益诉讼"阶段构造"，而且还缺乏一体化标准。为夯实行政公益诉讼"梯级秩序"中的第三级梯度，有必要结合一体化优势，在考量行政公益诉权与行政权、审判权协同治理，侧重公益维护实现要素权重配比的基础上，明确行政公益诉权一体化启动条件和运行条件：一是统一起诉条件。首先，明确起诉条件构成，既包括"不依法履职"判断、诉请、被告适格、诉讼管辖等在内的实体性条件，又包括前置程序、起诉主观意志等在内的程序性条件，排除适用起诉期限作为起诉要件。其次，在确定起诉要件基础上，分别统一"不依法履职"判断要素、规范诉请类型及其表达。二是统一审判过程中撤回起诉权和上诉权运行条件。首先，分别通过具体化表达形式、时间条件和跟踪监督程序，以及类型化动因条件、"诉请全部实现"判断要素、与变更诉请衔接、约束审判机关，重塑撤回起诉权运行条件。其次，分别通过区别享有主体和实施主体及其主观性、类型化动因条件、尊重审判机关在裁判过程中的主导地位，重塑上诉权运行条件。

第五章　行政公益诉讼调查核实权运行机制检视

所谓行政公益诉讼调查核实权①，是指检察机关在办理行政公益诉讼案件时，对推进办案进程的特定要件进行证据（明）材料收集和事实澄清。根据第一章之论证可知，调查核实权之配置与运行是实现行政公益诉讼不同阶段案件线索发现权、行政法律监督权和行政公益诉权的前提和保障。然而，在行政公益诉讼领域，检察机关是否享有调查核实权、如何行使调查核实权，在规范层面和认识论层面尚未形成共识：一方面，在规范层面，虽然《人民检察院组织法》为纠正法律监督职权虚置或空转问题，赋予检察机关行使调查核实权。但是，由于"法律监督职权"内涵的不确定性，以及调查核实权适用行政公益诉讼阶段的不确定性，使得行政公益诉讼调查核实权的配置和运行具有不确定性。② 为化解依据模糊性与适用具体性之间的矛盾，中央和地方国家机关先后出台各类规范性文件，试图确立并运行行政公益诉讼调查核实权。由于尚未厘清行政公益诉讼调查核实权制度基础，导致行政公益诉讼调查核实权在配置与运行过程中存在一定缺失，阻碍权力结构的体系化建构。另一方面，在认识论层面，学者尚未就检察机关是否享有公益诉讼调查核实权达成共识③。即使主张检察

---

① 理论界和实务界存在"调查权""调查核实权""调查取证权""调查收集证据材料的权力"的概念。综合考量"调查核实权"概念在《试点工作实施办法》《工作规定》《人民检察院组织法》以及21个地方关于公益诉讼的地方性法规等规范性文件中的适用频率，笔者适用"调查核实权"的概念。

② 胡婧：《行政公益诉讼领域检察调查核实权之理论证成与体系化建构》，《甘肃政法学院学报》2020年第4期。

③ 有学者根据公益诉讼与私益诉讼具有高度同质性，主张检察机关不享有调查核实权，参见刘超《论环境民事公益诉讼证据调查之展开》，《江西社会科学》2017年第9期。有学者根据行政公益诉讼监督对象、救济对象的特殊性，主张检察机关应该享有专门的公益调查核实权，参见关保英《检察机关在行政公益诉讼中应享有取证权》，《法学》2020年第1期。

机关享有特定公益调查核实权的,往往从举证责任承担①以及具备举证责任能力②两方面,讨论权力运行问题,忽略制度基础,有混淆调查核实权与举证责任范畴,颠倒调查核实权与提供证据能力主次之嫌。鉴于此,笔者拟反思行政公益诉讼调查核实权配置和运行存在的现实弊端,在国家治理体系现代化背景下,围绕行政法律监督和行政公益诉讼"阶段构造"等制度基础,从主体要素、适用阶段要素、内容要素、标准要素、方式要素、保障要素六方面入手,系统化建构行政公益诉讼调查核实权力结构体系,以期保证行政公益诉讼不同阶段各项检察权能良性运行,充分发挥行政公益诉讼制度效能。

第一节 行政公益诉讼调查核实权的制度基础

根据第一章之论证可知,行政公益诉讼调查核实权作为辅助性权力,既要服务于行政公益诉讼不同阶段检察权能的实现,又统辖于行政法律监督功能之下,有助于行政法律监督功能的实现。因此,行政公益诉讼调查核实权以行政法律监督和行政公益诉讼"阶段构造"为基础,予以配置和运行。

一 以行政法律监督功能为基础

行政法律监督功能既为行政公益诉讼调查核实权的配置提供正当性基础,赋予检察机关享有调查核实权,有助于行政法律监督功能的实现,又为行政公益诉讼调查核实权的运行划定界限,行政公益诉讼调查核实权统辖于行政法律监督功能之下,受制于行政法律监督的属性表达。

第一,提供正当性基础。根据功能适当原则之要义可知,将行政法律监督功能赋予检察机关,不仅意味着检察机关作为国家的法律监督机关,承担维护行政法制统一的根本任务以及维护公益的基本任务。同时,还意

---

① 有学者将调查核实权同举证责任划入同一范畴进行讨论,认为检察机关承担举证责任的大小是划定调查核实权力结构的前提。参见林仪明《我国行政公益诉讼立法难题与司法应对》,《东方法学》2018年第2期。

② 有学者从举证能力出发,认为检察机关具有专业人员和一定财力,应该享有更强的调查核实权。参见黄学贤《行政公益诉讼回顾与展望——基于"一决定三解释"及试点期间相关案例和〈行政诉讼法〉修正案的分析》,《苏州大学学报》(哲学社会科学版)2018年第2期。

味着调整检察机关享有权能、组织结构、程序设置、人员配备等要件，使其成为实现行政法律监督、完成相关任务的适格机关。因此，为实现行政法律监督功能配置调查核实权，一方面意味着赋权，即赋予检察机关享有调查核实权，让检察机关启动行政公益诉讼、督促和保障行政机关依法履职时有据可依，有助于实现行政法律监督；另一方面意味着控权，即通过配置调查核实权，既实现行政法律监督，又尊重行政机关主动补强行政行为合法性，还不僭越审判机关实现裁判功能，制衡而非削弱检察权、行政权、审判权的行使，平衡检察权与行政权、审判权之间的"功能秩序"，优化实现维护公益和制度公益"双重"国家任务。

第二，划定权力界限。行政法律监督的属性表达分别在设置前提和内容设定两方面为调查核实权划定界限。一是在设置前提方面，调查核实权应以行政法律监督的谦抑性和司法性为指导。根据行政法律监督谦抑性和司法性之要义可知，检察机关行使行政公益诉讼各项检察权能，均是对行政机关履职的一种否定，必然会对行政效能产生一定影响。如若检察机关不保持一定克制，则可能打破不同国家权力之间的"功能秩序"平衡。因此，检察机关实现行政法律监督需要保持谦抑，需要通过一定的证据（明）材料分别说服办案机构、行政机关和审判机关，以防止检察机关滥用行政公益诉讼检察权能。配置调查核实权要求检察机关调查特定内容，收集事实证据（明）材料，通过事实证据证明性，体现行政法律监督的谦抑性和司法性。二是在内容设定方面，调查核实权应有助于实现行政法律监督的主动性、协同性和智能性。检察机关本身并不掌握证据（明）材料，检察机关行使调查核实权的，既需要发挥主观能动性，依职权调取证据（明）材料，又需要其他国家机关、社会组织、个人以及检察机关内部不同业务部门的配合，因此，调查核实权的配置与运行，应有助于实现行政法律监督的主动性和协同性。同时，由于维护公益的特殊性，在收集证据（明）材料时因自然因素或人为因素造成阻却，采用智能化手段收集证据（明）材料有助于降低取证难度，因此，调查核实权的配置与运行，应有助于实现行政法律监督的智能性。

二 以行政公益诉讼"阶段构造"为基础

行政法律监督功能为行政公益诉讼调查核实权的配置与运行提供价值供给，但价值问题有时处于真伪不明的状态，需要把价值问题转化为制度和程序等现实问题，①使得行政公益诉讼调查核实权具有可操作性。行政公益诉讼"阶段构造"为行政公益诉讼调查核实权提供现实基础，限定不同阶段调查核实权运行侧重。

第一，提供现实基础。根据法律法规之规定可知，我国行政公益诉讼主要涉及立案、诉前督促以及诉讼三个阶段，分别对应案件线索调查核实、诉前调查核实和诉前效果跟进调查核实、诉讼调查核实，三个阶段前后相继，既相互联系，又存在一定独立性。首先，三个阶段相互联系，为实现行政法律监督，平衡不同国家权力之间的"功能秩序"，需要一定的证据（明）材料予以推进或者作出证明，因此，行政公益诉讼全过程需要配置调查核实权。其中，在立案阶段，检察机关需要获取启动行政公益诉讼、推进检察机关内部程序的证据材料。在诉前督促阶段，检察机关既需要获取提出检察建议、推进行政机关自我追责的证据材料，又需要跟进检察建议效果，获取行政机关是否根据检察建议依法履职，以及是否存在履职阻却因素的证据材料。在诉讼阶段，检察机关既需要获取行政机关仍不依法履职、推进诉讼程序的证明材料，又需要在证明材料不足时，经法院允许，补充获取行政机关仍不依法履职的证明材料。其次，三个阶段相互独立，终结任一阶段均需要一定的证据（明）材料予以佐证，因此，行政公益诉讼的每一个阶段需要配置调查核实权。其中，在立案阶段，当获取的证据材料足以证明行政机关不存在违法履职的，或者足以证明公益未遭受侵害的，检察机关应终结案件。在诉前督促阶段，当获取的证据材料足以督促行政机关依法履职的，检察机关应终结案件。在诉讼阶段，当获取或补充获取的证明材料足以说服法院的，法院应当予以立案并作出裁判。

第二，限定调查核实权运行侧重。虽然行政公益诉讼各个阶段相互关联，前一阶段调查核实的证据材料可以用作下一阶段的事实证明，但是，根据前文论证可知，由于行政公益诉讼"阶段构造"之间形成"梯级秩序"，不同阶段行政法律监督与公益维护之间存在动态平衡关系，行政行为违法事实、公益遭受侵害的事实以及二者之间的关系，在不同阶段权重配比存在一定差异。因此，检察机关在行政公益诉讼不同阶段行使调查核实权的，其调查核实内容侧重，以及适用标准应有所不同。其中，在立案

---

① 季卫东：《法律程序的意义》（增订版），中国法制出版社 2012 年版，第 18—34 页。

阶段，作为检察机关内部启动行政公益诉讼的程序，在案件线索评估过程中，检察机关应适用合理标准，侧重核实存在公共利益，调查相关公共利益遭受侵害的事实。在诉前阶段，作为督促行政机关主动补强行政行为合法性的程序，一方面，服务于检察建议的提出，检察机关应适用合理标准，侧重核实行政机关承担的法定监管职责，调查行政机关违法履职的事实；另一方面，服务于诉前阶段的终结，在跟进调查时，检察机关应适用合理标准，在侧重调查行政机关是否根据检察建议依法履职的同时，还应调查行政机关是否存在履职阻却因素。在诉讼阶段，作为行政机关履职不能的保障程序，服务于提起诉讼，检察机关应适用合理标准，侧重核实行政行为违法性与公益仍遭受侵害性之间的关联关系，调查公共利益是否得到有效维护。

综上，根据功能适当原则之要义可知，配置行政公益诉讼调查核实权不仅以行政法律监督功能为基础，既有助于实现行政法律监督功能，平衡不同国家权力之间的"功能秩序"，又受制于行政法律监督功能的属性表达，划定权力边界，还以行政公益诉讼"阶段构造"为基础，既有助于行政公益诉讼全过程中不同检察权能的顺利运行，又受制于"阶段构造"之间的"梯级秩序"，限定调查核实权运行侧重。

第二节 行政公益诉讼调查核实权的现实逻辑和理论反思

配置行政公益诉讼调查核实权，有助于保障行政公益诉讼不同阶段各项检察权能运行，实现行政法律监督。同时，行政公益诉讼调查核实权制度基础的落地，又有助于调查核实权的结构性优化与良性运行。实践中，如何落实制度基础，良性运行行政公益诉讼调查核实权，权力构成要素的设置是关键。学界和实务界多关注调查核实权行使方式的强制性，却缺乏在功能适当原则基础上，根据行政公益诉讼"阶段构造"，考量调查核实权的结构要素和逻辑体系。因此，难以框定行政公益诉讼调查核实的权力界限，阻碍行政公益诉讼不同阶段各项检察权能运行。鉴于此，笔者采用规范分析法，在考察立法安排和检察实践基础上，分析行政公益诉讼调查核实权的运行缺失，并结合制度基础，重塑行政公益诉讼调查核实权力结构，构建行政公益诉讼调查核实权逻辑体系。

一　行政公益诉讼调查核实权的现实景象

通过耙梳有关行政公益诉讼调查核实权的立法安排和运行实践可知，立法机关和检察机关分别通过主体要素、适用阶段要素、内容要素、标准要素、方式要素、保障要素六个方面的选择组合，厘定行政公益诉讼调查核实权力结构，但是，在规范表达上和实践中分别有所侧重。

（一）行政公益诉讼调查核实权的立法演进

中央和地方国家机关先后通过发布授权性规范文件、修改法律、出台司法解释和规范性文件等方式，分别从主体要素、适用阶段要素、内容要素、标准要素、方式要素、保障要素六项权力构成要素，不断形塑行政公益诉讼调查核实权力结构（详见表5-1）。

第一，在主体要素方面，从笼统确定发展到细化区分决策主体和实施主体，从强调权力行使的主观性发展到强调客观性。其中，在享有主体方面，中央先后通过《试点工作实施办法》《公益诉讼解释》《加强协作污染防治的意见》《加强协作保障食品药品安全的意见》；地方27个省级人大通过关于公益诉讼的地方性法规，笼统规定人民检察院享有行政公益诉讼调查核实权。《办案指南》《办案规则》先后作出细化规定，明确区分决策主体和实施主体。首先，《办案指南》明确由检察官实施调查核实权，由检察长作出决策。其次，《办案规则》在《办案指南》基础上，进一步明确由2名以上检察官具体实施调查核实权。在主观性方面，《试点工作实施办法》《人民检察院组织法》《公益诉讼解释》规定，检察机关办理行政公益诉讼案件的，"可以"调查收集证据材料，强调检察机关行使调查核实权的主观性。《办案指南》《办案规则》则规定，检察机关办理行政公益诉讼案件的，"应当"调查收集证据，强调检察机关行使调查核实权的客观性。

第二，在适用阶段要素方面，从强调服务于诉前检察建议的提出，发展到同时服务于立案阶段、诉前阶段和诉讼阶段。关于适用阶段主要由《人民检察院组织法》《办案指南》《加强协作保障食品药品安全的意见》《办案规则》先后作出规定。其中，《人民检察院组织法》《办案指南》《加强协作保障食品药品安全的意见》强调，检察机关行使调查核实权主要适用于诉前阶段，服务于检察建议的提出。同时，《办案指南》增补规定，调查核实权还服务于诉前检察建议实施效果的跟进调查。《办案规则》

表 5-1　行政公益诉讼调查核实权力构成要素规则规定情况

规范名称	主体（享有/实施）	主体（主客观）	适用阶段	权力构成要素（内容）	标准	方式	保障
《试点工作实施办法》	享有	主观	—	违法履职	—	查阅主动收集不得强制	应配合
《公益诉讼解释》	享有	主观	—	—	—	—	应配合
《办案指南》	享有实施	客观	诉前建议诉前跟进	法定职责和依据不依法履职事实公益受侵害事实	立案可能侵害公益诉前依法、全面、客观	查阅主动收集	应配合拒绝后果阻碍后果
《人民检察院组织法》	享有	主观	诉前建议	—	—	查阅主动收集	—
《工作规定》	享有实施	客观	诉前建议	—	诉前事实清楚、准确	—	—
《加强协作污染防治的意见》	享有	—	—	—	—	—	应配合
《加强协作保障食品药品安全的意见》	享有	—	诉前建议	—	—	查阅主动收集	应配合

续表

规范名称	主体		权力构成要素				保障
	享有/实施	主客观	适用阶段	内容	标准	方式	
《办案规则》	享有实施	客观	立案初步诉前建议诉前跟进诉讼补充	案件线索监管职责不依法履职事实公益遭侵害事实关联关系	立案可能存在违法诉前依法、客观、全面	查阅主动收集听证	应配合通报
黑、苏、渝关于加强检察公益诉讼工作的规定	享有	—	诉前建议	—	—	查阅主动收集	应配合训诫制止财政支持
晋、豫关于加强检察公益诉讼工作的规定	享有	—	案件线索	—	—	—	应配合

资料来源：本表按照规范性文件适用范围由中央到地方、出台时间由先到后排列。

注：关于地方人大出台的有关公益诉讼的专项决定，尚未有特殊规定的，本表不予列举。

则在强调服务于诉前检察建议的提出以及效果跟进基础上，增补规定调查核实权还适用于立案阶段和诉讼阶段，分别服务于案件线索评估以及补充调查。

第三，在内容要素方面，从笼统限定发展到区别适用阶段具体确定。关于检察机关调查核实的内容主要由《办案指南》《办案规则》先后作出规定。其中，《办案指南》规定，不论服务于检察建议的提出，还是服务于诉前效果跟进调查，均应调查行政机关承担的监管职责及其法律依据、不依法履职的事实以及公益遭受侵害的事实和状态。《办案规则》则作进一步完善：一方面，在诉前阶段，增补行政机关不依法履职与公益遭受侵害之间的关系调查；另一方面，在立案阶段，增补对案件线索真实性、可查性进行初步调查。

第四，在标准要素方面，从强调诉前适用高标准发展到区别阶段适用不同标准。关于检察机关调查核实标准主要由《办案指南》《工作规定》《办案规则》先后作出规定。其中，三部规范性文件均对服务于提出检察建议的证据材料，提出适用高标准的要求。《办案指南》强调，收集证据材料应做到"依照法定程序，全面、客观"；《工作规定》强调应做到"事实清楚、准确"。《办案规则》强调应"依法、客观、全面"。此外，《办案指南》还明确立案阶段调查核实适用标准，其中，针对行政机关违法履职，适用确实存在违法事实的标准；针对违法履职与公益受侵害之间关系，适用不依法履职行为"可能侵害公共利益"的标准。《办案规则》则作出修改，明确在立案阶段，针对行政机关违法履职事实，适用可能存在违法事实的标准。

第五，在方式要素方面，从强调单一性、非强制性取证方式发展到增补多方参与取证方式。自试点以来，国家机关颁行的各项有关行政公益诉讼的规范性文件均规定，检察机关主要通过被动查阅以及主动取证的方式，行使调查核实权，并且不得适用限制人身自由和查封、扣押、冻结财产等强制性措施。检察机关履职方式在整体上相对比较封闭、线性化，且不具有直接强制力。《办案规则》则在原有基础上强调多方参与，明确通过听证形成的书面材料是检察机关办理行政公益诉讼案件的重要证明材料。

第六，在保障要素方面，从原则性规定发展到相对具体规定，从否定性保障发展到增补强调资金保障等肯定性保障。一方面，在保障内容设定方面,《人民检察院组织法》《公益诉讼解释》仅原则性地规定,相关主体应当配合检察机关调查核实。《办案指南》《办案规则》和一些地方性法规则在此基础上区别不予配合的类型,分别规定应承担的不利后果。其中,《办案指南》《办案规则》对拒不配合或暴力阻碍调查核实的,明确检察机关可以采取向监督主体通报的形式,建议阻碍取证的主体应承担违规违法犯罪的不利后果。一些地方性法规不仅增补规定针对积极阻碍调查核实的,检察机关自身可以采取的保障措施,还规定消极阻碍调查核实应承担的不利后果。例如,辽宁省《关于加强公益诉讼检察工作的决定》规定,针对消极履行协助义务的,检察机关可以建议相关主体依规依纪予以处理,被建议主体应在两个月内反馈处理情况;以暴力或暴力威胁阻碍检察机关调查的,检察机关应及时采取制止、控制、强行带离等措施。另一方面,在保障措施表征形式方面,中央各项规范性文件主要采取否定形式,明确当调查核实不能时,各方主体应承担的不利后果。一些地方性法规则在此基础上,还采取肯定形式,明确调查核实应享有专项财政支持。例如,黑龙江省《关于加强检察机关公益诉讼工作的决定》规定,检察机关行使行政公益诉讼调查核实权的工作经费应由省政府财政部门纳入部门预算。

(二) 行政公益诉讼调查核实权的检察适用

根据研究样本分析可知,检察机关依法行使调查核实权处理行政公益诉讼案件的,主要在适用阶段、调查内容、适用标准、调查方式、强制性保障等方面具有一定共性。

第一,适用阶段不统一,主要服务于诉前检察建议的提出。办案实践中,检察机关行使调查核实权处理行政公益诉讼案件的,仍沿用民事行政法律监督调查核实权之服务对象,主要服务于诉前检察建议的提出,不仅混淆调查核实权适用阶段,还不当限定调查核实权适用范围。根据第二章之论证可知,前者主要表现在检察机关作出行政公益诉讼立案决定的日期与发出检察建议的日期高度重合。后者主要表现在检察机关通常直接将诉前调查核实所得、用于提出检察建议的证据材料直接用于提起诉讼,成为诉讼中的证明材料,既忽略跟进调查,又忽略起诉后的补充调查。例如,在清水县自然资源局不依法履职案[1]中,检察机关提起行政公益诉讼的,

---

[1] 甘肃省天水市麦积区人民法院行政裁定书,〔2020〕甘 0503 行初 2 号。

既未重新调查核实证明材料，亦未对行政机关根据检察建议补强行政行为合法性开展跟进调查，而是直接适用提出检察建议时采用的证据材料，即县自然资源局负有监管职责的法律依据、检察机关已履行诉前督促程序的证据、第三人未缴清土地出让金的证据。然而，县自然资源局已在诉前根据检察建议，督促第三人缴清土地出让金，检察机关因此承担败诉风险。

第二，调查核实内容冗杂且未区别服务阶段。一方面，调查核实内容冗杂。办案实践中，检察机关不仅承担法定调查核实责任，提供检察机关享有管辖权、行政机关负有监管职责、行政机关不依法履职、公益遭受侵害、不依法履职行为与侵害结果之间存在关系，以及当公益不属于法定列举领域的，提供存在公益的证据材料，还承担现行规则体系之外的其他调查核实责任。例如，《食品安全法》将预防原则作为保护原则予以规定，但是，在办案实践中，检察机关提起食品安全类行政公益诉讼的，仍需要提供公益遭受实际损害，以及与行政机关不依法履职之间存在因果关系的证据材料，① 既否定预防性行政公益诉讼的可能，又使调查核实内容复杂化。另一方面，检察实践并不区别行政公益诉讼各个阶段，对行政机关负有的监管职责、不依法履职事实、公益遭受侵害的事实，以及行为与结果之间的关系实行无差别调查核实。

第三，适用标准尚未统一，但要求普遍偏高且模糊适用阶段。办案实践中，检察机关针对调查核实内容，分别全面提供关联性法律法规、行政机关行为违法或不作为、行政相对人行为违法等证据材料，采取足以证成检察机关享有管辖权、行政机关负有监管职责且存在违法履职、公共利益遭受侵害、行政机关违法行为与损害之间存在因果关系的过高证明标准。例如，在武汉市东西湖区自然资源和规划局不依法履职案②中，武汉市东西湖区人民检察院在办案各阶段，均全面调查区自然资源和规划局是否负有监管辖区内土地和林业资源的职责，是否存在违法履职的事实、第三人农业项目是否存在违法的事实，并通过列举足以说服行政机关纠正违法履

---

① 例如，在宁县市场监管局不依法履职案中，检察机关不仅通过调查核实行政相对人销售超保质期、无生产日期、来源不清食品，未办理食品经营许可证，部分商店经营者未办理健康证或健康证超期等证据材料，证明行政机关存在不依法履职的事实，还根据青少年身心特点、商店面向青少年等事实，证明存在实际损害，且与县市监局违法履职之间存在因果关系。参见宁夏回族自治区中宁县人民检察院检察建议书，中宁检行建〔2018〕11号。

② 湖北省武汉市东西湖区人民法院行政判决书，〔2020〕鄂0112行初37号。

职的证据，核实存在行政行为违法事实以及环境公益遭受侵害的状态。

第四，调查方式增补智能化实现手段，但整体上偏单一。办案实践中，虽然检察机关顺应时代发展，通过运用"区块链"、无人机等智能化手段，突破自然因素阻却或人为因素之不能，依职权收集证据材料，增补实现主动调查的手段。但是，在整体上，检察机关主要通过查找规范性文件，核实行政机关应履行的监管职责、检察机关具有办案资格；通过调取行政执法证据，核实行政相对人和行政机关存在违法行为。只有在取证不能或者需要证据充分证明行政机关存在违法履职、公益因此遭受侵害的，检察机关才依职权自行或者委托第三人调查取证，调查方式单一。例如，在甘肃省天水市麦积区渭南镇人民政府不依法履职案[①]中，在提出检察建议前，检察院通过查找《铁路安全管理条例》《甘肃省铁路安全管理规定》《关于印发天水市麦积区普速铁路安全隐患综合治理工作方案的通知》等法律法规，证明镇政府负有监管铁路安全运行的职责；通过调取行政执法卷宗、拍摄违建现场照片的方式，证明镇政府未依法履职；通过调取行政执法卷宗、询问铁路部门工作人员的方式，证明行政相对人所建彩钢房属于违法建筑，不仅存在损害生态环境的事实，还存在威胁铁路运营安全的事实。在提起诉讼时，检察院在诉前证据材料基础上，主要通过提供拍摄的现场照片、发出的检察建议书、送达回证，补充证明已履行诉前程序。

二 行政公益诉讼调查核实权的现实缺失

根据前文考察可知，虽然行政公益诉讼调查核实权力构成要素的立法安排和检察实践不断发展，但是，由于立法者和检察机关尚未明晰行政公益诉讼调查核实权的制度基础，从而导致立法安排和检察实践出现逻辑裂隙，使得行政公益诉讼调查核实权的配置与运行存在诸多缺失：一方面，尚未充分明确行政法律监督功能的属性表达，偏差定位行政法律监督与公益维护之间的关系，在权力设定层面，忽略以法律形式配置适当的权力构成要素，减损不同国家权力之间的"功能秩序"平衡；另一方面，模糊处理行政公益诉讼"阶段构造"，在权力构成要素层面，忽略不同要素之间实现行政法律监督功能的差异性，减损行政公益诉讼不同阶段之间的

[①] 甘肃省天水市秦州区人民法院行政判决书，〔2021〕甘 0502 行初 1 号。

"梯级秩序"平衡。

（一）功能偏差减损"功能秩序"平衡

根据功能适当原则之要义可知，配置行政公益诉讼调查核实权是为了通过证据（明）材料之收集和事实之澄清，既在内部保障行政公益诉讼不同阶段各项检察权能运行，又在外部平衡检察权与行政权、审判权之间的"功能秩序"，有助于实现行政法律监督功能，完成宪定国家任务。然而，根据前文考察可知，行政公益诉讼调查核实权的立法安排与检察实践有打破"功能秩序"平衡的倾向，这主要体现在权力配置法制供给不足以及权力构成要素中决策主体与实施主体不当分离、强制性不足三方面。

第一，权力配置法制供给不足，减损行政法律监督效能，打破"功能秩序"平衡。根据职权法定原则，结合协同实现行政法律监督之要求，国家机关行使的权力通常应通过法律形式予以创设。虽然《人民检察院组织法》第21条规定，检察机关行使法律监督职权的，可以进行调查核实，并依法提出抗诉、纠正意见、检察建议。然而，能否因此释出检察机关享有行政公益诉讼调查核实权具有明显的不确定性：一方面，"法律监督职权"的行使范围是否包括"提起公益诉讼"具有不确定性。《人民检察院组织法》第20条赋予检察机关依法提起包括行政公益诉讼在内的公益诉讼职权，这一条款是强调检察机关的诉讼职权还是法律监督职权，还是二者兼有，不具有确定性。另一方面，即使通过检察建议与调查核实之间的关系，运用法解释方法，推导检察机关享有诉前调查核实权，但此项权力是否适用于立案阶段和诉讼阶段具有不确定性。目前，我国仅通过《公益诉讼解释》《办案规则》等司法解释或内部规范性文件之形式，赋予检察机关享有行政公益诉讼调查核实权。这一立法安排虽然在检察机关内部，可以根据检察一体，以及上下级之间管理与被管理关系，为约束不同检察机关，以及同一检察机关不同办案部门提供规范基础，但是，却难以在检察机关外部直接约束其他国家机关、社会组织或个人，即使通过其他部门的配合产生间接约束力，也可能因违背职权法定原则，减损行政法律监督效能，打破不同国家权力之间"功能秩序"平衡。

第二，决策主体与实施主体不当分离，减损行政法律监督效能，打破"功能秩序"平衡。根据前文考察可知，现行法律法规明确由检察官具体实施调查核实权，由检察长根据证据（明）材料作出相应决策。虽然这一规定通过对调查核实权实行内部约束，能够减少公众对权力产生不良后果的担心，并较快赢得公众支持。① 但是，却以降低行政法律监督的亲历性和效率为代价，尤其在紧急状态时，更加不利于及时维护公益和制度公益，可能因此降低行政法律监督的主动性和积极性，减损行政法律监督效能，打破"功能秩序"平衡。

第三，强制性不足，减损行政法律监督效能，打破"功能秩序"平衡。不同于根据原诉双方当事人提供的证明材料，服务于民事行政事后检察监督的调查核实，也不同于选择性服务于行政私益诉讼的调查核实，行政公益诉讼调查核实权是行政公益诉讼不同阶段，各项检察权能运行的保障，检察机关唯有通过行使行政公益诉讼调查核实权，方可实现行政法律监督功能。当调查核实强制性不足时，则可能直接导致权力行使不能，影响行政法律监督功能的实现。根据前文考察可知，现行法律法规主要规定检察机关采取查阅、询问、收集、咨询、委托、勘验现场等非强制性方式开展调查核实，同时，检察机关采取各种方式多需要倚赖其他主体的配合与协助。虽然相关法律法规通过"应当"一词，强制要求相关主体予以配合，并对采取积极行为干扰阻碍调查核实的，施以惩处。但是，"应当配合"条款以规范性文件的形式予以规定，有违反职权法定原则、自我授权之嫌。同时，法律法规尚未统一相关主体消极不配合时，需承担的不利后果，实际上架空了"应当配合"条款的规定。即使一些地方性法规针对消极不配合作建议处分的规则增补，但尚未成为保障调查核实权行使的长效机制。当相关主体不予配合的，检察机关既不能采取强制措施迫使其予以配合，也不能直接追究责任。检察机关因此可能无法获取所需的证据（明）材料，导致行政公益诉讼不同阶段，各项检察权能运行不能，阻碍行政法律监督功能之实现。同时，当调查核实内容不当冗杂、适用标准不当拔高时，强制性不足的弊端更加凸显。

（二）"阶段构造"模糊减损"梯级秩序"平衡

根据行政公益诉讼"阶段构造"可知，检察机关为了实现行政法律监督功能，设置不同履职阶段，并分别配置不同权能及其实现要素。由于模糊处理行政公益诉讼不同阶段检察权能实现要素和实现标准，导致

---

① 刘加良：《检察公益诉讼调查核实权的规则优化》，《政治与法律》2020年第10期。

调查核实权力结构组成要素的内容配置失当,阻碍行政公益诉讼调查核实权力结构性优化,减损行政公益诉讼不同阶段之间的"梯级秩序"平衡,这主要体现在调查核实内容选择不当、适用标准选择不当两方面。

第一,调查核实内容不分适用阶段、不分侧重,忽略行政公益诉讼"阶段构造",减损行政公益诉讼检察权能之间的"梯级秩序"平衡。根据前文考察可知,检察机关在行政公益诉讼各个阶段均全面调查核实检察机关主体资格、行政机关负有监管职责、行政机关不依法履职、公益遭受侵害等事实。虽然行政公益诉讼各个阶段相互关联,前一阶段调查核实的证据材料可以用作下一阶段的事实证明,但是,根据前文论证可知,由于行政公益诉讼"阶段构造"之间形成"梯级秩序",行政行为违法事实、公益遭受侵害的事实以及二者之间的关系在不同阶段权重配比存在一定差异,因此,检察机关在行政公益诉讼不同阶段行使调查核实权的,其调查内容的侧重应有所不同。其中,在立案阶段,检察机关侧重核实存在公共利益,调查存在相关公益遭受侵害的事实;在诉前阶段,检察机关侧重核实行政机关承担的法定监管职责,调查行政机关是否存在违法履职的事实;在诉讼阶段,检察机关侧重调查公共利益是否得到有效维护,核实违法行为与公益仍遭受侵害之间是否存在关联。通过各阶段不同内容侧重的调查核实,可以分别实现启动行政公益诉讼、提醒行政机关履职、保障行政机关履职之任务。检察机关不分阶段、全面承担各项事实和状态的调查现状,对于实现不同阶段之任务并不必要,反而不利地增加了检察机关履职负担,忽略行政公益诉讼"阶段构造",减损行政公益诉讼检察权能之间的"梯级秩序"平衡。

第二,适用标准采用"一刀切"式的高度盖然性标准,忽略行政公益诉讼"阶段构造",减损行政公益诉讼检察权能之间的"梯级秩序"平衡。所谓调查核实适用标准,是指承担调查核实责任的检察机关在推进相应程序或者赢得诉讼之前,使事实裁判者形成确信的标准,总体上是一种盖然性推理和判断。根据盖然性的大小,有学者将证明标准由高到低分为显而易见、排除合理怀疑、明确而令人信服/明显优势、优势证据以及似然为真五项标准。[①] 虽然盖然性标准主要适用于诉讼领域,但是,在行政

---

① 阎巍:《行政诉讼证据规则:原理与规范》,法律出版社 2019 年版,第 70—81 页。

公益诉讼中，立案阶段和诉前督促阶段是诉讼阶段的法定必经前置阶段，三者之间有密切联系，有必要将诉讼理论的证明标准延伸适用于立案阶段和诉前督促阶段，作为调查核实一体化标准确定下来。根据前文考察可知，检察机关在调查收集证据（明）材料过程中，忽略行政公益诉讼的阶段性特质以及待证事实的不同，采用"一刀切"式的方法，面面俱到地适用确凿、充分，足以证成行政机关负有监管职责、存在违法履职、公益遭受侵害、行为和结果之间存在因果联系的高度盖然性标准。高度盖然性标准统一适用于行政公益诉讼立案阶段、诉前督促阶段和诉讼阶段的所有待证事实，虽然体现行政法律监督谦抑性，彰显检察机关对其他国家机关的履职尊重，但是，却不当地加重检察机关履职负担，阻碍检察机关推动行政公益诉讼进程，违背行政公益诉讼"阶段构造"的制度基础，减损检察权能之间的"梯级秩序"平衡。

三 围绕制度基础建构行政公益诉讼调查核实权

为保障行政公益诉讼检察权能良好运行，实现行政法律监督功能，完成维护公益之任务，虽然《人民检察院组织法》《工作规定》《办案规则》等现行法律法规对行政公益诉讼调查核实在事实上作了确权尝试，但是，由于尚未与制度基础相匹配，导致行政公益诉讼调查核实权在规范表达上和实际运行中存在一定缺失，阻碍调查核实权力结构之体系化建构，影响行政公益诉讼不同阶段各项检察权能运行。因此，为保证充分发挥行政公益诉讼制度效能，有必要在与制度基础相耦合前提下，从顶层设计出发，通过程序性民主以法律形式赋予检察机关享有行政公益诉讼调查核实权，并根据权力结构组成要素，从主体要素、适用阶段要素、内容要素、标准要素、方式要素、保障要素六个方面，建构行政公益诉讼调查核实权力结构体系。

（一）通过法律赋予检察机关行政公益诉讼调查核实权

根据行政法律监督之属性表达可知，检察机关主导行政公益诉讼全过程，行政公益诉讼调查核实权是实现检察机关主导性的前提和保障，而行政公益诉讼调查核实权的实现，需要检察机关内部不同部门，以及外部其他国家机关、社会组织或个人的配合与协作。虽然通过司法解释或内部规范性文件之形式，赋予检察机关享有行政公益诉讼调查核实权，可以在检察机关内部约束不同检察机关以及同一检察机关不同办案部门，但是，却难以在外部为约束其他国家机关、社会组织或个人提供合法性和正当性基础。因此，为了合法、合理地增加其他国家机关、社会组织或个人之协作义务，同时，预防协作主体之合法权利（力）遭受不当侵害，需要控制行政公益诉讼调查核实权之行使，有必要通过强调职权主义，适用法律保留原则，以法律形式明确赋予检察机关分别在行政公益诉讼立案阶段、诉前督促阶段、诉讼阶段享有调查核实权，并可以分情况采用以下两种路径予以实现。

一是采用修改现行法律的路径。目前，与行政公益诉讼相关联的一般性法律主要是《行政诉讼法》和《人民检察院组织法》。采取修改现行法律赋予检察机关享有调查核实权的路径，一方面，可以转化为修改《行政诉讼法》第25条第4款，增补"行政公益诉讼调查核实权"的路径。在立法安排上，可修改规范表达为"人民检察院在履行职责中有权通过调查核实，发现生态环境和资源保护、食品药品安全、国有财产保护、国有土地使用权出让等领域负有监督管理职责的行政机关违法行使职权或者不作为，致使国家利益或者社会公共利益受到侵害的，应当向行政机关提出检察建议，督促其依法履行职责。行政机关不依法履行职责的，人民检察院依法向人民法院提起诉讼"。另一方面，可以转化为修改《人民检察院组织法》第21条之规定，明确"法律监督职权"的范围，规定法律监督包括行政法律监督，将调查核实的适用范围进一步扩展至提起行政公益诉讼。在立法安排上，可修改规范表达为"人民检察院行使法律监督职权的，可以进行调查核实，并依法提出抗诉、纠正意见、检察建议、提起公益诉讼"。

二是采用制定公益诉讼专门法律的路径。目前，我国行政公益诉讼制度主要通过简单嵌入《行政诉讼法》的方式予以原则性的规定，该项制度的实际运行仍需在专门法和单行法方面作进一步规定。相较于行政私益诉讼制度，行政公益诉讼制度在功能与目的、适格主体、程序设置、权利（力）享有等方面存在自身特点，行政公益诉讼制度不能简单地复制行政私益诉讼理论与实践提供的价值供给和制度供给，因此，有学者主张在条件成熟时，应当制定有关行政公益诉讼的专门法律。[①] 在制定行政公益诉

---

① 田凯等：《人民检察院提起公益诉讼立法研究》，中国检察出版社2017年版，第71—255页。

讼专门法律时，应根据行政法律监督功能以及行政公益诉讼"阶段构造"，通过"调查核实"专章，明确赋予检察机关在行政公益诉讼各阶段均享有调查核实权。

（二）行政公益诉讼调查核实权之体系化整合

行政公益诉讼调查核实权本身由主体要素、适用阶段要素、内容要素、标准要素、方式要素、保障要素六个方面构成。在与制度基础相耦合的前提下，体系化建构行政公益诉讼调查核实权，既需要根据权力结构组成要素分别确定各自内容，亦需要从全景式角度进行统一考量，防止不同构成要素之间，以及同一要素服务于不同阶段时，出现碎片化现象。

第一，扩大决策主体范围，赋予办案检察官一定的决策权。同时赋予办案检察官实施调查核实的权力以及紧急状态下的决策权，可以保障实现行政法律监督的亲历性和效率性。同时，赋予办案检察官一定的决策权，并不否定检察长享有对行政公益诉讼案件的最终决策权，赋权本身并不因此影响办案权威性，相反，还可以弥补检察长负责制因强调行政性带来不经济等缺失。

第二，调整行政法律监督实现方式，变检察机关主导调查为推动调查。检察机关主要调查自身主体资格、行政机关负有监管职责、行政机关违法履职、公益遭受侵害等事实。其中，学界肯认检察机关主导自身主体资格、行政机关负有监管职责、公益遭受侵害的调查核实，唯独对检察机关调查行政机关存在违法履职事实持不同意见：一是主张承继"举证责任倒置"规则。根据行政机关调查的专业性和便利性，以及法制统一原则，有学者主张应由行政机关自行调查行政监管行为的合法性。[①] 更为甚者，根据检察机关具有较强抗辩能力，主张行政机关自证行政监管行为的合法性，较行政私益诉讼应更为严苛。[②] 二是主张适用"谁主张，谁举证"规则。根据检察机关具备的专业优势，以及行政公益诉讼的特殊性，有学者主张由检察机关承担行政机关是否依法履职的调查核实责任，在原则上是合理的。[③] 在此基础上，笔者认为，根据功能适当原则之要义可

---

① 朱全宝：《论检察机关提起行政公益诉讼：特征、模式与程序》，《法学杂志》2015年第4期。
② 黄学贤：《行政公益诉讼若干热点问题探讨》，《法学》2005年第10期。
③ 章剑生：《论行政公益诉讼的证明责任及其分配》，《浙江社会科学》2020年第1期。

知,在与制度基础相耦合前提下,针对行政机关是否依法履职的调查核实应适用《行政诉讼法》的一般规定,坚持以行政机关自证为主导,检察机关主要起推动作用,承担推进说明的责任。①

第三,分阶段、分待证事实,区别调查核实内容适用相应标准。根据前文分析可知,立法安排与办案实践出现张力,检察机关往往并不区分办案阶段,适用同一证据材料和证明标准,打破行政公益诉讼"阶段构造"之间的"梯级秩序"平衡。为有效地实现不同阶段行政法律监督与公益维护之间的动态平衡,理应针对不同待证事实、区别适用阶段,分别确定调查核实标准。其中,案件线索调查在判断待证事实是否符合立案条件时,主要服务于检察机关自由心证,②因此,根据行政公益诉讼维护公益的出发点和认知逻辑,主要针对公益遭受侵害或侵害可能,适用高度盖然性标准。当不增加检察机关履职负担时,可以适用似然为真标准,调查核实行政机关存在违法行政行为的事实。诉前调查主要服务于提醒行政机关依法履职,需要针对行政机关应承担的监管职责,以及履职时存在违法的事实,向行政机关作必要说明:一方面,针对行政机关是否负有监管职责的,检察机关主要适用显而易见标准。公权力机关履职需要法律法规的明确授权,否则,可能违背职权法定原则,落入越权履职或者滥用职权之窠臼。另一方面,针对行政机关是否存在违法履职的,检察机关主要适用明确而令人信服的标准。根据前文论述可知,在证明行政机关监管行为是否合法的问题上,由于调查方式和保障措施缺乏强制性,检察机关宜起辅助作用,承担推进说明责任。明确而令人信服标准既可以保障行政法律监督效能,又可以在一定程度上说服行政机关,推进行政公益诉讼进程。诉前效果跟进调查和诉讼调查主要服务于说服审判机关,因此,根据保障行政机关依法履职的逻辑前提和维护公益的落脚点,主要针对公益仍然遭受侵害或侵害可能的事实,适用高度盖然性标准。

第四,分情况补强调查核实的强制性。目前,行政公益诉讼调查核实强制性不足,导致出现"调查难"的困境。为走出困境,有学者主张在

---

① 刘艺:《检察公益诉讼的司法实践与理论探索》,《国家检察官学院学报》2017年第2期。

② 洪浩、朱良:《论检察公益诉讼的证明标准》,《山东社会科学》2019年第7期。

方式上①和后果上②补强调查核实权的强制性。虽然为了发挥行政公益诉讼制度效能，补强调查核实强制性无可厚非，但应防止不同权力构成要素之间无序发展，有必要根据制度基础，分别在方式上和后果上分情况予以补强。一是在方式上，应兼顾调查核实内容和标准，分情况授权检察机关采取不同强制性调查方式。一方面，在现有调查内容和适用标准不变的情况下，授权检察机关采取直接强制性调查方式。明确对违法人员持有的物证等进行查封、扣押或冻结，对妨碍取证人员采取人身强制措施。当然，为了平衡不同国家权力之间的"功能秩序"，对直接强制性调查方式要在适用范围、适用程序等方面作严格限制，明确只有在紧急状态下，为了防止证据灭失，或者为了制止或预防对公益造成不可逆的侵害，检察机关方可采取直接强制性方式进行调查核实。另一方面，在根据行政公益诉讼"阶段构造"，区别调查内容和标准基础上，授权检察机关采取间接强制性调查方式，分情况借助其他国家机关力量，获取证据材料或证明材料。二是在后果上，同时授权检察机关采取主动和被动追责的保障措施。一方面，授权检察机关主动追责。针对妨碍调查的，检察机关在现有依法依规从严惩处规定的基础上，增加对妨碍调查者处以罚款的追责措施，或者将制止、强行带离妨碍者等处置措施常态化。另一方面，授权检察机关借助其他力量追责。除针对涉嫌犯罪并移送审查起诉的，对不履行或违反协作义务的人员，检察机关可以向隶属组织建议给予处分；对不履行或违反协作义务的单位，可以建议将之列为法治政府建设考核不合格项目，通过借助其他力量追责，保障获取行政公益诉讼所需证据（明）材料。

---

① 学者多强调增加适用具有直接强制力的调查手段，引入限制人身自由以及查封、扣押、冻结财产等措施，参见张晓飞、潘怀平《行政公益诉讼检察建议：价值意蕴、存在问题和优化路径》，《理论探索》2018年第6期；关保英《检察机关在行政公益诉讼中应享有取证权》，《法学》2020年第1期。还有学者主张增补具有间接强制力的调查手段，借助审判机关强制调查或者行政调查实现检察机关调查核实，参见曹建军《论检察公益调查核实权的强制性》，《国家检察官学院学报》2020年第2期。

② 有学者主张对消极妨碍检察机关调查者，检察机关可以采取诸如罚款、拘留等措施予以制裁。参见王志道《检察公益诉讼调查核实权的路径完善》，《江苏法制报》2019年7月1日第A03版。

本章小结

行政公益诉讼调查核实权是行政公益诉讼不同阶段,案件线索发现权、行政法律监督权和行政公益诉权顺利运行的前提和保障,有助于实现行政法律监督。目前,由于我国现行法律尚未对行政公益诉讼调查核实权作出明确规定,因此,学界和实务界对于检察机关是否享有、如何行使行政公益诉讼调查核实权存在较大分歧。虽然在中央层面,有《公益诉讼解释》《办案指南》《工作规定》《办案规则》等规范性文件;在地方层面,27个省级人大常委会通过关于公益诉讼的地方性法规,先后在事实上作了赋予检察机关享有行政公益诉讼调查核实权之尝试。但是,在行使权力过程中,由于构成调查核实权力结构的各项要素偏离制度基础,不仅各自在内容设定上存在一定缺失,而且相互之间呈无序化发展,阻碍调查核实权的体系化建构,影响行政公益诉讼不同阶段检察权能运行,降低行政法律监督效能,在内打破行政公益诉讼"阶段构造"之间的"梯级秩序"平衡,在外打破不同国家权力之间的"功能秩序"平衡。因此,有必要根据制度基础,在与行政法律监督、行政公益诉讼"阶段构造"相耦合前提下进行反思:首先,有必要从顶层设计着手,通过法律明确赋予检察机关享有行政公益诉讼调查核实权。其次,根据权力结构组成要素,在主体要素方面,明确办案检察官与检察长分享决策权;在适用阶段要素方面,检察机关有权在行政公益诉讼全过程中,行使调查核实权;在调查内容和适用标准要素方面,分阶段、分待证事实,区别调查核实内容适用对应标准;在保障要素方面,分情况在实现方式和保障措施方面,补强调查核实的强制性。

代结语　通往行政公益诉讼检察权能一体化运行之路

检察行政公益诉讼制度是我国检察理论和实践的创新成果，经过5年全面实施，在维护行政法制统一、维护国家和社会公共利益方面，取得显著成效。但是，根据前文分析可知，由于一方面，在整体上，检察机关在行政公益诉讼中的功能定位尚不明确，忽略行政法律监督功能与公益维护任务之间的动态平衡，导致行政公益诉讼检察权能构成体系不清、逻辑体系混乱，影响行政公益诉讼制度效能发挥，打破不同国家权力之间的"功能秩序"平衡；另一方面，在权力运行中，偏差定位行政法律监督与公益维护之间的动态平衡，忽略行政公益诉讼"阶段构造"，导致行政公益诉讼不同阶段，检察权能运行缺乏整体性和标准化机制，打破不同阶段检察权能之间的"梯级秩序"平衡。究其根源，在于缺乏一部明确行政公益诉讼功能、确定检察机关地位，一体化建构行政公益诉讼检察权能结构体系和逻辑体系、规范不同阶段检察权能运行的专门立法。[①]

2021年，中共中央先后印发《法治中国建设规划（2020—2025年）》《关于加强新时代检察机关法律监督工作的意见》，明确提出"总结实践经验，完善公益诉讼法律制度"之要求。虽然公益诉讼专门立法是规范检察机关权力运行、完善行政公益诉讼制度的发展方向，但是，对于专门立法的模式选择，学者和实务工作者尚未形成共识。总的来说，主要分为两类观点：一是根据内容的一般性和特殊性，主张分别制定作为一般法的《公益诉讼法》和作为单行法的《检察公益诉讼法》《环境公益诉

[①] 巩固：《公益诉讼专门立法必要性刍议》，《人民检察》2022年第5期。

讼法》等。① 二是根据诉讼性质的不同，主张分别制定《民事公益诉讼法》《行政公益诉讼法》，并根据救济公益所属领域，在相关实体法中分别予以具体确定。② 笔者在综合考量现实需求的基础上，主张通过制定一部《行政公益诉讼法》，实现规范检察权能一体化运行之目的：一方面，通过制定《行政公益诉讼法》可以有效解决规则供给不足问题，回应实际需要，满足现实需求；另一方面，在制定《行政公益诉讼法》时着重处理好内部关系和外部关系，可以有效弥补检察权能运行的现实缺失，更好地提高行政公益诉讼制度效能。当然，单独制定一部《行政公益诉讼法》并不否认通过制定领域法，拓展行政公益诉讼案件范围。

第一节 制定《行政公益诉讼法》满足现实需求

虽然我国通过行政公益诉讼条款嵌入《行政诉讼法》之形式，赋予检察机关享有提起行政公益诉讼的权力，并先后通过出台《公益诉讼解释》《办案指南》《办案规则》以及有关公益诉讼的地方性法规等专门规则，弥补《行政诉讼法》单一条款规定不全面、缺乏可操作性的不足，但是，由于行政公益诉讼的特殊性，以及现行专门规则存在合法性瑕疵，使得现有行政公益诉讼规则体系难以满足检察权能一体化运行之需，反而阻碍行政公益诉讼制度长足发展。独立行政公益诉讼法律规则体系，以《行政公益诉讼法》为依托，既可以有效解决规则供给不足的问题，又可以充分巩固并升华现有成果，回应实际需要。

一 制定《行政公益诉讼法》解决规则供给问题

单独制定《行政公益诉讼法》既可以承继《行政诉讼法》赋权优势，解决检察机关权力来源问题，又可以直面现行规则体系存在的缺失，形成规范行政公益诉讼检察权能一体化运行的一般规则，解决检察机关权力运行问题。

---

① 颜运秋：《中国特色公益诉讼制度体系化构建》，《甘肃社会科学》2021年第3期；巩固：《公益诉讼的属性及立法完善》，《国家检察官学院学报》2021年第6期；张雪樵：《中国法学会行政法学研究会2021年年会致辞》，http://fzzfyjy.cupl.edu.cn/info/1021/13619.htm, 2022年4月7日。

② 王春业：《独立行政公益诉讼法律规范体系之构建》，《中外法学》2022年第1期。

（一）解决《行政诉讼法》与行政公益诉讼制度的耦合问题

虽然我国通过修改《行政诉讼法》增补行政公益诉讼条款，为检察机关提起行政公益诉讼提供法律依据，这一立法技术作为次优选择，符合法律保留原则之精神，契合当时的立法和实践背景，但是，经过5年全面实施，这一立法技术因《行政诉讼法》难以与行政公益诉讼特殊性相耦合，检察机关权力运行面临违背法制统一之诘难。这主要表现在《行政诉讼法》的目的设定难以涵盖公益维护、《行政诉讼法》的程序设计难以契合行政公益诉讼"阶段构造"、《行政诉讼法》的程序规则难以契合行政法律监督功能三方面。

首先，在目的设定方面，《行政诉讼法》难以涵盖行政公益诉讼之目的。虽然我国《行政诉讼法》之目的在学界尚未达成共识，发展出"一元目的"①"两元目的"②"三元目的"③之观点。但是，不论学者根据《行政诉讼法》解读出多少种目的，"维护行政相对人合法权益"始终是各派学者公认的、我国《行政诉讼法》拟实现的最主要目的。然而，根据第一章之论述可知，我国行政公益诉讼制度是通过行政法律监督功能之实现，主要达到维护国家和社会公共利益之目的。二者在范畴上和性质上存在差异，《行政诉讼法》之立法目的难以涵盖行政公益诉讼维护公共利益之目的。

其次，在程序设计方面，《行政诉讼法》难以契合行政公益诉讼"阶段构造"。《行政诉讼法》的各项规则主要为行政相对人提起诉讼提供法律依据，是为诉讼服务的。然而，行政公益诉讼不仅包括检察机关向人民法院提起诉讼，还包括案件线索发现以及诉前督促。并且，根据现有办案实践可知，通过案件线索发现以及诉前督促解决行政公益诉讼案件占比远

---

① 持"一元"目的说的学者主张，行政诉讼的目的有且仅有救济权利。参见谭宗泽《行政诉讼目的新论——以行政诉讼结构转换为维度》，《现代法学》2010年第4期；章剑生《〈行政诉讼法〉修改的基本方向》，《苏州大学学报》（哲学社会科学版）2012年第1期。

② 持"二元"目的说的学者主张，行政诉讼有监督行政和救济权利双重目的。参见薛刚凌、杨欣《论我国行政诉讼构造："主观诉讼"抑或"客观诉讼"？》，《行政法学研究》2013年第4期；赵清林《类型化视野下行政诉讼目的新论》，《当代法学》2017年第6期。

③ 持"三元"目的说的学者主张，行政诉讼包括保障法院公正及时审理案件、监督行政和救济权利三重目的。参见梁凤云《行政诉讼法修改的若干理论前提（从客观诉讼和主观诉讼的角度）》，《法律适用》2006年第5期。

远高于向法院提起诉讼。因此,《行政诉讼法》围绕诉讼展开的规则设计,难以契合行政公益诉讼"阶段构造"。

最后,在程序规则规制方面,《行政诉讼法》难以契合行政法律监督。根据前文分析,结合《行政诉讼法》之规定,一是在原告主体资格方面,二者难以相耦合。行政私益诉讼的原告资格源于行政法律关系,检察机关的诉讼主体资格源于法律直接赋权。二是在案件范围方面,二者难以相耦合。行政私益诉讼围绕行政行为展开,当特定行政行为侵害私人合法权益的,属于受案范围;行政公益诉讼围绕特定领域行政活动展开,当一系列行政行为组成的行政活动侵害特定领域的公共利益的,属于受案范围。三是在起诉条件方面,二者难以相耦合。行政私益诉讼强调同时具备原告资格、有明确的被告、有具体的诉讼请求和事实根据、属于法院受案范围且由受诉法院管辖、未超过起诉期限等条件;行政公益诉讼不仅对适格被告、诉请、法院管辖作出要求,还对经过诉前督促、属于检察机关管辖、检察机关管辖与诉讼管辖相衔接等作特殊要求。四是在辅助性权力(利)配置和运行方面,二者难以相耦合。行政私益诉讼中,适用"举证责任倒置"规则,原告行使调查核实权属于可选择性措施,行政诉讼之开展不以此为依托;行政公益诉讼中,检察机关需要根据行政公益诉讼"阶段构造"分别承担调查核实责任,推进行政公益诉讼程序,检察机关行使调查核实权是行政公益诉讼阶段权能和基本权能运行、行政法律监督功能实现的前提与保障。

综上,通过制定《行政公益诉讼法》,专门规定行政公益诉讼的立法目的、阶段构造和程序规则,可以解决与《行政诉讼法》不相耦合的问题。

(二)解决现有专门规则合法性问题

为了执行《行政诉讼法》之授权规定,在中央层面,我国先后颁行《公益诉讼解释》《办案指南》《办案规则》;在地方层面,24个省级人大常委会先后出台有关公益诉讼的专项决定,通过专门规则的形式规范检察机关不同权能运行,却因有自我赋权以及违背上位法规定之嫌疑,面临合法性之诘问。通过制定《行政公益诉讼法》既可以解决下位法违法赋权的问题,又可以解决下位法违法创设规则的问题。

首先,解决下位法违法赋权的问题。一是解决行政法律监督权实现方式的合法性问题。根据前文分析可知,检察机关诉前仅得通过提出检察建议的法定方式行使行政法律监督权。然而，《办案规则》和一些地方有关公益诉讼的专项决定却作了例外规定，明确可以通过诉前磋商行使行政法律监督权，实现诉前督促行政机关依法履职之功能。这一赋权从功能主义角度来看，能够契合诉前督促程序的逻辑前提，充分发挥诉前督促制度效能，但是，从规范主义角度来看，却有违法创设权力实现方式之嫌。通过制定《行政公益诉讼法》，充分考量行政公益诉讼不同阶段检察权能实现方式，可以有效解决权力配置的合法性问题。二是解决行政公益诉讼调查核实权配置与运行的合法性问题。根据前文分析可知，检察机关为实现行政公益诉讼基本权能和阶段权能，应该行使行政公益诉讼调查核实权。同时，行使行政公益诉讼调查核实权不仅需要检察机关内部不同部门予以配合，还要求其他国家机关、社会组织和个人予以配合。当相关主体不予配合的，《办案指南》和一些地方有关公益诉讼的专项决定还规定应承担不利后果。然而，根据《立法法》之规定可知，国家权力配置通过法律予以相对保留。行政公益诉讼调查核实权作为检察机关实现案件线索发现权、行政法律监督权和行政公益诉权的手段，仅通过司法解释或规范性文件的形式予以配置，有违背法律保留原则之嫌。同时，通过司法解释或规范性文件形式创制其他国家机关、社会组织和个人应履行的义务，承担不履行义务带来的不利后果，亦面临合法性诘问。通过制定《行政公益诉讼法》，统一配置行政公益诉讼调查核实权，规范权力行使条件，可以有效解决调查核实权面临的合法性问题。

其次，解决下位法违法创设规则的问题。目前，我国规制行政公益诉讼检察权能运行的规则体系以《行政诉讼法》为授权统领，以《公益诉讼解释》《办案指南》《办案规则》以及有关公益诉讼的专项决定等专项规则为运行保障。虽然专项规则是保障行政公益诉讼检察权能运行的次优选择，但是，相关细则却仍然面临合法性诘问。其中，有关检察机关的诉讼主体身份、立案管辖、与诉讼管辖衔接、起诉条件、证明责任承担、撤诉权和上诉权享有与行使等内容均由专项规则创制，尚未有法律依据予以支撑，亦非是对《行政诉讼法》等法律条款的原则性规定作细化。虽然专项规则创制规定，在一定程度上契合检察机关提起行政公益诉讼的特殊性，但是，却超越《行政诉讼法》之规定，违背《立法法》关于司法制度适用绝对保留原则之要义。通过制定《行政公益诉讼法》，结合行政法律监督功能，根据行政公益诉讼"阶段构造"，分章节规定由现行专项规则创制的内容，可以有效解决下位法违法创制规则的问题。

（三）解决与民事公益诉讼制度基础的相融问题

根据立法经验可知，在《行政诉讼法》和《民事诉讼法》分别创制公益诉讼制度的前提下，现有专项规则均将行政公益诉讼与民事公益诉讼统一规定在同一规则体系内。虽然行政公益诉讼与民事公益诉讼在实现过程中，共享一些程序性规则，将二者同时予以规定，可以节约立法成本。但是，并不能因此否认二者在目的设定、维护公益性质、权力（利）配置和运行等方面存在质的差异。其中，在目的设定方面，行政公益诉讼以行政法律监督功能之实现，自然而然达到维护公益和制度公益之双重目的；民事公益诉讼则以直接救济公益，实现维护公益之目的。在维护的公益性质方面，行政公益诉讼既可以维护国家利益，又可以维护社会公共利益；民事公益诉讼仅得救济社会公共利益。在权力（利）配置和运行方面，在行政公益诉讼中，检察机关是提起行政公益诉讼的唯一法定主体，法律法规围绕检察机关设置权力运行条件；在民事公益诉讼中，检察机关与其他主体分享提起民事公益诉讼的权力（利），需要根据不同主体特征分别设置运行权力（利），确定运行条件。因此，在未来着手专门立法时，有必要将行政公益诉讼从《行政诉讼法》中独立出来，并与民事公益诉讼规则作区别，单独制定一部《行政公益诉讼法》。

二 制定《行政公益诉讼法》回应实际需求

检察机关提起行政公益诉讼制度是维护公益的"中国方案"，具有一定原创性。在制度创设之初，由于检察机关缺乏办案经验、行政机关缺乏对行政公益诉讼制度协同治理理念的正确认识、公众缺乏对行政公益诉讼的参与和监督自觉，通过在熟悉的法律制度框架内嵌入行政公益诉讼条款，可以在一定程度上减少不同主体的履职压力，提高相关主体接受程度，但是，当时的立法技术和立法安排不过是次优选择。经过5年全面实施，检察机关积累了大量办案经验，司法解释、内部规范性文件以及专项决定等专项规则的出台积累了专门立法经验，全国人大常委会以及人大代表、最高人民检察院分别开展调研奠定舆论基础，作为对实际需求的回应，单独制定《行政公益诉讼法》的条件日趋成熟。

首先，单独制定《行政公益诉讼法》是对检察机关办案需求的回应。自2017年《行政诉讼法》增补行政公益诉讼条款至2021年底，检察机关办理行政公益诉讼案件超过 51 万件。其中，环境保护领域、食品药品安全领域类案办理已成规模，国有财产保护、国有土地使用权出让、未成年人保护、安全生产、野生动物保护、个人信息保护等领域类案办理正在积累丰富经验。在办理大量行政公益诉讼案件的同时，无论在群案处理中，还是在类案办理中，由于缺乏检察行政公益诉讼一以贯之的功能定位，缺乏检察权能一体化、标准化运行条件，检察机关权力运行存在一定缺失，并且，这一缺失反而因办案体量越发凸显。为了在源头上弥补权力运行缺失，通过制定《行政公益诉讼法》，统一权力运行条件，可以有效消解检察机关办案数量与权力运行暴露问题之间的张力，回应检察机关办案需求。

其次，单独制定《行政公益诉讼法》是对制定现有规则体系经验的升华回应。根据认知规律和实践需求可知，为行政公益诉讼检察权能运行提供具有一般性、整体性立法依据，宜经历法律原则性授权、专项规则细化授权规定、检察机关充分发挥办案能动性、反哺制定一般法四个阶段。① 截至目前，我国行政公益诉讼已经历前三个阶段：（1）通过《行政诉讼法》作合法性授权；（2）通过颁行《公益诉讼解释》《办案指南》《办案规则》以及有关公益诉讼的专项决定，在立法体例选择、结构安排、内容设定等方面形成一定立法经验；（3）通过检察实践分别践行现有规则体系，发现相关规则规定之不足。单独制定《行政公益诉讼法》是经过检察实践，对现有规则体系尤其是对现有专项规则规定总结、提炼基础上的升华回应。

最后，单独制定《行政公益诉讼法》是对舆情的回应。自 2020 年以来，在充分调研基础上，全国人大代表多人多次提议，通过制定规范行政公益诉讼检察权能运行的专门法律，回应民众对维护公益之需求。② 全国人大调研组亦多次前往最高人民检察院开展有关检察公益诉讼的调研活

---

① 巩固：《公益诉讼的属性及立法完善》，《国家检察官学院学报》2021 年第 6 期。
② 例如，吉林省全国人大代表杨小天在第十三届全国人大四次会议上提交联名建议，呼吁将制定《检察公益诉讼法》纳入全国人大立法计划，参见《吉林代表联名提出议案：检察公益诉讼专门立法、单独立法》，https://new.qq.com/rain/a/20210312A0CO6T00，2022 年 3 月 17 日。广西壮族自治区全国人大代表莫小峰在第十三届全国人大五次会议上提交建议，呼吁加快推动公益诉讼专门立法，参见黄世钊《全国人大代表莫小峰建议：加快推动公益诉讼专门立法》，《广西法治日报》2022 年 3 月 9 日第 3 版。

动,为制定契合行政公益诉讼设立初衷、获得公众信仰的行政公益诉讼专门法律积累素材。① 与此同时,最高人民检察院亦为专门立法作准备。2020年7月,最高人民检察院与全国人大监司委就公益诉讼专门立法问题进行沟通,并达成初步共识,认为单独制定检察公益诉讼法更符合行政公益司法保护实践需要,贴近民众需求。②

第二节 制定《行政公益诉讼法》应该处理好内外关系

单独制定《行政公益诉讼法》,独立行政公益诉讼法律规则体系能够满足现实需求,同时具备必要性和可行性。结合前文分析,在制定《行政公益诉讼法》时,应根据行政法律监督功能定位,参考行政公益诉讼检察权能运行逻辑,处理好内外关系,分别在外部平衡检察权与其他国家权力之间的"功能秩序",在内部平衡不同行政公益诉讼检察权能之间的"梯级秩序"。

一 制定《行政公益诉讼法》应该处理好外部关系

制定《行政公益诉讼法》应根据功能区分和权力分立,处理好检察机关与其他国家机关在行政公益诉讼中的关系。这主要表现在处理好行政公益诉讼与行政私益诉讼之间、行政公益诉讼与民事公益诉讼之间、行政公益诉讼专门立法与《行政诉讼法》之间、行政公益诉讼专门立法与单行立法之间的关系。

第一,处理好行政公益诉讼与行政私益诉讼之间的关系,解决案件范围问题。虽然行政公益诉讼与行政私益诉讼均围绕行政行为展开,主要通

---

① 例如,全国人大调研组分别于2022年1月和2022年9月,前往最高人民检察院开展有关检察公益诉讼的调研活动,分别就公益诉讼专门立法、拓展公益诉讼受保护领域、公众参与公益诉讼等内容开展调研。参见邱春艳《坚持以人民为中心 把公益诉讼这项党和国家的重大民心工程抓实抓好——全国人大常委会调研组视察调研公益诉讼检察工作侧记》,https://www.spp.gov.cn/tt/202201/t20220114_541661.shtml,2022年8月17日;邱春艳、徐日丹《深入贯彻落实习近平法治思想 不断完善公益诉讼司法保护的"中国方案"》,https://www.spp.gov.cn//tt/202209/t20220926_579154.shtml,2022年9月27日。

② 张纯:《本刊专访:张雪樵谈如何完善检察公益诉讼法律体系》,《民主与法制》2021年第31期。

过审查行政行为合法性，实现各自目的。但是，二者在目的、功能、提起主体、审查行政行为类型、适用领域这决定案件范围的五个要素方面存在质的差异。其中，在实现目的方面，前者以维护公益为主，后者以维护个人合法权益为主。在功能设定方面，前者以行政法律监督为限，后者以行政行为合法性判断为限。在提起主体方面，前者以检察机关为限，后者以行政法律关系中的相对人为限。在审查行为类型方面，前者以实现行政监管职责的行政活动为限，后者以特定行政行为为限。在适用领域方面，前者以环境保护、食品药品安全等法定领域以及文物保护等实践领域为限，后者以《行政诉讼法》法定受案范围为限。因此，在制定《行政公益诉讼法》时，应在充分考量与行政私益诉讼区别的基础上，围绕案件范围构成要素分别予以区别规定，处理好行政公益诉讼与行政私益诉讼之间的关系。

第二，处理好行政公益诉讼与民事公益诉讼之间的关系，解决规则竞合问题。根据第三章之分析可知，虽然在规则设计上，行政公益诉讼与民事公益诉讼并行不悖。但是，在检察实践中，在环境保护、食品药品安全等共同受保护领域，可能出现两诉竞合现象。如若同时采用两种不同性质的诉讼类型，虽然可以通过弥补各自之缺失，在最大限度上实现维护社会公益之目的，但是，却可能混淆两诉分别设立之目的，造成国家资源的浪费。因此，在制定《行政公益诉讼法》时，应充分考量行政公益诉讼与民事公益诉讼之间的关系，避免同时出现两诉不当分别适用的情形。在立法安排上，应结合诉前督促之逻辑前提以及行政优先原理，制定"行政附带民事公益诉讼"条款，处理好行政公益诉讼与民事公益诉讼之间的关系。

第三，处理好《行政公益诉讼法》与《行政诉讼法》之间的关系，解决程序规则供给不足问题。根据前文分析可知，现行"嵌入式"立法模式难以与行政公益诉讼制度的特殊性相耦合，法制统一原则与保有制度特殊性之间难以两全。因此，为了消解二者之间的张力，在明确《行政公益诉讼法》与《行政诉讼法》之间在案件范围上存在质的区别，在起诉条件、撤诉条件、上诉条件等方面存在一定差异的基础上，应该肯认二者在诸如审判基本原则、证据保全、审理规则等方面可以共享规则。鉴于此，在制定《行政公益诉讼法》时，首先，应根据行政公益诉讼的特殊性，制定专门适用于行政公益诉讼的规则；其次，在可以共享程序规则之处,制定明确的指引性规则,规定"人民法院审理行政公益诉讼案件,关于审判基本原则、证据保全、审理规则等,本法没有规定的,适用《行政诉讼法》的相关规定"。

第四,处理好《行政公益诉讼法》和单行法之间的关系,解决受保护领域拓展合法性问题。根据第二章之分析可知,检察机关通过对《行政诉讼法》受保护领域作"等外等"之解读,辅之以地方专项决定和检察实践创新,拓展行政公益诉讼受保护领域的范围。虽然这一复合模式既可以在一定程度上满足现实需求,亦符合对新兴制度的认知规律,但是,却与我国适用严格法律主义之精神有出入。同时,由于地方立法技术,以及不同国家机关法解释技术存在差异,现有拓展模式存在个性化有余、法制统一性乏力的特征。因此,根据法制统一原则,结合认知规律,在肯定从检察实践到单行立法认知顺序的基础上,在制定《行政公益诉讼法》时,仍应采用"列举+兜底"的立法模式。同时,为提高兜底条款的可操作性,还应统一检察实践拓展行政公益诉讼受保护领域所适用的程序性规则。在具备一定条件,制定或修改实体法、拓展受保护领域条款时,一方面,明确实体法拓展的受保护领域适用《行政公益诉讼法》的程序规则;另一方面,明确《行政公益诉讼法》以实体法中规定的保护原则、行政机关应履行的监管职责为依据,确定行政公益诉讼案件线索评估标准,划定行政公益诉讼案件范围。

二 制定《行政公益诉讼法》应该处理好内部关系

制定《行政公益诉讼法》应根据行政公益诉讼"阶段构造"和权能分工,处理好检察机关内部不同检察权能之间的关系。这主要表现在处理好行政法律监督与公益维护之间、行政公益诉讼不同阶段检察权能之间、行政公益诉讼各阶段检察权能实现要素之间的关系。

第一,处理好行政法律监督与公益维护之间的关系,解决功能定位与拟完成任务之间动态平衡问题。根据第一章的分析可知,检察机关提起行政公益诉讼是通过行政法律监督功能的实现,完成维护公共利益的任务。其中,维护公共利益是检察机关提起行政公益诉讼的出发点和落脚点,为行政法律监督增补实现方式,使得行政法律监督不仅包含外部性、谦抑性、司法性等属性表达,还应包含客观性、主动性、协同性、智能性等属性表达。同时,实现行政法律监督功能是完成公益维护任务的前提,通过行政法律监督的谦抑性与司法性，限定公益维护的实现方式。因此，在制定《行政公益诉讼法》时，应充分认识行政法律监督功能与公益维护任务之间的关联性，在规范结构和规范表达方面，充分体现二者之间的动态平衡。

第二，处理好行政公益诉讼不同阶段检察权能之间的关系，解决"梯级秩序"平衡问题。根据前文分析可知，检察机关提起行政公益诉讼的，应经历"立案—诉前—诉讼"三个阶段。其中，在立案阶段，检察机关通过案件线索发现，重在内部程序上启动行政公益诉讼，主要需要检察机关内部不同业务部门之间作权力协调。因此，此阶段检察权能运行具有较强主动性和一定封闭性。在诉前督促阶段，检察机关通过检察建议等形式行使行政法律监督权能，重在督促行政机关依法履职，需要与行政机关充分沟通对话，在平衡行政法律监督权能与行政权的同时，提高行政机关补强行政行为合法性的积极性。因此，此阶段检察权能运行强调谦抑性、协同性。在诉讼阶段，检察机关通过公共利益之维护倒逼行政机关依法履职，重在保障行政机关依法履职，需要在穷尽行政救济、考量救济可能基础上，平衡诉讼权能与行政权、审判权之间的关系。因此，此阶段检察权能运行强调救济性、保障性。行政公益诉讼不同阶段检察权能之间层层递进，共同完成维护行政法制统一和维护公共利益之任务。鉴于此，在制定《行政公益诉讼法》时，应充分考量行政公益诉讼各项检察权能在整体上的递进统一性，处理好相互之间的关系。

第三，处理好行政公益诉讼各项检察权能不同实现要素之间的关系，解决检察权能标准化运行问题。行政公益诉讼不同阶段检察权能侧重不同，各项检察权能实现要素需要围绕不同阶段设置的逻辑前提，兼顾不同阶段之间不可完全分离性，分别予以匹配，确定不同检察权能各自运行条件，统一各自运行标准，实现行政法律监督与公益维护之间的动态平衡，保证行政公益诉讼中各项检察权能标准化运行。根据前文分析可知，虽然每一阶段检察权能配置不同，但是，各自实现要素是相对确定的，即主要围绕行政行为违法性、公共利益遭受侵害性以及二者之间关系三个要素展开。其中，立案作为行政公益诉讼的首要阶段，回应维护公共利益作为制度出发点的任务安排，结合认知逻辑，此阶段检察权能的实现，应重点围绕公共利益遭受侵害要素展开。诉前督促作为督促行政机关依法履职阶段，强调诉前督促行政机关依法行政有助于实现公益维护。此阶段检察权能的实现，应重点围绕行政行为违法性要素展开。诉讼作为保障行政机关依法履职阶段，强调为了实现公益维护应该依法行政。此阶段检察权能的实现，应重点围绕公益遭受侵害、且与行政行为违法之间的关系要素展开。鉴于此，在制定《行政公益诉讼法》时，应充分考量不同检察权能实现要素之间的关联与区别，处理好相互之间的关系。

参考文献

一 著作类

（一）中文著作

《列宁选集》第4卷，人民出版社2012年版。

蔡定剑：《国家监督制度》，中国法制出版社1991年版。

陈新民：《德国公法学基础理论》（增订新版·上卷），法律出版社2010年版。

陈征：《国家权力与公民权利的宪法界限》，清华大学出版社2015年版。

傅信平主编：《检察公益诉讼研究——贵州司法实务样本》，中国检察出版社2021年版。

韩成军：《中国检察权配置问题研究》，中国检察出版社2012年版。

韩大元主编：《中国检察制度宪法基础研究》，中国检察出版社2007年版。

胡勇：《复合形态的检察权能：中国检察改革再思考》，法律出版社2014年版。

季卫东：《法律程序的意义》（增订版），中国法制出版社2012年版。

姜明安：《行政诉讼法》（第三版），北京大学出版社2016年版。

林贻影：《中国检察制度发展、变迁及挑战——以检察权为视角》，中国检察出版社2012年版。

骆绪刚：《检察权运行司法化研究》，中国法制出版社2017年版。

秦前红、石泽华等：《检察制度基础理论研究》，法律出版社2021年版。

孙洪坤等：《环境公益诉讼专门立法研究》，法律出版社2018年版。

孙谦主编：《中国特色社会主义检察制度》，中国检察出版社2009

年版。

田凯等：《人民检察院提起公益诉讼立法研究》，中国检察出版社2017年版。

王广聪：《未成年人公益诉讼与少年司法国家责任的拓展》，中国检察出版社2021年版。

王桂五：《王桂五论检察》，中国检察出版社2008年版。

王天华：《行政诉讼的构造：日本行政诉讼法研究》，法律出版社2010年版。

谢鹏程主编：《新时代法律监督理论探索》，中国检察出版社2019年版。

阎巍：《行政诉讼证据规则：原理与规范》，法律出版社2019年版。

颜运秋：《公益诉讼法律制度研究》，法律出版社2008年版。

颜运秋：《公益诉讼理念与实践研究》，法律出版社2019年版。

最高人民检察院民事行政检察厅编：《〈人民检察院行政诉讼监督规则（试行）〉理解与适用》，中国检察出版社2016年版。

（二）中译著作

［美］伯纳德·施瓦茨：《行政法》，徐炳译，群众出版社1986年版。

［美］凯斯·R.孙斯坦：《风险与理性——安全、法律及环境》，师帅译，中国政法大学出版社2005年版。

［德］康拉德·黑塞：《联邦德国宪法纲要》，李辉译，商务印书馆2007年版。

［美］理查德·B.斯图尔特：《美国行政法的重构》，沈岿译，商务印书馆2002年版。

［日］小早川光郎：《行政诉讼的构造分析》，王天华译，中国政法大学出版社2014年版。

［英］伊丽莎白·费雪：《风险规制与行政宪政主义》，沈岿译，法律出版社2012年版。

二 论文类

（一）中文论文

曹建军：《论检察公益调查核实权的强制性》，《国家检察官学院学报》2020年第2期。

曹明德：《检察院提起公益诉讼面临的困境和推进方向》，《法学评论》2020 年第 1 期。

陈瑞华：《论检察机关的法律职能》，《政法论坛》2018 年第 1 期。

陈天昊、邵建树、王雪纯：《检察行政公益诉讼制度的效果检验与完善路径——基于双重差分法的实证分析》，《中外法学》2020 年第 5 期。

陈晓景：《检察环境公益诉讼的理论优化与制度完善》，《中国法学》2022 年第 4 期。

崔瑜：《行政公益诉讼履行判决研究》，《行政法学研究》2019 年第 2 期。

邓可祝：《论环境行政公益诉讼的谦抑性——以检察机关提起环境行政公益诉讼为限》，《重庆大学学报》（社会科学版）2021 年第 5 期。

范伟：《行政诉讼中起诉期限的法律属性及其司法审查进路》，《江海学刊》2019 年第 2 期。

封蔚然：《行政公益诉讼检察建议的制度完善》，《江西社会科学》2020 年第 8 期。

高家伟：《检察行政公益诉讼的理论基础》，《国家检察官学院学报》2017 年第 2 期。

高志宏：《行政公益诉讼制度优化的三个转向》，《政法论丛》2022 年第 1 期。

巩固：《大同小异抑或貌合神离？中美环境公益诉讼比较研究》，《比较法研究》2017 年第 2 期。

巩固：《检察公益"两诉"衔接机制探析——以"检察公益诉讼解释"的完善为切入》，《浙江工商大学学报》2018 年第 5 期。

关保英：《行政公益诉讼中检察建议援用法律研究》，《法学评论》2021 年第 2 期。

关保英：《检察机关在行政公益诉讼中应享有取证权》，《法学》2020 年第 1 期。

关保英：《行政公益诉讼中检察介入行政裁量权研究》，《现代法学》2020 年第 1 期。

韩成军：《检察建议的本质属性与法律规制》，《河南大学学报》（社会科学版）2014 年第 5 期。

洪浩、朱良：《论检察公益诉讼的证明标准》，《山东社会科学》2019

年第 7 期。

胡婧、朱福惠：《论行政公益诉讼诉前程序之优化》，《浙江学刊》2020 年第 2 期。

胡婧：《行政公益诉讼领域检察调查核实权之理论证成与体系化建构》，《甘肃政法学院学报》2020 年第 4 期。

胡婧：《行政监督管理职责公益诉讼检察监督的限度分析——以 2017—2020 年行政公益诉讼判决书为研究样本》，《河北法学》2021 年第 10 期。

胡卫列：《国家治理视野下的公益诉讼检察制度》，《国家检察官学院学报》2020 年第 2 期。

胡卫列、田凯：《检察机关提起行政公益诉讼试点情况研究》，《行政法学研究》2017 年第 2 期。

黄文艺、魏鹏：《国家治理现代化视野下检察建议制度研究》，《社会科学战线》2020 年第 11 期。

黄学贤：《行政公益诉讼若干热点问题探讨》，《法学》2005 年第 10 期。

黄学贤：《行政公益诉讼回顾与展望——基于"一决定三解释"及试点期间相关案例和〈行政诉讼法〉修正案的分析》，《苏州大学学报》（哲学社会科学版）2018 年第 2 期。

黄忠顺：《论诉的利益理论在公益诉讼制度中的运用——兼评〈关于检察公益诉讼案件适用法律若干问题的解释〉第 19、21、24 条》，《浙江工商大学学报》2018 年第 4 期。

霍敏：《检察听证制度完善研究》，《国家检察官学院学报》2022 年第 1 期。

贾永健：《中国检察机关提起行政公益诉讼模式重构论》，《武汉大学学报》（哲学社会科学版）2018 年第 5 期。

姜明安：《行政诉讼中的检察监督与行政公益诉讼》，《法学杂志》2006 年第 2 期。

姜涛：《检察机关提起行政公益诉讼制度：一个中国问题的思考》，《政法论坛》2015 年第 6 期。

李成、赵维刚：《困境与突破：行政公益诉讼线索发现机制研究》，《四川师范大学学报》（社会科学版）2018 年第 4 期。

李洪雷：《检察机关提起行政公益诉讼的法治化路径》，《行政法学研究》2017年第5期。

李立景：《协同赋权：新时代中国检察建议的范式转型与重构》，《湖南社会科学》2020年第5期。

练育强：《争论与共识：中国行政公益诉讼本土化探索》，《政治与法律》2019年第7期。

梁鸿飞：《检察公益诉讼：法理检视与改革前瞻》，《法制与社会发展》2019年第5期。

梁鸿飞：《预防型行政公益诉讼：迈向"过程性规制"的行政法律监督》，《华中科技大学学报》（社会科学版）2020年第4期。

林莉红：《检察机关提起民事公益诉讼之制度空间再探——兼与行政公益诉讼范围比较》，《行政法学研究》2022年第2期。

林孝文：《行政公益诉讼起诉要件研究——司法实践与制度回应》，《江苏行政学院学报》2022年第1期。

林仪明：《我国行政公益诉讼立法难题与司法应对》，《东方法学》2018年第2期。

刘本荣：《行政公益诉讼的要件分析——以要件事实理论为视角》，《北方法学》2020年第4期。

刘超：《环境行政公益诉讼诉前程序省思》，《法学》2018年第1期。

刘超：《环境行政公益诉讼判决形式的疏失及其完善——从试点期间典型案例切入》，《浙江工商大学学报》2018年第5期。

刘辉：《检察公益诉讼的目的与构造》，《法学论坛》2019年第5期。

刘加良：《检察公益诉讼调查核实权的规则优化》，《政治与法律》2020年第10期。

刘加良：《行政公益诉讼中被告依法履行职责的判断标准及其程序应对》，《国家检察官学院学报》2022年第2期。

刘艺：《构建行政公益诉讼的客观诉讼机制》，《法学研究》2018年第3期。

刘艺：《论国家治理体系下的检察公益诉讼》，《中国法学》2020年第2期。

刘艺：《检察行政公益诉讼起诉期限适用规则研判——评湖北省钟祥市人民检察院诉钟祥市人民防空办公室不全面履行职责案》，《中国法律评论》2020年第5期。

刘艺：《检察公益诉讼的诉权迷思与理论重构》，《当代法学》2021年第1期。

刘艺：《行政公益诉讼管辖机制的实践探索与理论反思》，《国家检察官学院学报》2021年第4期。

卢超：《从司法过程到组织激励：行政公益诉讼的中国试验》，《法商研究》2018年第5期。

卢护锋：《检察建议的柔性效力及其保障》，《甘肃社会科学》2017年第5期。

马怀德：《新时代行政公益诉讼制度的发展与实践》，《人民论坛（学术前沿）》2019年第5期。

苗生明：《新时代检察权的定位、特征与发展趋向》，《中国法学》2019年第6期。

潘剑锋、郑含博：《行政公益诉讼制度目的检视》，《国家检察官学院学报》2020年第2期。

潘剑锋、郑含博：《行政公益诉讼证明责任分配的理论阐释与规则构建》，《北京大学学报》（哲学社会科学版）2022年第1期。

秦鹏、何建祥：《论环境行政公益诉讼的启动制度——基于检察机关法律监督权的定位》，《暨南学报》（哲学社会科学版）2018年第5期。

秦前红：《检察机关参与行政公益诉讼理论与实践的若干问题探讨》，《政治与法律》2016年第11期。

秦天宝：《我国流域环境司法保护的转型与重构》，《东方法学》2021年第2期。

沈开举、邢昕：《检察机关提起行政公益诉讼诉前程序实证研究》，《行政法学研究》2017年第5期。

沈岿：《检察机关在行政公益诉讼中的请求权和政治责任》，《中国法律评论》2017年第5期。

施立栋：《论行政公益诉讼的起诉期限》，《浙江社会科学》2020年第1期。

石少侠：《我国检察机关的法律监督一元论——对检察权权能的法律监督权解析》，《法制与社会发展》2006年第5期。

孙全喜：《跨行政区划公益诉讼检察机制研究》，《河南社会科学》

2020 年第 6 期。

孙佑海：《如何用行政公益诉讼检察建议督促纠正政府违法行为？——海南省检察院一分院行政公益诉讼检察建议案评析》，《中国法律评论》2020 年第 5 期。

陶建平：《检察权运行的结构化逻辑》，《东方法学》2017 年第 6 期。

田夫：《论"八二宪法"对检察院的"双重界定"及其意义》，《东方法学》2013 年第 6 期。

田凯：《检察机关提起行政公益诉讼的制度供给》，《人民检察》2015 年第 11 期。

田亦尧、徐建宇：《环境行政公益诉讼的诉讼请求精准化研究——基于 540 份裁判文书的实证分析》，《南京工业大学学报》（社会科学版）2021 年第 5 期。

万毅：《检察权若干基本理论问题研究——返回检察理论研究的始点》，《政法论坛》2008 年第 3 期。

万毅：《法律监督的内涵》，《人民检察》2008 年第 11 期。

王春业：《论检察机关提起"预防性"行政公益诉讼制度》，《浙江社会科学》2018 年第 11 期。

王春业：《论行政公益诉讼诉前程序的改革——以适度司法化为导向》，《当代法学》2020 年第 1 期。

王春业：《独立行政公益诉讼法律规范体系之构建》，《中外法学》2022 年第 1 期。

王贵松：《论我国行政诉讼确认判决的定位》，《政治与法律》2018 年第 9 期。

王清军：《环境行政公益诉讼中行政不作为的审查基准》，《清华法学》2020 年第 2 期。

王太高：《论行政公益诉讼》，《法学研究》2002 年第 5 期。

王万华：《完善检察机关提起行政公益诉讼制度的若干问题》，《法学杂志》2018 年第 1 期。

温辉：《行政诉讼法中"监督管理职责"的理解与适用》，《法学杂志》2020 年第 4 期。

夏云娇：《行政公益诉讼检察机关败诉案件检视及省思》，《河南财经政法大学学报》2021 年第 5 期。

谢鹏程：《论法律监督与公益代表——兼论检察机关在公益诉讼中的主体地位》，《国家检察官学院学报》2021年第1期。

邢昕：《行政公益诉讼启动标准：基于74份裁判文书的省思》，《行政法学研究》2018年第6期。

徐继敏、张承思：《宪制视野下法律监督和检察权能逻辑的重构》，《四川师范大学学报》（社会科学版）2020年第2期。

徐全兵：《检察机关提起行政公益诉讼的职能定位与制度构建》，《行政法学研究》2017年第5期。

薛刚凌：《行政公益诉讼类型化发展研究——以主观诉讼和客观诉讼划分为视角》，《国家检察官学院学报》2021年第2期。

颜运秋：《中国特色公益诉讼制度体系化构建》，《甘肃社会科学》2021年第3期。

杨惠嘉：《行政公益诉讼中的磋商程序研究》，《暨南学报》（哲学社会科学版）2021年第9期。

杨建顺：《拓展检察行政公益诉讼范围和路径的积极探索——赤壁市人民检察院诉赤壁市水利局怠于履行饮用水安全监管职责案评析》，《中国法律评论》2020年第5期。

杨立凡：《法律监督的内涵》，《国家检察官学院学报》2009年第3期。

杨秀清：《我国检察机关提起公益诉讼的正当性质疑》，《南京师大学报》（社会科学版）2006年第6期。

杨寅：《论行政公益诉讼审理制度的完善》，《政治与法律》2022年第5期。

应松年：《行政公益诉讼试点亟待解决的几个问题》，《人民论坛》2015年第16期。

于安：《行政诉讼的公益诉讼和客观诉讼问题》，《法学》2001年第5期。

湛中乐：《正确厘清行政公益诉讼四个方面认识》，《人民检察》2015年第14期。

张百灵：《预防性环境行政公益诉讼的理论基础与制度展开》，《行政法学研究》2021年第6期。

张锋：《检察环境公益诉讼之诉前程序研究》，《政治与法律》2018

年第 11 期。

张昊天：《行政公益诉讼起诉期限问题研究》，《清华法学》2021 年第 3 期。

张晋：《论检察建议的监督属性——以行政公益诉讼中行政机关执行检察建议为视角》，《四川师范大学学报》（社会科学版）2018 年第 6 期。

张梁：《省统管及跨行政区划法院检察院设置中的宪法问题》，《河南财经政法大学学报》2017 年第 1 期。

张亮：《行政公益诉讼中不作为行为的判断与诉请》，《兰州学刊》2020 年第 2 期。

张鲁萍：《检察机关提起环境行政公益诉讼功能定位与制度建构》，《学术界》2018 年第 1 期。

张硕：《论行政公益诉讼证明标准》，《哈尔滨工业大学学报》（社会科学版）2018 年第 4 期。

张翔：《国家权力配置的功能适当原则——以德国法为中心》，《比较法研究》2018 年第 3 期。

张翔：《关注治理效果：环境公益诉讼制度发展新动向》，《江西社会科学》2021 年第 1 期。

张晓飞、潘怀平：《行政公益诉讼检察建议：价值意蕴、存在问题和优化路径》，《理论探索》2018 年第 6 期。

张雪樵：《检察公益诉讼比较研究》，《国家检察官学院学报》2019 年第 1 期。

张袁：《行政公益诉讼中违法行政行为判断标准的实践检视与理论反思——以 1021 起裁判样本为考察对象》，《行政法学研究》2022 年第 2 期。

张智辉：《法律监督三辨析》，《中国法学》2003 年第 5 期。

张智辉：《论检察机关的建议权》，《西南政法大学学报》2007 年第 2 期。

章剑生：《论行政公益诉讼的证明责任及其分配》，《浙江社会科学》2020 年第 1 期。

章志远：《行政公益诉讼热的冷思考》，《法学评论》2007 年第 1 期。

赵清林：《类型化视野下行政诉讼目的新论》，《当代法学》2017 年第 6 期。

郑贤宇、刘玉姿:《论行政公益诉讼中的"公益"概念》,《社会科学家》2017年第10期。

周新:《论我国检察权的新发展》,《中国社会科学》2020年第8期。

朱全宝:《论检察机关提起行政公益诉讼:特征、模式与程序》,《法学杂志》2015年第4期。

朱全宝:《检察机关提起环境行政公益诉讼:试点检视与制度完善》,《法学杂志》2017年第8期。

朱新力、黄娟:《以社团组织为原告的行政公益诉讼的制度进路》,《浙江大学学报》(人文社会科学版)2016年第1期。

朱学磊:《论行政公益诉讼的宪法基础——以传统行政诉讼模式的合宪性危机为线索》,《现代法学》2016年第6期。

朱应平:《澳大利亚行政公益诉讼原告资格探析》,《行政法学研究》2012年第3期。

(二) 外文论文

Bryant G. Garth, Ilene H. Nagel, S. Jay Plager, "The Institution of the Private Attorney General: Perspectives from an Empirical Study of Class Action Litigation", *Southern California Law Review*, Vol. 61, 1988.

Charles F. Wilkinson, "The Headwaters of the Public Trust: Some of the Traditional Doctrine", *Environmental Law*, Vol. 19, 1989.

Eduardo J. Couture, "The Nature of Judicial Process", *Tulane Law Review*, Vol. 25, 1950.

Hershkoff, H. and Hollander D., "Rights into Action: Public Interest Litigation in the United States", *Many Roads to Justice*, Ford Foundation, 2000.

James A. Goldston, "Public Interest Litigation in Central and Eastern Europe: Roots, Prospects and Challenges", *Human Rights Quarterly*, Vol. 28, No. 2, 2006.

Joseph L. Sax, "The Public Trust Doctrine in Natural Resource Law: Effective Judicial Intervention", *Michigan Law Review*, Vol. 68, No. 3, 1970.

Scott L. C. and Louise G. T., "Globalizing Public Interest Law", *UCLA Journal of Int' Law & Foreign Affairs*, Vol. 13, No. 1, 2008.

William B. Rubenstein, "On What a 'Private Atorney General' is and

Why it Maters", *Vanderbilt Law Review*, Vol. 57, No. 6, 2004.

三　报纸类

程晓燕：《丰富预防性环境公益诉讼的形式与内容》，《检察日报》2022年1月13日第7版。

傅国云：《行政公益诉讼彰显督促之诉协作之诉特色》，《检察日报》2020年3月1日第3版。

李德军、霍云：《行政公益诉讼立案后磋商原则与机制构建》，《检察日报》2020年10月9日第3版。

彭真：《关于七个法律草案的说明：一九七九年六月二十六日在第五届全国人民代表大会第二次会议上》，《人民日报》1979年6月30日第1版。

汤维建：《处理好四对关系　深入推进公益诉讼》，《检察日报》2017年4月10日第3版。

汤维建：《公益诉讼的四大取证模式》，《检察日报》2019年1月21日第3版。

万进福：《行政公益诉讼中的举证责任分配》，《人民法院报》2017年9月27日第6版。

王炜、张源：《"精准化"确立行政公益诉讼请求》，《检察日报》2020年7月19日第3版。

王炜、张源：《公益诉讼专门立法模式选择》，《检察日报》2021年4月7日第3版。

《习近平致信祝贺第二十二届国际检察官联合会年会暨会员代表大会召开》，《检察日报》2017年9月12日第1版。

徐日丹、贾阳：《依法履职稳步推进公益诉讼试点工作——最高人民检察院相关负责人解读〈检察机关提起公益诉讼改革试点方案〉》，《检察日报》2015年7月3日第2版。

四　资料类

练育强主编：《中国公益诉讼案例发展报告》，法律出版社2021年版。

刘艺主编：《检察公益诉讼十大典型案例述评》（2019年），中国检察出版社 2021 年版。

最高人民检察院第八检察厅编：《行政公益诉讼典型案例实务指引（食品药品安全·国有财产保护·国有土地使用权出让等领域）》，中国检察出版社 2019 年版。

最高人民检察院第八检察厅编：《行政公益诉讼典型案例实务指引（生态环境·资源保护领域）》（上下册），中国检察出版社 2019 年版。

最高人民检察院第八检察厅编著：《最高人民检察院第十三批指导性案例适用指引（公益诉讼）》，中国检察出版社 2019 年版。

最高人民检察院法律政策研究室组织编写：《公益诉讼指导性案例实务指引》，中国检察出版社 2019 年版。

《第二十九批指导性案例》，https：//www.spp.gov.cn/spp/jczdal/202109/t20210902_528296.shtml，2021 年 9 月 2 日。

《安全生产领域公益诉讼典型案例》，https：//www.spp.gov.cn/spp/xwfbh/wsfbt/202103/t20210323_513617.shtml#2，2021 年 3 月 23 日。

《"保障千家万户舌尖上的安全"公益诉讼专项监督活动典型案例》，https：//www.spp.gov.cn/spp/xwfbh/wsfbh/201910/t20191010_434054.shtml，2019 年 10 月 10 日。

《"公益诉讼守护美好生活"专项监督活动典型案例》，https：//www.spp.gov.cn/spp/xwfbh/wsfbh/202109/t20210909_529071.shtml，2021 年 9 月 9 日。

《公益诉讼检察服务乡村振兴助力脱贫攻坚典型案例》，https：//www.spp.gov.cn/spp/xwfbh/wsfbt/202102/t20210224_509788.shtml#3，2021 年 3 月 23 日。

《国有财产保护、国有土地使用权出让领域行政公益诉讼典型案例》，https：//www.spp.gov.cn/spp/xwfbh/wsfbt/202012/t20201217_489171.shtml#2，2020 年 12 月 17 日。

《红色资源保护公益诉讼典型案例》，https：//www.spp.gov.cn/spp/xwfbh/wsfbt/202106/t20210627_522474.shtml#2，2021 年 6 月 27 日。

《检察机关个人信息保护公益诉讼典型案例》，https：//www.spp.gov.cn/spp/xwfbh/wsfbt/202104/t20210422_516357.shtml#2，2021 年 4 月 22 日。

《检察机关文物和文化遗产保护公益诉讼典型案例》，https：//

www.spp.gov.cn/spp/xwfbh/wsfbt/202012/t20201202_487926.shtml#2，2020年12月2日。

《检察机关服务保障长江经济带发展典型案例（第三批）》，https：//www.spp.gov.cn/spp/xwfbh/wsfbt/202012/t20201211_488711.shtml#2，2020年12月11日。

《检察机关野生动物保护公益诉讼典型案例》，https：//www.spp.gov.cn/spp/xwfbh/wsfbt/202002/t20200228_455360.shtml#1，2020年2月28日。

《检察机关服务保障长江经济带发展典型案例》，https：//www.spp.gov.cn/xwfbh/wsfbt/201903/t20190302_410041.shtml#2，2019年3月2日。

《"3·15"食品药品安全消费者权益保护检察公益诉讼典型案例》，https：//www.spp.gov.cn/spp/xwfbh/wsfbt/202103/t20210315_512526.shtml#2，2021年3月23日。

《"守护海洋"检察公益诉讼专项监督活动典型案例》，https：//www.spp.gov.cn/xwfbh/wsfbt/202004/t20200429_460199.shtml#1，2020年4月29日。

《铁路安全生产领域公益诉讼典型案例》，https：//www.spp.gov.cn/spp/xwfbh/wsfbt/202012/t20201224_492720.shtml#2，2020年12月24日。

《"携手清四乱 保护母亲河"专项行动检察公益诉讼典型案例》，https：//www.spp.gov.cn/xwfbh/wsfbh/201908/t20190829_431571.shtml，2019年8月29日。

《无障碍环境建设公益诉讼典型案例》，https：//www.spp.gov.cn/spp/xwfbh/wsfbh/202105/t20210514_518136.shtml，2021年5月14日。

安徽省合肥市瑶海区人民法院行政判决书，〔2020〕皖0102行初9号。

安徽省临泉县人民法院行政判决书，〔2019〕皖1221行初90号。

安徽省全椒县人民法院行政判决书，〔2019〕皖1124行初3号。

安徽省当涂县人民法院行政判决书，〔2018〕皖0521行初39号。

重庆市潼南区人民法院行政判决书，〔2019〕渝0152行初19号。

重庆市渝北区人民法院行政判决书，〔2019〕渝0112行初150号。

福建省莆田市涵江区人民法院行政判决书，〔2019〕闽 0303 行初 1 号。

甘肃省天水市秦州区人民法院行政判决书，〔2021〕甘 0502 行初 1 号。

甘肃省高级人民法院行政判决书，〔2018〕甘行终 366 号。

贵州省独山县人民法院行政判决书，〔2021〕黔 2726 行初 2 号。

海南省文昌市人民法院行政判决书，〔2019〕琼 72 行初 20 号。

湖北省荆门市掇刀区人民法院行政判决书，〔2020〕鄂 0804 行初 74 号。

湖北省咸宁市嘉鱼县人民法院行政判决书，〔2019〕鄂 1221 行初 17 号。

湖北省荆门市东宝区人民法院行政判决书，〔2019〕鄂 0804 行初 2 号。

湖北省荆门市掇刀区人民法院行政判决书，〔2019〕鄂 0804 行初 135 号。

湖北省钟祥市人民法院行政判决书，〔2019〕鄂 0881 行初 61 号。

辽宁省抚顺市新抚区人民法院行政判决书，〔2021〕辽 0402 行初 33 号。

陕西省礼泉县人民法院行政判决书，〔2017〕陕 0425 行初 1 号。

云南省元谋县人民法院行政判决书，〔2021〕云 2328 行初 1 号。

广东省江门市江海区人民法院行政裁定书，〔2019〕粤 0704 行初 40 号。

吉林省敦化市人民法院行政裁定书，〔2021〕吉 2403 行初 12 号。

江苏省徐州铁路运输法院行政裁定书，〔2019〕苏 8601 行初 1065 号。

辽宁省朝阳市中级人民法院行政裁定书，〔2019〕辽 13 行初 92 号。

山东省单县人民法院行政裁定书，〔2020〕鲁 1722 行初 76 号。

山东省昌乐县人民法院行政裁定书，〔2018〕鲁 0725 行初 21 号。

陕西省米脂县人民法院行政裁定书，〔2020〕陕 0827 行初 2 号。

云南省昆明铁路运输法院行政裁定书，〔2020〕云 7101 行初 79 号。

最高人民法院行政裁定书，〔2020〕最高法行再 251 号。

附件1 28个省级行政区有关公益诉讼受保护领域情况一览

类别			省份	数量（个）
受保护领域	法定		黑龙江、吉林、湖南	3
	新增	国家利益类	国家象征	内蒙古	1
			国家尊严和民族情感	广西、重庆	2
			国防军事	福建	1
		特殊群体权益类	妇女权益	辽宁、山西、福建、甘肃、宁夏、新疆、四川、海南、江西、重庆、北京	11
			老年人权益	甘肃、宁夏、新疆、云南	4
			残疾人权益	山西、福建、甘肃、四川、江西、北京	6
			投资者权益	重庆	1
		经济类	扶贫	辽宁、福建、甘肃、新疆、四川、海南	6
			就业	山东	1
			金融	山东、上海、海南	3
			知识产权	上海、海南	2
			乡村振兴	甘肃、云南	2
			旅游消费	云南、海南	2
		文化类	文化遗产	辽宁、河北、内蒙古、山西、安徽、福建、江苏、山东、上海、甘肃、宁夏、陕西、新疆、云南、四川、广东、广西、海南、河南、湖北、重庆、北京	22
			社会主义核心价值	河北、重庆	2
			教育	山东	1
			红色文化	甘肃	1

续表

类别			省份	数量（个）
受保护领域	新增	安全类		
		防灾减灾	河北、陕西	2
		应急救援	河北、青海、陕西	3
		大数据	河北、广西	2
		互联网	辽宁、河北、内蒙古、山西、福建、山东、甘肃、宁夏、新疆、云南、四川、广西、重庆、北京	14
		公共卫生	山西、安徽、福建、浙江、甘肃、宁夏、青海、陕西、新疆、四川、广东、海南、江西、重庆、北京	15
		生物安全	山西、福建、宁夏、四川、北京	5
		产品质量	新疆、河南	2

资料来源：根据27个省级人大常委会《关于加强检察公益诉讼工作的决定》《关于加强新时代人民检察院法律监督工作的决定》，重庆人民检察院《关于拓展公益诉讼案件范围的指导意见》，北京市委、市政府《关于深入推进检察公益诉讼工作的意见》整理得出。

附件2 2017—2021年各省级行政区行政公益诉讼一审判决案件数量统计

	2017年	2018年	2019年	2020年	2021年	合计（件）
安徽	3	28	20	16	—	67
北京	—	3	1	—	—	4
重庆	—	1	9	10	—	20
福建	—	8	3	3	—	14
广东	15	6	5	2	—	28
甘肃	7	21	14	5	1	48
贵州	17	23	18	28	10	96
河北	—	2	3	—	—	5
河南	—	3	7	9	—	19
黑龙江	—	1	2	—	—	3
海南	—	—	2	1	—	3
湖北	17	41	63	53	7	181
湖南	—	1	1	3	—	5
吉林	10	53	49	37	3	152
江苏	5	9	1	4	—	19
江西	—	6	4	2	—	12
辽宁	—	2	5	6	1	14
内蒙古	1	6	15	7	5	34
宁夏	—	—	—	1	—	1
青海	—	1	—	—	—	1
四川	—	2	7	5	3	17
山东	7	20	26	1	—	54
山西	—	7	2	1	—	10
陕西	7	27	20	18	4	76

附件2 2017—2021年各省级行政区行政公益诉讼一审判决案件数量统计

续表

	2017年	2018年	2019年	2020年	2021年	合计（件）
新疆	—	—	1	—	—	1
云南	9	7	4	13	1	34
浙江	—	1	1	1	—	3
合计（件）	98	279	283	226	35	921

资料来源：根据"中国裁判文书网"2017—2021年公布的判决书整理得出。

附件3 2017—2021年各省级行政区行政公益诉讼一审裁定案件数量统计

	2017年	2018年	2019年	2020年	2021年	合计（件）
安徽	1	—	14	24	9	48
北京	2	2	2	1	—	7
重庆	—	—	3	—	—	3
福建	—	—	1	—	—	1
广东	1	1	3	2	—	7
甘肃	—	1	3	2	1	7
贵州	—	1	—	4	2	7
河北	—	2	3	10	9	24
黑龙江	—	—	—	1	—	1
河南	—	—	2	1	—	3
湖北	1	1	2	3	1	8
湖南	—	—	6	1	—	7
吉林	3	4	7	11	7	32
江苏	2	8	11	1	—	22
江西	—	—	2	1	—	3
辽宁	—	—	1	6	5	12
内蒙古	—	2	9	14	2	27
宁夏	—	—	—	—	1	1
青海	—	2	—	—	—	2
四川	—	—	3	14	2	19
山东	1	12	30	12	2	57
山西	—	3	1	1	—	5
陕西	1	1	4	23	5	34
新疆	—	—	1	—	—	1

续表

	2017 年	2018 年	2019 年	2020 年	2021 年	合计（件）
云南	1	3	1	3	—	8
合计（件）	13	43	109	135	46	346

资料来源：根据"中国裁判文书网"2017—2021年公布的裁定书整理得出。